中国信托业转型升级创新研究

The Research on Transformation,
Upgrading and Innovation of China Trustee

马永红　陈　赤　主编

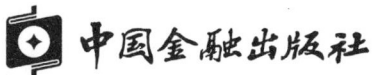
中国金融出版社

责任编辑：童祎薇
责任校对：孙　蕊
责任印制：张也男

图书在版编目（CIP）数据

中国信托业转型升级创新研究/马永红，陈赤主编. —北京：中国金融出版社，2020.10
　ISBN 978-7-5220-0841-7

　Ⅰ.①中…　Ⅱ.①马…②陈…　Ⅲ.①信托业—经济发展—中国—文集　Ⅳ.①F832.49-53

中国版本图书馆 CIP 数据核字（2020）第 194207 号

中国信托业转型升级创新研究
ZHONGGUO XINTUOYE ZHUANXING SHENGJI CHUANGXIN YANJIU

出版
发行　**中国金融出版社**

社址　北京市丰台区益泽路 2 号
市场开发部　（010）66024766，63805472，63439533（传真）
网上书店　http://www.chinafph.com
　　　　　（010）66024766，63372837（传真）
读者服务部　（010）66070833，62568380
邮编　100071
经销　新华书店
印刷　北京市松源印刷有限公司
尺寸　169 毫米×239 毫米
印张　18.5
字数　285 千
版次　2020 年 10 月第 1 版
印次　2020 年 10 月第 1 次印刷
定价　59.00 元
ISBN 978-7-5220-0841-7
如出现印装错误本社负责调换　联系电话　（010）63263947

编委会

主　编：马永红　陈　赤

副主编：王　兴　管百海

委　员：张　楠　朱晓林　王　跃

半是寂寥半澎湃

——亲历信托业的低谷与高光时刻（代序）

新中国改革开放后，于1979年重新恢复设立信托机构，到今年整整40周年。我自1998年离开大学跨入信托业，倏忽间也已过20载，刚好经历了信托业改革发展的后半程，见证了信托从探索发展时期尾声寂寞彷徨的辰光，艰难过渡到"一法两规"颁布实施后勤练内功的规范发展时期，在信托"新两规"实施后又不期然地进入了高歌猛进的高速增长时期，现在又将转型升级到信托中高级阶段的高质量发展时期。采撷几个难忘的片段，作为对过往不平凡岁月的点滴记录，更寄托对未来行业健康发展的殷殷期许。

"耕了别人的田，荒了自己的地"

改革开放后，国家重新设立信托机构，不是因为信托的本源功能——财产转移和财产管理有了现实的社会需求，而是把它作为改革工具和融资工具来加以运用。

作为中国金融改革的先导，为弥补高度集中、十分僵化的传统银行之不足，赋予了信托机构一定程度的灵活性，可以办理计划体制下银行不能做的一些业务，例如信托存贷款业务，可以有限度地突破传统银行在存贷款利率、贷款规模、贷款对象、贷款性质等方面受计划体制的约束。这种制度安排，清晰地体现了改革开放初期对信托业的工具性政策倾向，即从宏观上，把信托业当作一个改革工具来加以运用，而不是把信托业作为一门独立的金融产业来发展；在微观上，主要把信托机构作为一个融资工具来看待，而不是把它作为一个与商业银行有根本区别的资产管理机构来发展。

一方面，在探索时期，使用了办银行的办法办信托，给信托机构带来强烈的银行色彩。另一方面，出于渐进式改革的需要，信托机构成为"金融改革试验田",在多重历史因素的共同影响下,它既可以通过吸收存款负债,又可以在国外发行债券负债;既可以从事银行业务,又可以从事包括经纪、投行、自营等在内的证券业务;既有金融的功能,又有实业投资、直接参与项目建设的功能,从而具有显著的全能型金融的特征。

可是,信托从事了上述种种金融业务,却并未真正开展过本源意义上的"信托业务",虽然冠以"信托"之名,但是长期有名无实,名实不符。难怪有人戏言:信托公司是什么业务都做了,唯独没做信托业务,"耕了别人的田,荒了自己的地"。

在我进入信托业的最初几年,正值第五次清理整顿拉开大幕,信托公司的主营业务——信托存贷款业务因资金来源大大收窄、资产质量不佳而濒临瘫痪,过日子靠的是证券业务(以经纪业务为主)收入和物业租金收入。1999年春,我被派往公司下属的一家县级市的信托办事处任职,工作内容是协助分管证券营业部。有讽刺意味的是,在此期间,我身为一名信托从业人员,几乎没有干过一件哪怕是名义上的"信托"业务。为了胜任管理证券营业部的工作,我开始多方收集资料进行系统性学习,两年后,出版了自己在信托公司的第一本书——《证券营业部 出色经营之道》。

创新层出　蔚为可观

与前四次相比,信托业第五次清理整顿是最为彻底的一次,国家以在制度层面上重新定位信托业的基本功能、促使信托公司回归财产管理的本业为主要目标,其最重要的成果,就是在2001年、2002年相继颁布实施信托"一法两规"。信托制度的基础是信托基本关系,《信托法》对其进行了规范;利用信托制度进行营业活动的主体是信托公司,《信托投资公司管理办法》对信托公司经营活动进行了规范;资金信托是信托公司的主营业务,《信托投资公司资金信托管理暂行办法》对该业务进行了规范。"一法两规"的出台,标志着信托业从探索时期进入了规范发展时期。

原来数百家信托公司,经人民银行验收和重新登记的仅有数十家。渡过生死劫而获得新生的信托公司,第一次开展真正意义上的信托业务,大家对未来既有些茫然,又满怀希望。许多公司大举招募研发人员,力图辨明未来方向，跟上行业发展步伐。我于2003年调入获得重新登记的衡平信托公司，分管新设立的战略研发部，人员构成是清一色的硕士研究生，人数大概有10余位。

现在回忆起这一段研发时光，觉得既安静又隽永。当时全行业管理资产规模不超过2000亿元，信托公司大多局限于一个城市开展业务，也没有那么多应接不暇的业务，也没有太大的业绩压力，出差奔波和商务应酬很少，工作节奏不算快。此时的信托业还不是一个能赚快钱、赚大钱的行业，所以大家的心都静得下来，愿意花大把时间学习借鉴同业的新鲜做法，愿意花水磨功夫打造自己的每一个产品。也许是信托业在金融体系中的影响尚不足道，监管机构对信托创新总体上持包容的态度。上述诸种因素汇集在一起，使这一时期的信托创新异常热烈，涵盖了产品创新、业务创新、组织创新、制度创新多个维度，构建了此后十多年信托业的基本业务框架。

为响应市场需求，从收益、期限和流动性、安全性、价格等一系列特征进行分析后，通过对不同特点和风险进行"分拆"，然后将其装配为不同的新组合，信托产品创新得以实现。例如，基于安全性考虑，引入优先/劣后结构安排进行信用增级，在证券投资类信托产品中设定止损平仓和资金追加线；基于收益性考虑，按不同期限、不同认购规模、不同分级分别设计预期收益率；基于期限考虑，设有固定期限、弹性期限、结构性期限等。

在业务创新方面，通过银信合作，开辟了商业银行综合经营的新路径；通过私募基金信托化，开辟了民间金融正规化的新路径。此外，还有以银行和信托股权合作为代表的信托组织创新，以资产证券化为代表的信托制度创新。这些凝聚信托人心血的努力，在一定程度上改善了我国金融体系的非均衡性，提高了金融市场的效率。

这一时期的信托创新如此多种多样，覆盖面如此之广，案例如此之生动，以至于丰富的素材足以支撑一篇以此为主题的博士论文。2008年5月，我的博士论文杀青，题目是《中国信托创新研究》。

从"坏孩子"，到"优等生"

2007年3月1日，信托"新两规"（《信托公司管理办法》《集合资金信托计划管理办法》)正式实施。记得当时信托业显现出一派悲观情绪。事出有因,"新两规"颠覆了原来的业务模式:一方面,强力压缩自营业务空间,迫使信托公司将信托业务作为主业加以发展;另一方面,又引入合格投资者要求,将信托投资者的标准从单笔购买5万元提高到100万元,将一个信托计划中的自然人投资者数量从200人削减至50人。许多业者,包括我在内,都难免对未来感到迷茫和惶恐,不少人选择逃离信托业,我们公司销售部门一名干将就在这时候转行投奔了商业银行。

谁也不曾想到,此后信托业反而迎来长达10年的高速增长期。究其原因:一是宏观经济处于上行期,融资需求旺盛,资产又相对安全;二是经过二十多年的改革开放,居民收入增加、财富累积,理财意识开始觉醒;三是信托"新两规"市场化改革极大地解放了信托公司的生产力,使众多信托公司焕发了活力。由此出发,信托业管理资产规模从2007年的不足1万亿元跃升至2013年的10.91万亿元,成功地超越保险业、证券业,成为金融业第二大子行业。

在行业成长的同时,信托公司同时发挥市场化金融和正规性金融双重功能:一方面,增加了众多中小企业、民营企业的融资途径,有利于解决融资难问题;丰富了广大居民的理财渠道,增加了居民财产性收入,推动了利率市场化进程。另一方面,降低了企业采用民间融资被迫接受的高利率,有利于解决融资贵问题;替代民间金融活动,显著减少了人民群众的投资风险,从而为我国经济发展作出了积极而有益的贡献,成为改善民生的良好途径、稳定增长的动力之源。信托公司也从以前不听话的"坏孩子",蝶变为市场化金融机构的"优等生"。

十年磨一剑,慈善信托终开花

我国《信托法》十分重视公益信托,辟有专章规范相关法律关系,以鼓励社会各界以信托方式参与社会公益事业。2008年汶川大地震发生后,银监会迅速发出鼓励信托公司开展公益信托业务支援灾后重建工作的号召。我供职的信托公司地处成都,作为与地震灾区同处一省的信托机构,我们非常想在全国率先设立公益信托支援灾区人民。于是,不顾余震时不时地袭来，我在家中连续加班，用了三天时间赶写出公益信托方案，然后赶赴北京向时任银监会非银部主任柯卡生先生汇报，得到了他的充分肯定。由于公益信托的设立必须得到公益事业管理机构的批准，回成都后，我们抓紧时间向民政部门进行汇报。民政部门的同志对公益信托这一新颖方式表示赞赏，但当我们提出希望他们尽快对公益信托进行审批时，他们却颇感困惑，因为我国《信托法》并未明确规定批准公益信托的公益事业管理机构具体是谁，而民政部门的行政许可事项中又缺乏相关配套规定。我们虽再三努力，但终未成功获批。好在我们设计的公益信托方案并没有闲置，据柯卡生先生后来回忆，他将此方案交给了时任陕西银监局局长李建华先生，李建华先生找到陕西省领导，在后者的支持下，经陕西省民政厅批准，长安信托设立了"5·12抗震救灾公益信托计划"，这是我国第一只标准化公益信托。但此后，公益信托依然寥若晨星。

这一局面在2016年9月《慈善法》施行后得到了根本性改善。在全国人大代表、时任银监会信托部主任邓智毅先生的奔走推动下，《慈善法》将慈善组织和信托公司一并纳入了慈善信托的受托人序列，并确定慈善信托的设立采取备案制，备案部门为县级以上民政部门，从而为信托公司开展公益慈善信托业务扫清了制度性障碍，有力地促进了慈善信托在我国迅速发展。据报道，2018年，我国新设立的慈善信托财产达11.01亿元，同比增长84.42%；新设立慈善信托79单，同比增长75.56%。在2018年设立的慈善信托中，逾80%选择信托公司作为受托人。近3年来，全国68家信托公司中有42家设立了慈善信托。慈善信托的目的主要集中在精准扶贫、生态环保等国家关切的重大领域。

"允执其中　守信如铁"

随着信托业从初级阶段向中高级阶段的转型升级，信托的独特竞争力，将由监管差异化优势，转向综合金融功能优势，最终将转向信托制度优势和信托文化优势。

因此，信托机构应大力培养并推广信托文化，使之成为开发信托本源业务的深厚基础。信托文化所包含的价值理念，以帮助人们自由、安全和高效地处理财产转移和财产管理事务为依归，以权衡委托人自由意志的延展和限缩尺度、界定受益人受保护的范围和深度为重要组成部分，其核心则是明确受托人与其所享有权利相对应的必须负担的义务。受托人应切实履行的主要义务包括忠实义务、注意义务、投资义务、公平对待义务、分别管理义务。

我们不难想象，信托文化的传播越是普及，社会对信托文化作为公序良俗越是认可，大家对信托文化的理解越是趋于一致，人们对信托的信心就会越充足，信托介入的领域就会越广泛，信托的运用程度就会越深化，开展信托业务的效率就会越高，围绕信托的纷争就会越少，信托事业也就能够步入高质量发展的轨道。

推广和深化以受托人履行义务为核心的信托文化，是每一家信托机构义不容辞的责任和义务，为践行这一责任，中铁信托公司为自己确定了"允执其中　守信如铁"这一品牌口号。"守信如铁"比较浅白，很好理解；"允执其中"看起来有些古奥，但它却来历不凡，意味深远。"允执其中"亦作"允执厥中"，最早出现在《尚书·大禹谟》的"十六字心传"。《论语·尧曰第二十》记载尧传位给舜以及后来舜传位给禹时所授的治理之道，"十六字心传"中只引用了"允执其中"，意思与"允执厥中"一致。"允执其中"被视为古代中国的立国之本，也是历代圣贤相传的心法。

"允执其中　守信如铁"的含义是：作为受托人，中铁信托在办理一切信托事务时，将恳切地执行正确适中之道，不偏不倚，无过无不及，坚定不移地信守承诺和约定。

"允执其中　守信如铁"，意图体现我们自觉履行受托人五大义务的态度和决心："无过"体现不可鲁莽、小心谨慎的注意义务；"无不及"体现不可懈怠、有所作为的投资义务；"不偏不倚"体现公平对待、分别管理信托财产的两项义务；"守信如铁"体现不忘初心、忠于所托的忠实义务。

信托是一项起源于英国的具有悠久传统的法律制度，秉持"公平、正义和良心"的原则，引入我国已有百年历史。信托发展昌盛的前提在于信托文化的普及和深化，信托文化的精髓在于受托人遵循的核心价值观，而受托人核心价值观的要义则在于所需履行的各项义务。这些信托理念虽源自英国，却与《论语》中的许多重要思想若合符节。

以中华文明伟大经典《论语》中的"允执其中"作为中铁信托公司的

广告语，表达了我们的良好愿望，希图作为英国普通法之精粹的信托精神，与中华文明的优秀传统，彼此血脉贯通，相互融合，共同演进，从而在富有中国文化营养的土地上，开出生机盎然的信托之花。

20年信托生涯，在行业由乱到治、由小及大、由弱变强的苦难辉煌历程中，作为一名老兵，我亲历其境，既为行业的跌宕起伏、曲折前行而心忧和思考，也为信托业影响日广、声誉日隆而欣慰和自豪。

陈赤

2020年9月

目　录

理　论　篇

从"受托人"定位看信托机构公司治理 ………………………… 3
信托文化的价值精髓 …………………………………………… 9
风险管理视角下的信托公司主动管理 …………………………… 15
如何开展信托行业高管合规履职审计 …………………………… 21
《粤港澳大湾区发展规划纲要》对信托公司财富中心区域分布可能
　带来的影响 …………………………………………………… 26
适当性义务体现的衡平法精神 …………………………………… 37
浅析基于信托业务八大分类视角下的信托项目会计核算 ………… 42
信托推动低碳农业发展问题研究 ………………………………… 47
家族信托受益人权益保护、强制条款和反永续原则 ……………… 64
从巴黎圣母院受难看信托制度在保护历史文化遗产中的作用 …… 71

实　务　篇

盲目信托，破解伦理难题 ………………………………………… 83
信托业"十四五"面临的考验与修炼 …………………………… 88
信托文化助推行业竞争力提升 …………………………………… 91
中铁信托：文化浸润改革路 ……………………………………… 96
房地产信托项目收益、风险匹配研究 …………………………… 101
加强主动管理，提升信托公司房地产业务风险管理能力 ………… 111
谈谈信托公司风险项目的审计 …………………………………… 121
慈善信托：信托制度助力我国慈善事业发展 …………………… 126
如何选择理财产品 ………………………………………………… 132
资管新规下推动投资者教育的建议 ……………………………… 134

展望篇

"三权分置"改革与土地信托新机遇 …… 143
重塑业务结构 再造业务模式 大力引导信托步入高质量
　　发展轨道 …… 150
新时代信托公司品牌塑造探索与思考 …… 154
信托公司强化风险控制从这三方面入手效果更好 …… 161
信托公司打造差异化竞争优势的有效途径 …… 163
亟待"推陈出新"的基础产业信托 …… 165
养老产业发展应充分发挥信托作用 …… 172
以文化建设为引领,推动信托业高质量发展 …… 177
新型冠状病毒肺炎疫情对信托公司基础产业业务的影响分析 …… 184
解析资管新规终极目的,信托公司五大路径通往服务实体经济
　　大目标 …… 187
刍议提高信托公司内部控制有效性的建设路径 …… 192
资管新规下的信托业发展 …… 197

创新篇

具有中国特色的信托制度创新 …… 205
财富成都与信托公司客户服务构想 …… 210
预付式消费应引进信托机制来保障消费者权益 …… 215
PPP项目资产证券化决策研究 …… 219
信托公司证券投资业务模式及策略研究 …… 232
基于信托文化的信托公司风险管理整合框架 …… 241
关于信托公司对信托项目开展全周期内部审计的实践探讨 …… 248
基于风险平价策略的高净值客户资产配置研究 …… 257
老龄化背景下养老信托的功能与模式创新 …… 274

理 论 篇

从"受托人"定位
看信托机构公司治理

马永红[①]

优化、完善信托公司的公司治理对于信托公司转型发展，提升市场竞争能力非常重要。信托公司应提高站位，对公司治理问题的重要性"再认识""再提高"。

对信托公司来说，作为金融机构，其公司治理比一般的企业利益相关方更多，要考虑的因素更多，要求也更高。在进行公司治理时，信托公司要跳出主要基于股东利益的窠臼，基于"受托人"定位来开展相关工作。同时，金融监管部门也应对信托公司的公司治理进行指导、监督。

公司制是适应社会经济发展而出现的一种高效的社会生产组织模式，而公司治理是公司制的根本，对现代企业有效规范运作起着决定性的作用。

信托公司作为金融机构，首先具有一般企业所具有的特征；同时，还因其与社会公众紧密关联，事关国家金融系统稳定，具有较强的外部影响。因此，信托公司的公司治理显得尤为重要。

公司治理的理论基础

委托代理理论：该理论是契约理论的重要内容之一，其核心是研究在利益冲突和信息不对称的条件下，委托人设计合理的合约以激励代理人。在公司治理中，使用委托代理理论可以较好地解决公司股东与经理层之间的矛盾，提高公司的运行绩效。但信托公司作为金融机构这种特殊的企

---

① 马永红，中铁信托有限责任公司党委书记、董事长。该文发表于《当代金融家》2019年第2期，内容略有修改。

业，除了需要协调好股东和经理层之间的关系外，还需要协调与投资者以及监管部门之间的关系；并且，对于国有背景的信托公司而言，其经理层的选聘具有一定的"中国特色"，从某种意义上而言，是由上级单位任命，而非由董事会从市场上选聘。

内部人控制理论：内部人控制理论由日本学者青木昌彦在 1994 年提出。内部人控制理论是指在现代企业中的财产所有权与经营控制权相分离的前提下所形成的内部控制理论，由于所有权与控制权利益的不一致，经营管理者控制了整个控股集团。内部人控制实际上是委托代理的复杂问题。公司财产所有者委托经营管理者经营企业，由于财产所有者与经营管理者所追求的利润目标并不完全一致，经营管理者可能利用其实际控制企业的优势而损害财产所有者权益。

利益相关者理论：该理论的提出最早可以追溯到美国学者杜德，他认为股东追求利益的最大化不应是公司董事会唯一的追求目标，董事会还应当代表其他利益相关者，利益相关者共同治理公司是公司法人治理结构改革的核心思想。"利益相关者"共同治理指出了公司治理架构演变的正确方向，也在一定程度上引导着现实公司治理架构的完善，具有重要的理论和实践意义。利益相关者理论对信托公司的公司治理而言具有较强的适用性。

公司治理对于规范信托公司发展的作用分析

协调各方利益，形成发展合力：公司制管理是随着社会经济发展、专业化分工推进的高效生产组织方式。对于信托公司而言，利益相关方较多，各自站的角度不同、出发点不同，利益诉求也不同。因此，需要协调好各方利益，处理好各方关系，尤其是公司股东与经理层之间、公司与投资者之间、公司与监管者之间的关系，才能使各方形成合力，朝着统一的目标迈进。良好的公司治理结构正是解决这一问题的重要手段。

规范企业科学、高效运行：公司治理通过设置"三会一层"以及相应的议事规则和责权分配，较好地解决了公司的科学决策问题。股东会决定公司的经营方针和发展方向；董事会决定公司的经营计划、投资方案及基本管理制度；经理层负责公司的日常经营，实施股东会和董事会决定的重大事项；监事会对公司的运行情况以及董事和经理层的行为进行监督。通过公司治理、合理分配权责，公司能按股东希望的路径发展，提高重大事项决策的科学性，提升运行效率。

提高企业的风险管理能力：对于信托公司而言，少出风险是企业管理的重要目标之一，也是品牌维护的良好基础。在社会生产力高度发达的今天，信托公司面临众多竞争对手的激烈竞争、面临内外环境的快速变化，同时还需处理好与各相关方的关系，引发风险的因素多，导致风险易发。从风险管理的角度，也需要加强公司治理，形成有效的内控体系，防止风险的发生。

整体来看，信托公司作为金融机构，其公司治理更为复杂，需要考虑的问题更多、涉及的利益方更多。从国际金融历史来看，那些当时显赫一时、堪称国际一流的金融机构在一夜之间突然垮台（如英国巴林银行倒闭案），根本原因并不在于金融风险，而在于公司治理缺陷。正是因为公司治理缺陷的日积月累，最终以风险事故的形式爆发，进而导致了其自身的倒闭。

事实上，自 1979 年我国第一家信托公司成立开始，信托公司在我国的发展就与改革开放基本同步；中间历经的六次清理整顿，每次整顿均清除了影响中国信托行业发展的负面因素，促使行业健康发展。但客观来看，当前各信托公司在公司治理方面仍不完善，需要进一步改进或加强。

部分信托公司股权集中度过高

在外部控制机制尚不非常完善的环境下，公司股权集中度过高会造成大股东一股独大的情况。68 家信托公司中还有不少数量的公司存在股权集中度过高的现象，第一大股东所占股份比例超过 50% 的情况较多。在股权过于集中的情况下，尤其是大股东不是金融机构时，其对信托公司会有较多干预，按照普通公司的要求来管理信托公司，过于追求股东回报。

部分信托公司风险管理不到位

风险管理体现一个信托公司的综合竞争能力，也是其公司治理效果的体现。但是，由于公司治理还存在不足之处，加之我国经济发展进入新常态，国家又进行供给侧结构性改革，部分行业存在系统性风险；在各种因素的综合作用下，近年来有些信托公司出现了风险项目。根据信托业协会统计，截至2018年第三季度末，信托行业风险项目有832个，风险项目规模为2160亿元，其中集合信托规模为1387亿元。

内控机制建设还需进一步加强

部分信托公司尤其是一些规模较小的信托公司内控机制建设还需加强，部分公司还未严格按照职责分离的原则完善内部约束机制，前、中、后台部门之间未能形成有效的相互支持、相互监督机制。同时，内部控制机制的有效发挥还需要相应保障体系的支持，在构建信托公司内部控制机制的同时，还要加强内部控制机制的考核体系建设和信息系统建设，并明确责任追究程序和措施，强化追责机制。特别是，对于风险项目要厘清责任，对违规的高管要严格问责，并及时将责任人员名单及问责情况报送银保监会，最终确保信托公司的高层管理人员切实履行岗位职责，预防道德风险和失职风险，保证信托公司治理的有效性。

国家法律法规、规章等对信托公司优化公司治理的支撑和要求

一般企业的公司治理，主要依据为《中华人民共和国公司法》（以下简称《公司法》）。对于信托公司的公司治理，法律法规以及规章等的支撑和要求主要体现在三个层面。

法律层面：与信托公司公司治理相关的法律主要有《公司法》、《中华人民共和国信托法》（以下简称《信托法》）、《中华人民共和国银行业监督管理法》（以下简称《银行业监督管理法》）。首先，信托公司进行公司治理必须遵守《公司法》的相关要求，信托公司成立、股本管理、章程制定、"三会一层"设置及权责分配等都以《公司法》为基本指南；同时，信托公司作为银行业金融机构，除符合《公司法》的基本要求外，还需符合《银行业监督管理法》的相关规定。在此基础上，信托公司开展信托业务还要符合《信托法》的相关要求。

法规及部门规章层面：与信托公司最直接相关的有"三规"，即《信托公司管理办法》《信托公司净资本管理办法》《信托公司集合资金信托计划管理办法》。信托公司在遵守"三规"的基础上，还需遵守《关于加强非金融企业投资金融机构监管的指导意见》《信托业保障基金管理办法》《中华人民共和国企业法人登记管理条例施行细则》的相关规定。对国有性质的信托公司来说，还需遵守《国务院办公厅关于进一步完善国有企业法人治理结构的指导意见》《企业国有资产监督管理暂行条例》《国有重点金融机构监事会暂行条例》的规定。

行业管理层面：信托公司作为银行业金融机构，原银监会对信托公司的公司治理出台了不少文件和办法。一是直接治理方面，主要有《信托公司治理指引》《商业银行公司治理指引》《商业银行股权管理暂行办法》。二是风险管理方面，主要有《中国银监会办公厅关于信托公司风险监管的指导意见》《中国银监会办公厅关于进一步明确信托公司风险监管责任的通知》《中国银监会办公厅关于进一步加强信托公司风险监管工作的意见》《中国银监会关于进一步深化整治银行业市场乱象的通知》《信托公司受托责任尽职指引》。三是信息披露方面，主要有《信托投资公司信息披露管理暂行办法》《中国银监会办公厅关于进一步做好信托公司信息披露工作有关问题的通知》《中国银监会办公厅关于修订信托公司年报披露格式规范信息披露有关问题的通知》。四是其他方面，如《信托公司监管评级办法》，通过监管评级，促使信托公司加强、完善公司治理。

信托公司优化公司治理需要达到的特殊目标

保护信托投资者利益：信托公司作为金融机构，管理的金融资产数额远大于其注册资本金，这些金融资产资金来源于大量社会个人投资者和机构投资者。因此，信托公司如果发生破产倒闭风险，不仅社会影响面广，甚至可能引发社会稳定问题。所以，需要从保护投资者的角度来设计信托公司的公司治理结构。

促进信托公司合规经营：虽然有金融监管部门对信托公司的经营活动进行监管，但从交易成本考虑，监管部门不能对信托公司的行为进行无缝监督。一是相关监管规定不能涵盖信托公司的所有业务活动,存在"灰色地带";二是受限于金融监管部门的人手以及监管行为本身产生的成本,金融监管部门无法对信托公司的所有行为进行全方位监管。但要实现信托公司主动合规作为,单纯依靠信托公司从业人员的道德品质是不够的,需要从公司治理的角度,设计合理的体制、机制,通过制度管理促使信托公司主动合规。

促进国家金融政策贯彻落实:财政政策和金融政策是国家调控社会经济发展的两大主要手段,金融机构是落实、传导国家金融政策并使之发挥作用的重要媒介。如果没有良好的公司治理结构,信托公司作为"经济人",会有较大冲动从自身利益出发,而缺少主动贯彻国家金融政策、维护金融稳定的动力。

信托文化的价值精髓

陈 赤[①]

"文化"是一个殊难定义的概念,既包罗万象又扑朔迷离。迄今为止,人类学家、社会学家、心理学家们已经给出了200多种有影响的文化定义,以至于错综庞杂的文化定义本身已上升为一种特有的现象。不过,从若干重要的文化定义中,我们可以得知,文化的基本核心,或者说隐蔽文化层中的深层隐藏物,是传统的、与群体紧密相关的价值观念;而文化既是人类活动的产物,又是人类进一步活动的基本条件。

基于此,本文探讨的信托文化,主要是与信托当事人及其利益相关方紧密相连的价值观念,这些价值观念形成于数百年来人们的信托活动,又构成今后人们有效开展信托活动的前提条件。

文化之于信托

研究表明,中世纪英国特有的地产权体系是催生信托萌芽发育的肥沃土壤,其特有的与普通法并行的衡平法则是浇灌信托之树苗壮成长的活水源头。前者将财产权利划分为可以跨时间、跨空间分割和转让的"权利束",为信托内部设计的惊人弹性装上了想象的翅膀,提供了巨大的空间;后者所秉持的"公平、正义和良心"原则,又为信托安放了笃定而又活泼的灵魂,确立了固有而又可发展的理念。

概括而言,信托文化所包含的价值理念,以帮助人们在处理财产转移和财产管理事务时达成自由、安全和高效的目的为依归,以明确受托人应享有的权利和所负担的义务为核心,以权衡委托人自由意志的延展和限缩

[①] 陈赤,西南财经大学兼职教授,中铁信托有限责任公司总经理。该文发表于《金融博览·财富》2018年第10期,内容略有修改。

尺度、界定受益人受保护的范围和深度为重要组成部分。

毋庸置疑，人们对信托文化的理解越是一致，社会对信托文化的传播越是普及，法律对信托文化作为公序良俗越是认可，大家对信托的信心就会越充足，信托的介入领域就会越广泛，信托的运用程度就会越深化，开展信托业务的效率就会越高，围绕信托的纷争就会越少，信托制度与相似的财产转移和财产管理制度之间的竞争就会越有优势，信托事业也就能够早日从初级阶段向中高级阶段健康快速发展。

信托（其前身为用益制）的产生，源于突破中世纪英国对土地在家族内传承和在人际间移转（如信徒与教会之间）限制的努力。借助信托结构的巧妙设计，人们在很大程度上实现了移转财产的自由意志。随着信托的发展，一方面，法律通过加重受托人的忠实义务，保护了信托财产的全部利益归属于受益人；另一方面，法律通过赋予信托财产特有的独立性，使之区别于委托人和受益人的其他财产、受托人的固有财产，从而起到破产隔离的安全效果。

当古典的民事信托发展到现代的营业信托、金融信托后，积极的受托人取代了过去消极的"人头"，货币资金、有价证券等金融资产取代土地成为信托财产的主力，管理财产的需求超越了移转财产，具有专业才能的受托人通过管理、运用和处分信托财产，有效率地为受益人实现财产保值增值成为主要的信托目的。财产移转的自由性，财产保护的安全性，财产管理的高效性，这些借由信托实现的意图，与人的若干层次的需要若合符节，自应是信托文化之精髓。

受托人的核心价值观

受托人居于信托关系的核心地位，在信托设立之时，可以暂时没有受益人；在信托设立之后，也可以不再有委托人，但受托人的存在对于信托的设立、存续和终止都是必不可少的。委托人基于对受托人的莫大信任，自愿将其合法拥有的财产所有权移交给受托人；而为了让受托人有效管理、运用信托财产，也为了让交易对手在无须了解信托背后的复杂财产权利的简便形式下（"信托屏蔽"）与受托人打交道，从而降低信息成本，受托人拥有完整的财产所有权，并且其管理、运用、处分信托财产的权利逐步得到扩张。但是,受托人的每一项权利都对应着一项义务,受托人必须充分认识到,处理信托事务时,他应该在履行义务的前提下才能够行使他的权利。因此,受托人需要树立以下核心价值观念。

一是自觉履行忠实义务的理念,即受托人只为受益人的全部利益而行事。

忠实义务的要害在于不获利和禁止自我交易。所谓不获利,是要求受托人无论以何种名义和方式,都不得利用信托财产为自己或其他第三人牟取利益。如果受托人利用信托财产为自己牟取利益,势必忽视甚至损害受益人的利益,这就使信托有悖于委托人设立信托的初始目的和意义。在信托发展的相当长的时间里,"无酬主义"一直是民事信托的受托人奉行的原则。

当然,在营业信托的情境下,受托人付出了人力、物力和财力,管理、运用、处分信托财产,处理信托事务,可以按照信托文件的约定取得一定的报酬,这是委托人同意给付受托人的一种补偿性利益,不同于受托人利用信托财产为自己牟取的利益。

所谓禁止自我交易,是指受托人不得将其固有财产和信托财产进行交易,更不得将信托财产转为固有财产。因为受托人将其固有财产与信托财产进行交易,表面上是不同主体之间的相互交易,但实施整个交易行为的实际上都是受托人一人,这种交易实为自我交易。受托人一人兼做此类交易中的双方当事人,其受托人的职责与个人利益必相冲突。不过,经委托人或受益人的同意,受托人可不受上述原则的约束,以公平的市场价格进行相互交易。

二是自觉履行谨慎义务的理念。

谨慎义务,又称为善管注意义务。信托成立后,信托财产虽系于受托人名下,由受托人实际控制,但并非受托人的固有财产。受托人对信托财产的管理或者处分,是为了受益人的最大利益,必须以最大勤勉之精神和格外谨慎之态度,履行其作为善良管理人为他人利益小心谨慎的义务。

当受托人被信托文件赋予一定的投资裁量权,并收取信托报酬时,他被要求更高程度的谨慎义务是合乎情理的。对于受托人的谨慎义务的具体内涵,不同类型、不同国家、不同时期的信托各有不同。最初曾经实行将投资对象进行详细列举的法定名单规则;之后有很灵活的审慎人规则;再后来有审慎投资者规则,它要求分散信托投资,并将投资组合作为一个整体来判断其是否健全。

为认真履行谨慎义务的要求,受托人在对信托财产进行投资时,应仔细考虑经济环境、通货膨胀影响、投资的税务影响、投资回报率和资产增值、资产流动性、收益定期性、针对不同的受益人采取保守或激进的投资策略等因素。受托人必须具备有关投资的尽调和判断的合理性之技能,并应该全力以赴,毫无保留。

三是自觉履行投资义务的理念。

受托人不能够仅仅为了规避投资风险而拒绝投资,让信托财产处于闲置状态,躺在那里睡大觉,这样的话自然不可能产生任何收益。因此,受托人不仅要执行谨慎义务而"临事而惧",还必须"好谋而成",运用专业知识对信托财产进行生产性的管理和运用。如果受托人因不应该的偷懒懈怠行为,使本来可以获得的收益白白丧失,则可说受托人并未尽到其义务。

此外,受托人还应自觉树立履行信息披露义务、公平对待义务、分别管理义务、亲自管理义务等理念。

客观而言,我国现阶段作为营业受托人的信托机构,金融色彩十分浓厚,而信托色彩则显得比较淡薄。随着信托主营业务从风险型债权融资类业务向资产管理业务、财富管理业务过渡,信托制度、信托文化将发挥更大的作用,而信托机构及其管理人员和员工,尤须以高于普通金融机构的价值标准要求自己。

界限与平衡间的价值观

较之于以上易于为人们一致认同的信托价值观念,委托人自由意志的延展与限缩当以何处为界,保护受益人的利益与保障债权人的权益之间如何平衡,其中蕴含的价值观念也很值得我们斟酌和推敲。

近年来,"富一代"渐渐老去,如何顺利传承事业和财富日益成为他们重点考量的问题,家族信托作为优良的传承工具也越来越受到富裕人士的欢迎。财产的一个重要功用,是激励人们愿意为较长远的未来投入资源、付出劳动。而信托的运用,则延伸了财产所有者驾驭财产的时间,从而延展了财产这一激励功能，有积极的社会意义。但是，通过信托实现财产所有者对身后财产的控制，是否可以无限期，是否可以不节制？个人自由支配财产的权利与社会共同价值观之间的冲突如何控制？长辈委托人的意志与后辈受益人的独立人格之间的矛盾应该如何调和？

可以让我们参考的观念有不少。一是信托的设立条款不应违背社会的公序良俗，不应带有偏见和歧视，也不宜设置过分具体细致的条件。例如，以信仰某种宗教为前提决定子孙是否可以享受信托利益，以生男生女为前提决定子孙享受多少信托利益，应该属于无效。二是确立禁止永续原则，以限制委托人的三类自由——控制财产未来归属的自由、禁止财产流通的自由、强制财产持续累积的自由，从而达到以下社会效果：避免财富无限制累积以符合公平政策；避免让委托人借设立信托永久控制财产未来的归属，委托人的"死亡之手"不能过久地控制财产；避免某一代人全面决定财产未来使用及归属方式，剥夺下一代的支配能力；避免资产受到冻结丧失流通性。

英美国家（或其部分地区）为保护受益人不因缺乏经验或能力上当受骗失去财产，避免受益人因挥霍成性而日后成为社会的负担，通过设立自由裁量信托与保护信托、禁止挥霍信托及教养信托，豁免受益人运用其受益权清偿债务，阻止债权人追及信托财产。但这种绝对贯彻委托人的意志，通过信托"避债"的功能过分保护受益人的观念，与现代文明保障债权实现的理念颇有抵牾，似不宜照搬引用。

民族性、时代性的特征

信托文化既有其一以贯之的通用内核，也随着其发展、传播、移植和继受，具有民族性和时代性的特征。

在民族性方面，以委托人的权利设定为例，有着悠久信托历史的英美国家的传统观念认为，由于信托是委托人把自己不能亲自管理和运用的财产交给受托人的制度，委托人干预已经设立的信托是不恰当的。信托一经设定，委托人便与信托关系相脱离。但是，在日本、中国等移植、继受信托的大陆法系国家，信托传统还很单薄：一方面，认为委托人作为信托财产的提供者和信托目的的设定者，如果他有关注和调整信托运行的意愿，则这一意愿在合理限度内应予尊重;另一方面,为了鼓励委托人设立信托,消除他们对受托人是否忠实执行信托目的的担忧,因而赋予了委托人比其在英美国家更多更大的权利。

在时代性方面,受托人由消极一方变为积极一方,无酬主义变为合理取酬,受托人权利逐步扩张,都是信托观念随时代进步而不断更新的显例。

风险管理视角下的信托公司主动管理

管百海[①]

自 2014 年银监会下发《关于信托公司风险监管的指导意见》明确了信托公司"受人之托、代人理财"的功能定位，推动信托公司转型发展、回归本源业务，提升主动管理能力就成为信托业未来发展的必由之路。

主动管理是相对被动管理而言的。2017 年银监会下发《信托业务监管分类说明（试行）》，将主动管理型信托定义为：信托公司具有全部或部分的信托财产运用裁量权，对信托财产进行管理和处分的信托。一般情况下，通道业务都属于被动管理型信托，其他业务基本属于主动管理型信托。从资金来源看，单一资金信托和财产管理信托基本都是被动管理型信托，集合资金信托基本都是主动管理型信托。

主动管理是信托公司作为受托人勤勉尽责的具体体现。2007 年银监会下发《信托公司集合资金信托计划管理办法》，其第四条要求：信托公司管理、运用信托计划财产，应当恪尽职守，履行诚实信用、谨慎勤勉的义务，为受益人的最大利益服务。

2018 年 4 月 27 日，人民银行、银保监会、证监会、外汇局四部门联合发布《关于规范金融机构资产管理业务的指导意见》（以下简称资管新规），对多年来已形成通道业务发展模式的信托业影响极其深远。

打破刚兑对信托产品的影响

资管新规第十九条要求经金融管理部门认定存在以下行为的一律视为

[①] 管百海，时任中铁信托有限责任公司研究发展部副总经理，主持工作。该文发表于《当代金融家》2018 年第 6 期，内容略有修改。

刚性兑付：（1）资产管理产品的发行人或者管理人违反真实公允确定净值原则，对产品进行保本保收益。（2）采取滚动发行等方式，使得资产管理产品的本金、收益、风险在不同投资者之间发生转移，实现产品保本保收益。（3）资产管理产品不能如期兑付或者兑付困难时，发行或者管理该产品的金融机构自行筹集资金偿付或者委托其他机构代为偿付。（4）金融管理部门认定的其他情形。被认定为刚性兑付的，金融管理部门对其进行处罚。

对于第一种行为的保本保收益问题，以往信托公司在信托合同中大部分以"预期收益率"表述，虽然没有明示"保本保收益"，但信托公司销售人员在销售信托产品时，通常会以口头方式向客户传达出刚兑意思，信托公司多年来的实际做法也对绝大部分信托产品保证了刚性兑付。这种做法在资管新规下将被禁止。

对于第二种行为的滚动发行信托产品问题，以往信托公司通常以将信托计划"展期"的方式解决信托项目的流动性风险。当信托计划到期时，如信托项目的资金无法顺利收回，则采取发行新的信托产品的方式替代旧的信托计划；当信托项目情况好转，从融资方收回信托资金的本息后，再真正结束原信托计划。这种以时间换空间的方式解决信托项目暂时性风险的做法也被资管新规禁止。

对于第三种行为的信托公司自行筹集资金或委托其他金融机构代为偿付问题，以往信托公司从自身品牌及声誉出发，当信托计划到期而融资方无法归还信托资金本息时，通常采取以自有资金受让信托受益权的形式解决问题。这种做法在资管新规下被禁止。

对于第四种行为，需要人民银行和金融监管部门根据具体情况进行认定，目前尚无具体说明。

针对以往惯例，资管新规第十九条同时要求经认定存在刚性兑付行为的区分以下两类机构进行惩处：（1）存款类金融机构发生刚性兑付的，认定为利用具有存款本质特征的资产管理产品进行监管套利，由国务院银行保险监督管理机构和中国人民银行按照存款业务予以规范，足额补缴存款准备金和存款保险保费，并予以行政处罚。（2）非存款类持牌金融机构发生刚性兑付的，认定为违规经营，由金融监督管理部门和中国人民银行依法纠正并予以处罚。

通道受限对信托业务的影响

一是提高合格投资者标准，切断通道业务根源。资管新规实施前，银行理财产品对合格投资者设置的门槛并不很高，对于一般的个人投资者，5万元即可起售。资管新规实施后，资管产品个人合格投资者的门槛大幅提高，要求其具有2年以上投资经历，且满足下列条件之一：家庭金融净资产不低于300万元，家庭金融资产不低于500万元，或者近3年本人年均收入不低于40万元；同时要求私募产品只能面向合格投资者通过非公开方式发行。根据资管新规实施后的合格投资者标准，绝大部分原银行理财产品客户将被排除在合格投资者范围之外。

根据中国信托业协会统计，截至2017年底，行业信托资产规模已达26.25亿元，其中集合资金信托为9.91万亿元，占比37.74%，单一资金信托为12.00万亿元，占比45.73%。单一资金信托计划大部分属于通道业务，信托资金主要来自银行理财。根据《中国银行业理财市场报告（2017年）》统计数据，2017年底银行理财产品余额为29.54万亿元，其中个人理财类产品为19.79万亿元。

以上来自个人理财的近20万亿元资金，是整个大资管同业及通道业务的基础，更是信托通道业务的主要资金来源。资管新规实施后，绝大部分个人理财资金将被排除在私募资管之外，从资金源头上砍断了信托的通道业务。

二是消除多层嵌套和通道，使得信托公司通道业务更难开展。资管产品借通道多层嵌套，不仅增加了产品的复杂性，导致底层资产和风险难以穿透，也拉长了资金链条，增加资金体内循环和融资成本。此前，监管对多层嵌套及通道的表述多为"限制""禁止"，资管新规则表现出对多层嵌套及通道的坚决遏制，直接提出"消除"多层嵌套和通道。

资管新规第二十二条规定，金融机构不得为其他金融机构的资产管理产品提供规避投资范围、杠杆约束等监管要求的通道服务；资产管理产品可以再投资一层资产管理产品，但所投资的资产管理产品不得再投资公募证券投资基金以外的资产管理产品。

业务模式及产品结构的严格限制，使得信托公司不能再依靠通道业务实现高速增长，而必须加大对主动管理型业务的拓展力度。一方面，各类金融机构将大力争夺通道，通道业务会面临更多竞争；另一方面，面对金融监管部门对通道业务的合规性、穿透性检查，信托公司开展通道业务将面临更大压力。

外部压力对信托公司的影响

企业商誉在市场竞争中具有非常重要的意义。商誉差、不被客户信任的企业基本不可能实现好的长期发展。资管新规实施前，信托公司宁愿自己承担损失也要实施刚兑的根本原因，就在于对公司商誉的全力维护。资管新规实施后，一旦信托项目出现风险，投资者资金（尤其是本金）不能及时回收，有时甚至需要投资者自行承担相关损失时，不仅实施该项目的信托公司商誉会受到直接的负面影响，影响还可能在市场间进一步传播扩大，令其他投资者失去对该公司的信任，进而阻碍新的信托产品发行，最终影响公司的可持续发展。

一是公司发展需要。近十年来，信托业资产规模保持快速增长，从2008年的1.22万亿元到2017年底的26.25万亿元，成长业绩引人瞩目。其中，通道业务为信托业规模的高速增长作出了巨大贡献。资管新规征求意见稿先行发布后，银监会又在2017年12月发布《关于规范银信类业务的通知》（银监发〔2017〕55号）、在2018年1月发布《商业银行委托贷款管理办法》，对金融机构间开展的通道业务进一步规范和限制。资管新规正式发布后，资管同业间的通道业务更成为监管重点。通道业务受限使得信托公司以往的高速增长模式不可持续，为弥补通道业务下滑导致的公司收入下降，信托公司急需加大对主动管理型业务的拓展力度，使公司业务总量不致出现较明显的变化。

二是企业生存需要。近十年是信托业快速发展的黄金时期。通道业务"薄利"，然而"多销"，使得通道利润在信托公司总利润中占据了较大比例，信托公司由此也实现了较好的利润指标。资管新规的实施导致信托公司的通道业务大幅萎缩，通道利润也会随之大幅下降。

三是行业竞争需要。根据资管新规，银行、信托、证券、基金、期货、保险资产管理、金融资产投资等金融机构都可以开展资产管理业务；

会按同一标准对银行非保本理财产品，资金信托，证券公司、证券公司子公司，基金管理公司、基金管理子公司，期货公司、期货公司子公司，保险资产管理机构，金融资产投资公司发行的资产管理产品等进行统一监管。

大资管时代多类金融机构同台竞技的市场环境，决定了资产管理机构必须拥有专业核心能力才能在激烈竞争中获得比较优势。信托公司应积极培养主动管理能力，大力发展主动管理型业务，彻底改变以往做被动通道的业务模式，大幅提高主动管理业务的利润水平，从而增强信托在资管业务中的话语权，保持在资管行业中的领先地位。

信托提升主动管理能力之道

近年来，信托业处于高速发展期，尤其事务管理型的通道类业务高速增长，令不少信托公司对业务转型升级的压力较小，对加强主动管理说得多、做得少。资管新规打破刚兑后，面对信托项目一旦出现风险可能给公司造成商誉损失，信托公司需要将管理运营的核心回归尽责管理和投资管理，将风险责任由以往的偿付性风险回归对应到管理性风险和操作风险，从公司品牌维护和可持续发展出发，加快构筑风控合规体系，锻造风控合规管理能力，在大资管市场竞争中巩固和提升行业地位。

首先，信托公司应建立信托项目的科学选择体系和评价标准。信托公司资金大部分投向非标项目，能否依托主动管理能力对项目进行判断并作出合理选择，是未来能否在大资管行业获取较高地位的关键。信托公司应根据信托业务类型科学建立信托项目的选择体系和评价标准，如房地产信托、基础设施产业信托、股权投资信托、上市公司股票质押信托等，使信托项目的选择和决策过程更加客观、标准，从而降低人为主观因素影响，从源头上控制风险。

其次，信托公司应严格管控信托项目运营实施的全过程。信托公司将资金放出后，应对融资方的运营实施过程进行全程监控，进一步加强对信托项目过程的主动管理。当发现异常情况和问题时，应及时向融资方提出，共同商量解决办法；"抓早""抓小"，将问题消灭在萌芽状态。坚决避免在运营过程不管不顾，计划到期出现严重风险才火烧火燎解决的情况发生。通过实施全过程管理，及时主动对项目纠偏，从而降低风险发生的可能性，减小风险损失的严重程度。

最后，信托公司应加强解决、处置风险事件的应对能力。信托公司作为金融专业资产管理机构，其运营本质是对风险的经营和管理。提高公司风险处置能力，建立风险项目处置体系，制订风险事件处置预案，使得风险发生时能够实现快速响应，运用各种手段处置好风险事件，并尽量实现投资者资金本息全部回收，可以最大限度弥补风险事件对公司商誉的影响。可以预见，风险处置能力将成为信托公司在大资管市场中立足的决定性能力。

如何开展信托行业高管合规履职审计

陈 林[①]

近年来,经济结构转型给金融企业带来了巨大的挑战,跨行业的风险传播概率普遍提高,作为第二大金融行业的信托业,合规风险也成为行业的主要风险之一,金融企业应秉承"违规就是风险,安全就是效益"的理念,建立长效的合规风险防范机制、推进合规经营管理、培育合规文化,将风险控制在可控制和承受的范围之内。这是摆在信托公司面前的一个现实问题。笔者认为,合规从公司高管履职做起对于公司合规文化的形成、控制公司的合规风险有着极为重要的作用,正所谓"其身正,不令而行;其身不正,虽令不从"。因此,本文从实际审计工作入手,阐述高管合规履职审计的具体要点并提出相关的建议。

一、高管合规履职审计的主要方法

一是访谈。访谈是审计过程中审计人员与被审计单位部门或职员直接进行的一种交流活动,是审计的常用方法。访谈按访谈过程的控制程度分为结构性访谈与非结构性访谈。结构性访谈,需要事先理好访谈内容,有较为详细的访谈提纲。非结构性访谈较为随意,过程相对自由。高管合规履职审计,对相关人员进行访谈时一般采用结构性访谈方式,做到有的放矢。

二是问卷调查。问卷调查是指通过设计与调查相关的问题,要求被调查者据此回答以收集审计信息的一种方法。信托公司高管合规履职问卷调

[①] 陈林,中铁信托有限责任公司内控审计部副总经理,主持工作。该文发表于《中国审计》2019年第5期,内容略有修改。

查主要内容应包括高管人员审批权限与操作流程的规定情况，高管人员审批权限与操作流程的执行情况，高管人员干预项目审批或支付情况，高管人员利用职务之便谋取利益的情况，高管人员合规履职、审查、督导情况，高管人员的廉洁从业情况等。

三是穿行测试。穿行测试是在指公司在正常的运行条件下，穿越全流程和所有关键环节，将运行的结果与设计要求进行对比，以发现管理制度、流程设计的缺陷。信托公司在高管合规履职审计时，可以运用穿行测试，对公司的重要制度、关键环节进行梳理，厘清企业管理制度架构及信托项目审批体系流程，便于高管人员更好地合规履职。

二、高管合规履职审计的主要内容

（一）关注合规责任体系管理情况

信托公司合规责任体系管理是指信托公司制定和执行合规管理制度，成立相应的合规管理组织体系，有效地培育合规文化，防范企业合规风险的活动。在责任体系管理审计时，应关注公司合规制度体系建设，主要包括公司治理、分级授权、业务管理、合规风控、信托产品营销管理、财务核算、审计监察等方面的合规管理制度；关注不相容职务相分离控制、授权审批控制、财产保护控制等控制措施；关注合规组织体系的建设，包括股东会、董事会、监事会和经理层组成的"三会一层"治理结构，风险管理与审计委员会、投资评审委员会、证券投资委员会等专业委员会的组建与履职情况，法律合规、风控管理、内控审计、运营稽核等部门的设立与独立履职情况。

（二）关注高管合规履职情况

按照国家法律法规、银保监会相关规定，信托公司高管层应认真实施董事会决议、制订年度经营工作计划并稳步推进，严格执行公司各项内控制度、具体操作办法和管理流程，按董事会的授权审查批准信托项目。主要审计的内容如下：

一是自有业务的合规履职。自有业务又称固有业务，是信托公司利用自有资金从事的业务,主要包括自营贷款、股权投资、金融产品投资等。自有业务应按法律法规、公司管理制度正常开展,从而使自营业务在授权、审批和关键风险控制措施等方面能得到有效的执行。

二是信托业务操作流程和审批权限的合规履职。信托项目业务是信托公司的主要业务,信托业务的流程控制是整个信托项目合规运行的关键。正常的信托业务流程大致可分为项目立项、申报、评审、办理抵（质）押、放款前稽核、贷后管理以及结束清算等。公司高管按公司的相关制度,对信托项目成立流程进行过程审批。分管领导在项目受理与准备、项目立项与申报阶段进行审批;评审委员会在项目评审阶段提出明确的评审意见并形成决议;在总经理审批权限内的报总经理审批,超过总经理权限的报董事长或董事会审批;总经理在成立放款前根据稽核部门的放款审核意见等进行放款审批;分管领导在项目兑付清算阶段对项目的收益分配、总结报告等进行审核并发表意见。在具体审计时,要对信托项目业务审批流程进行全面检查,查看公司高管是否有越权审批、逆程序审批以及不履职或不当履职行为。

三是信托项目风险情况的定期监测管理。风险监测是信托公司的一项日常性工作,公司运营稽核部门要持续滚动监测未来半年到期信托项目的风险,定期召开信托项目风险评级会议,为划分信托项目的风险级别提供客观依据。风险评级会一般有公司高管、各项目业务部门和职能部门参加。业务部门收集交易对手的财务资料、经营状况、抵（质）押物变现能力、企业征信及舆情等,并作出项目到期兑付风险的初步判断;职能部门从交易对手财务、征信、项目进度等情况结合消息查询、行业数据分析,评估还款来源的有效性,并对照项目风险评级标准对项目风险进行五级分类（正常类、关注类、次级类、可疑类、损失类）,最终提交公司高管层确认。公司高管层应根据分类的情况,确定项目到期前检查方案、检查频率和采取的措施,对评级较低的项目确定风险应对方案。

四是信托业务的集中度管理。为防止经营风险,银保监部门对信托公司的交易对手、项目到期时间和地域分布的集中度一般会有具体规定。如四川银保监部门规定:需承担实质兑付的单个集合资金信托计划规模应不超过公司最近连续三个月末平均高流动性净资产储备余额。单个法人客户各交易结构下存续规模合计消耗的风险资本额不得超过公司最近一个月末计提风险资本总额的3%（集团客户不超过5%）。均衡信托项目到期时间，较大规模的集合项目，宜采用分期募集、分别到期方式。主动管理的集合项目，设计3~6个月的资金归集期。在区域集中度管理方面，有控制异地信托规模占比、本地业务规模占比等具体规定。信托公司应严格遵守相关监管规定，以控制企业经营风险。公司高管人员更应带头执行、合规履职。

五是对银保监会合规风控要求的执行情况。监管部门对金融业的合规要求较多，随着经济的发展，更新也较快。如2016年中国银监会颁布《关于进一步加强信托公司风险监管工作的意见》，对信托资金池业务、结构化配资杠杆、计提业务拨备和风险项目化解四个方面的合规风险作了进一步规定。信托公司高管人员不但要自觉地执行监管部门的合规风控要求，还应对公司员工进行新监管政策的培训、宣传，在全公司范围内形成良好的合规文化氛围。

六是廉洁从业的履职情况。信托公司特别是有国资背景的信托公司，应大力提倡打造"倡廉洁、讲合规、严内控、防风险"的合规廉洁文化，全面落实领导干部述廉制度，把廉洁自律与高管的绩效考评、任免挂钩，强化公司高管人员的自我约束力。在具体审计时，还应关注高管人员的考评、任职、免职、诫勉、廉洁谈话等方面的执行情况。

（三）关注对高管人员的激励、问责处罚情况

信托公司一方面应严格按照银保监会的规定制定并执行延期薪酬管理制度，通过绩效合约形式，将高管人员延期薪酬考核兑付与经营合规、项目风险、廉洁从业等指标挂钩，严格按照制度规定落实高管人员绩效考核工作，体现"量化、精准、平衡"的绩效考核精神实质。另一方面还应制定违规经营、资产损失等方面的责任追究办法，确定责任追究范围，对高管人员在履行职责或行使职权过程中滥用职权、不履行或不正确履行职责，致使企业资产遭受损失的，根据具体情况和认定标准，划分直接责任、主管责任、分管领导责任、主要领导责任等，进行处罚问责，并且要杜绝"只问下不问上"的情形。

三、高管合规履职审计的相关建议

（一）加强信托项目审批质量

信托公司的信托项目流程审批大致分为前期、评审、放款、贷后管理以及清算几个阶段。在严格流程审批管理的同时，还应加强审批的质量。比如，前期的尽职调查、可行性分析是否翔实、充分，有没有重要隐瞒事项，是不是流于形式，评审时有没有评审委员会成员特别是具有公司高管身份的成员作误导性发言，放款审批、清算审批是否按约定办理，等等。

（二）信托风险项目的合规处置

信托项目出险，信托公司应积极主动地化解，以最大限度地降低投资者的损失。2018年4月资管新规出台，对资管项目的风险化解有了更新的要求，信托公司要按资管新规的要求，合规处置与化解项目风险。项目风险化解的方式一般有司法处置、外部合作转让债权、配合融资方自救、推进融资方重组、债转股、以物抵债等。公司高管人员应结合项目实际，选择最优化解方式，正确履职，合规处置。

（三）提高信息化管理水平

信托公司随着管理规模的上升，对信息化的要求也越来越高，办公系统、项目审批系统、数据管理系统也应不断地升级。对于金融企业而言，数据即为资产，信息化管理特别是数据管理尤为重要。信托公司要加快信息化建设，打通业务部门与财务部门的底层数据。公司要有基础数据库，便于录入、提取与分析，从而便于公司高管利用及时可靠的信息与数据更好地合规履职。

《粤港澳大湾区发展规划纲要》对信托公司财富中心区域分布可能带来的影响

——基于中观金融区位理论的分析视角[①]

钱思澈[②]

从总体上看，信托公司财富中心的地域分布特点与银行、证券和保险三个金融子行业是一致的。在沿海地区加快对外开放后，全国经济、金融的重心呈现出加速向东部转移的趋势，金融服务业区位格局呈现出重心高度集中于东部地区的特点。

虽然中西部地区近10年有较快发展，但是中国银行业仍然高度集中于东部地区。以网点和从业人员为例，东部银行业网点共9.1万个，占全国的40.3%，从业人员173.6万人，占全国的44%。相比而言，中西部地区则分别占比20%多，东北地区占比则下滑到10%以下。相较2011年，东部地区银行业的占比更高，东北地区有所下降，中西部地区略有上升但是不明显。

根据金融区位理论分析，东部地区经济随着转型的深入而出现增速逐渐下降，但是随着东部地区转型过程的逐渐完成，加上本身具备的无可比拟的区位优势，可能会形成新一轮区域金融不均衡高潮。

对于信托公司来讲，由于更加关注高净值人群、金融机构和工商企业的密度，财富中心设置偏向于东部地区甚至是东部某几个城市的情况将更为明显。

---

① 全文图表无特别说明，均来源于《中国信托业发展报告》和普益标准文章《信托财富中心发展分析》。

② 钱思澈，中铁信托有限责任公司综合管理部文字秘书，原研究发展部研究员。该文发表于"信托百佬汇"公众号，2019年2月。

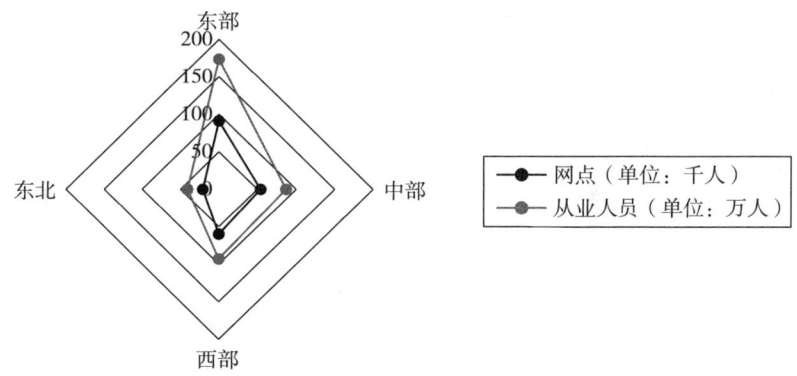

图1　银行业网点和从业人员区域分布（2017年）
（资料来源：中国人民银行货币政策分析小组.
2017年中国区域金融运行报告［M］.北京：中国金融出版社，2018）

在摆出具体数据之前，相信大多数读者都能猜出，信托公司财富中心肯定集中分布于京津冀、长三角和珠三角三个区域。但是，这三个区域的分布有没有各自的特点？产生这些特点的原因又是什么？2019年2月发布的《粤港澳大湾区发展规划纲要》对于信托公司财富中心分布会否产生一定的影响呢？本文将根据信托公司发展实际，结合中观金融区位理论进行分析。

一、江南、岭南各不同

"江南"和"岭南"都有一个"南"字，但是各方面都有所不同，财富中心的分布也不例外。乍一看，长三角和珠三角棋逢敌手。但是分析问题不能被表象所迷惑，两个地区都大量分布信托公司财富中心，但是呈现出迥异的特点。

（一）长三角——"一超多强"

长三角地区的财富中心分布呈现出较为明显的"一超多强"格局，共有126个信托公司财富中心。上海的财富中心有48个，占长三角地区的1/3强，是第二名杭州的2倍多，也是全国信托公司财富中心分布最密集的城市。

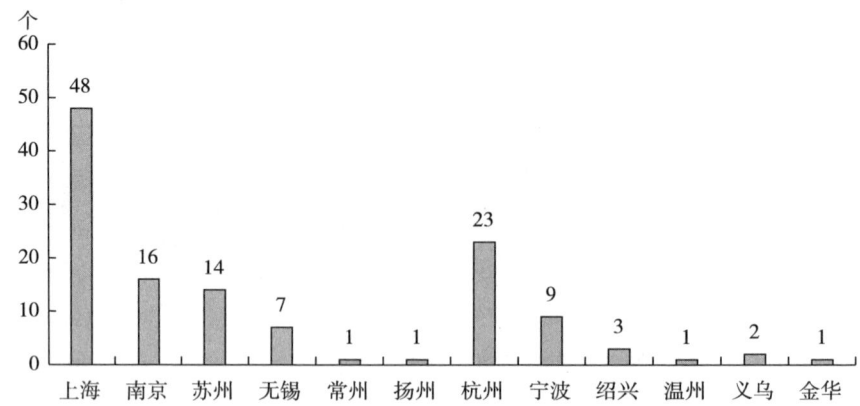

图 2　长三角地区财富中心城市分布（2018 年）

虽然分布在上海的信托公司较多，但是总体而言，长三角地区的财富中心分布较为均衡，江苏和浙江分别有 39 个财富中心，其中杭州、南京、苏州分布较多，分别为 23 个、16 个和 14 个，宁波和无锡的财富中心也分别接近 10 个，此外，常州、扬州、绍兴、义乌、温州和金华 6 市也有财富中心零星分布。

表1　　　　2018 年长三角各市信托公司财富中心分布情况　　　　单位：个

	城市	数量	合计
沪	上海	48	48
苏	南京	16	39
	苏州	14	
	无锡	7	
	常州	1	
	扬州	1	
浙	杭州	23	39
	宁波	9	
	绍兴	3	
	温州	1	
	义乌	2	
	金华	1	
长三角	—	—	126

资料来源：用益信托网。

从长三角来看，目前"长三角都市圈"已经成为我国经济、金融实力最强的城市群和全球第六大都市圈。区域中的上海市历来是我国重要的经济中心城市，自1843年成为通商口岸后，上海依托优越的自然区位优势快速集聚了一大批洋行、钱庄等金融机构；20世纪90年代初浦东开发开放后，一系列国家级金融市场的建立，吸引了众多国内外金融机构的集聚，其中有国家战略支持的因素，但更主要的体现为市场机制的主导作用。杭州、南京、苏州、无锡、宁波等长三角其他城市均具有发达的经济基础。

（二）珠三角——"双核驱动"

作为财富中心同样密集的地区，珠三角的财富中心分布则与长三角大异其趣。珠三角共有财富中心55个，全部分布于广东省，因此不再分省域进行分析。

珠三角地区的财富中心分布呈现出"双核驱动"的特点。深圳和广州分别有31个和18个财富中心，合计49个，占整个珠三角地区的89%。珠海、东莞、佛山和惠州则零星分布较少的财富中心，不与广州和深圳毗邻的域内城市则没有财富中心分布。珠三角地区财富中心集中度远高于长三角地区。

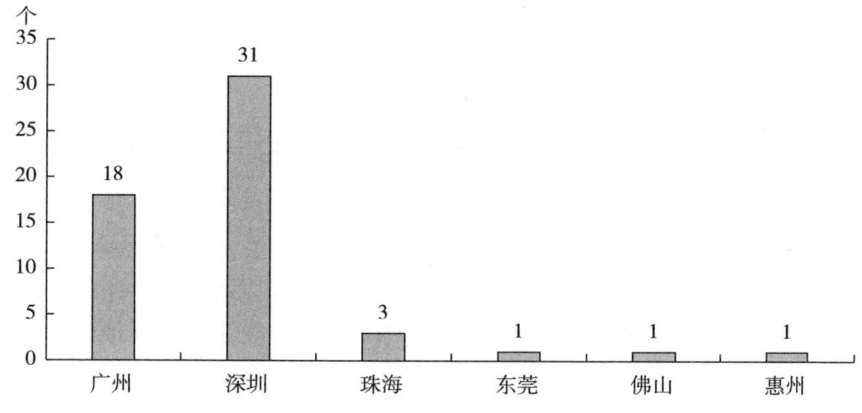

图3 珠三角地区财富中心城市分布（2018年）

（三）两个地区副省级以上城市对比

为了凸显两个地区财富中心分布的不同，本文将两地副省级以上城市

（含计划单列市）进行对比分析。

长三角地区共 4 个副省级以上城市，分别是上海、南京、杭州和宁波，共 96 个财富中心，占整个区域的 76.2%。

珠三角地区共 2 个副省级以上城市，分别是广州和深圳，共 49 个财富中心，占整个区域的 89%。

长三角副省级以上城市的数量是珠三角的两倍，财富中心分布数量也是珠三角的近两倍，但是集中度反而较低。

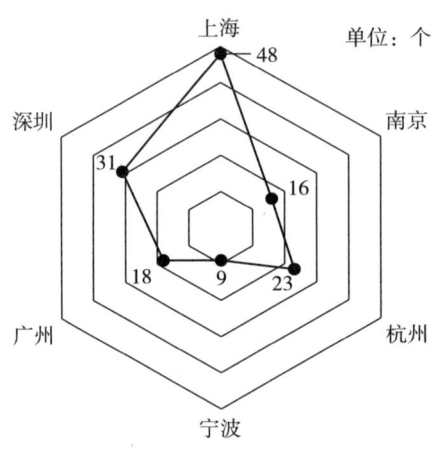

图 4　副省级以上城市财富中心分布（2018 年）

二、珠三角和长三角财富中心分布特点不同的原因

珠三角城市群位于华南地区，核心区域包括广州、深圳、珠海、佛山、东莞、惠州、中山、江门、肇庆 9 个城市，扩容汕尾、清远、云浮、河源、韶关 5 个城市，另外加上香港、澳门形成大珠江三角洲地区。

珠三角城市群，是三个特大城市群之一，是我国乃至亚太地区最具活力的经济区之一，创造了广东省近 80% 的 GDP。"大珠三角"面积 18.1 万平方公里，人口超过 7000 万，2018 年 GDP 8.67 万亿元，占全国的 9.63%。

从珠三角来看，深圳市是我国改革开放的一个奇迹城市，深圳特区自建立以来，经济、金融发展始终释放出巨大的创新动能，深圳证券交易所建立后更加激发了证券公司、投资基金、创投基金等各种新型金融机构的迅猛发展,从而使深圳市具有强烈的市场主导特征。广州市是我国14个沿海港口城市之一,也是最主要的对外开放城市之一,改革开放以来随着市场化程度的不断提高,金融服务业也在稳步发展,并呈现出较强的市场化特点。

深圳虽然具有很强的市场化特征,但从城市规模、产业体量、金融腹地等方面看都与上海存在一定差距。而且,广东省内发展的不均衡程度远高于江苏和浙江,以珠三角核心城市为例,GDP最高的深圳为2.42万亿元,最低的肇庆为0.22万亿元,相差10倍,且只有5个城市GDP超过0.4万亿元。

长三角核心城市中,江苏省最高的苏州和最低的镇江相差3.6倍,浙江省最高的杭州和最低的舟山相差9.2倍。共有13个城市GDP超过0.4万亿元。

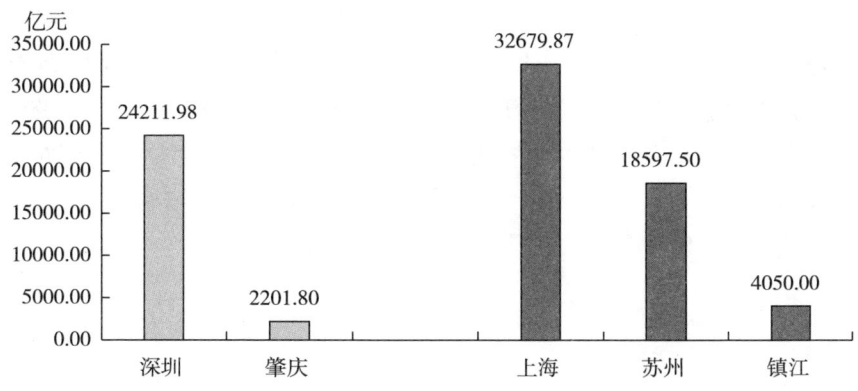

图5　广东、江苏区域内核心城市GDP极大值、极小值对比(2018年)

此外,粤东、粤西和粤北还有约300万贫困人口,整体发展水平也不及长三角的腹地安徽和苏北。

长三角城市群位于长江入海之前的冲积平原,根据2016年5月国务院批准的《长江三角洲城市群发展规划》,长三角城市群包括上海市,江苏省的南京、无锡、常州、苏州、南通、盐城、扬州、镇江、泰州,浙江省的杭州、宁波、嘉兴、湖州、绍兴、金华、舟山、台州,安徽省的合肥、芜湖、马鞍山、铜陵、安庆、滁州、池州、宣城等26市。

比照珠三角,长三角核心区域包括上海、南京、无锡、苏州、常州、南通、扬州、镇江、泰州、杭州、宁波、嘉兴、湖州、绍兴、舟山、台州等16市。2018年，长三角核心区域16市的GDP超过18.18万亿元。

整个长江三角洲城市群国土面积21.17万平方公里，2018年GDP 21.22万亿元，总人口1.5亿人，分别约占全国的2.2%、23.57%和10.7%。

2012年，学者闫彦明在《金融区位导论：金融经济学的视角》中曾经按照区位商指标对长三角核心16市的金融业发展格局进行了测度，也能够进一步反映出不同城市从高到低的有序排列关系。其中区位商的计算公式是各城市金融业增加值占本市GDP比重与长三角金融业增加值占长三角GDP总额比重之比：

$$LQ_j = Y_j/Y \div T_i/T$$

式中，LQ_j表示城市j的金融业区位商，Y_j代表城市金融业增加值规模，Y代表城市j的GDP，T_i代表长三角16个城市总体金融业增加值，T代表长三角16个城市总的GDP。根据计算结果，其中区位商大于1的城市依次是上海、杭州、南京、宁波、绍兴、舟山，其中舟山的数值微高于1；其余的城市金融业区位商均小于1。闫彦明指出，长三角16个城市的该指标数值在0.45~1.98，其中指标数大于1的城市体现出金融资源相对集聚程度较高，从而也能够从一个侧面反映出这些城市发挥辐射功能的潜力；这16个城市大体构成了"一超多强"均衡式的发展结构。

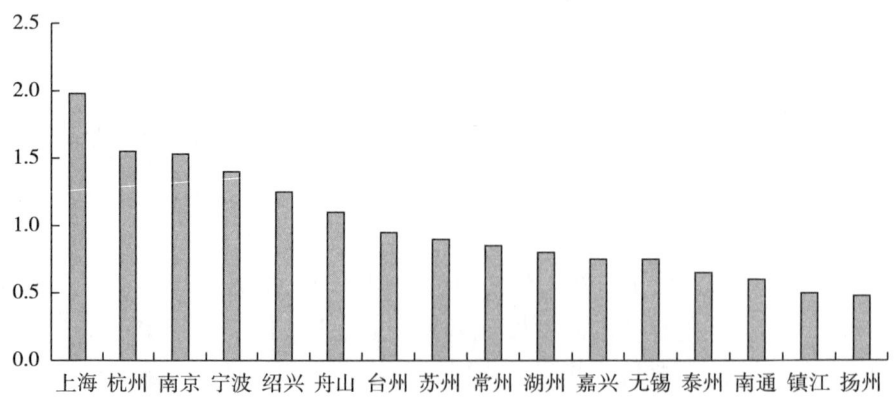

图6 长三角核心城市区位商（2012年）

GDP 大致上和财富中心数量成正相关,上海、杭州和南京尤其明显。而苏州、无锡和宁波相对较高的 GDP 来说财富中心偏少,可以用上文提到的区位商解释,毕竟从地缘上看,这三个城市处在上海、南京和杭州这三个金融中心的辐射范围之内,且交通非常便捷,设立财富中心很可能造成重复建设。

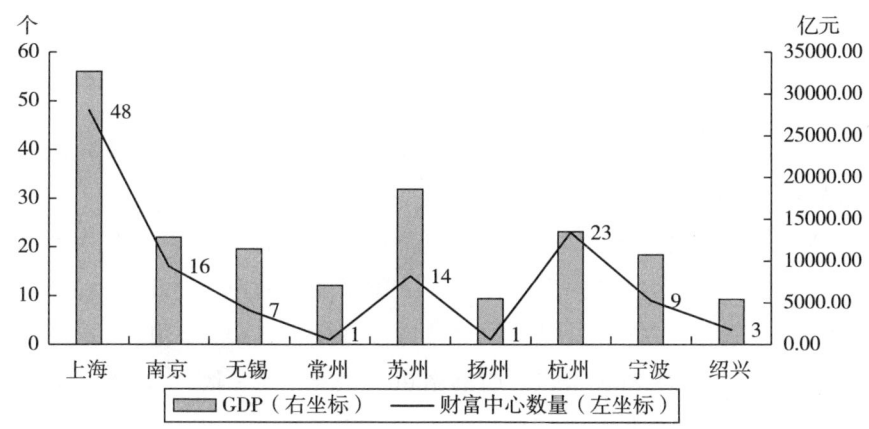

图 7 长三角部分核心城市 GDP 与财富中心数量（2018 年）

因此,仅仅从经济总量、均衡程度和经济腹地上来看,珠三角与长三角仍有一定差距,毕竟是以一省之力与华东数省抗衡。这种差距自然也体现在财富中心的分布上。

三、粤港澳规划对财富中心分布及建设可能带来的影响

作为中国最具活力的经济圈,珠三角发展的潜力是巨大的。早在 2003 年,泛珠江三角洲地区的概念就被提出。"泛珠三角"包括珠江流域地域相邻、经贸关系密切的福建、江西、广西、海南、湖南、四川、云南、贵州和广东 9 省区,以及香港、澳门 2 个特别行政区,简称"9 + 2"。"泛珠三角"面积超过 200 万平方公里,户籍总人口近 5 亿,在全国有举足轻重的地位。

而 2019 年 2 月发布的《粤港澳大湾区发展规划纲要》（以下简称《规划纲要》）重新提到这一观点并结合对外开放作出阐释,强调珠三角辐射带动泛珠三角区域发展的作用,构建以粤港澳大湾区为龙头,以珠

江—西江经济带为腹地,带动中南、西南地区发展,辐射东南亚、南亚的重要经济支撑带。即是说,在政策支持的加码和基础设施不断完善的情况下,珠三角地区的腹地会变得空前广阔,甚至可以达到与长三角相当的地步。

此外,《规划纲要》中提及的关于产业的要点,可能对信托公司设立财富中心更具参考价值(该部分内容参考中铁信托黄霄盈《〈粤港澳大湾区发展规划纲要〉发布,信托有哪些业务机会?》)。

《规划纲要》指出,加强基础设施建设,畅通对外联系通道,提升内部联通水平,推动形成布局合理、功能完善、衔接顺畅、运作高效的基础设施网络,为粤港澳大湾区经济社会发展提供有力支撑。

《规划纲要》里明确的重点城市包括广州市、深圳市、珠海市、佛山市、惠州市、东莞市、中山市、江门市、肇庆市。这些城市的基础产业建设在今后可能会有较大的发展。结合上文提到的"泛珠三角",珠三角地区和中南、西南地区相联系的交通网络可能会进一步细密化,沿交通线的相关配套也会逐步完善。

随着《规划纲要》的发布,从资产投资方面来看,粤港澳大湾区(以下简称大湾区)受益行业之一为房地产。大湾区的特点就是区域小、经济体量大,随着高铁网络的进一步完善,大湾区对周边地区的虹吸效应将进一步显现。

此外,广东省人口流入趋势未变,区域内房地产市场仍有机会。广东省统计局发布的数据显示,2017 年,广东常住人口总量继续位居全国之首,占全国人口的 8.03%,比上年提高 0.08 个百分点。2017 年末,广东常住人口 11169 万人,比上年增加 170 万人,增长 1.55%,增幅同比提高 0.17 个百分点,是全国第二的浙江的近三倍,更是远超江苏。珠三角人口的活力胜于长三角地区。

大湾区建设将全方位提升城市开发水平,同时人口聚集效应也将明显提升区域内地产需求,区域地产龙头有望整体受益。

根据《规划纲要》,高端制造行业中率先受益的应是 5G、大数据、人工智能、工业互联网、物联网、新能源等相关的高端制造业。大湾区的产业基础好且类型比较完备,珠三角城市群产业耦合协调度较高,制造业与生产性服务业形成良性互动发展;而在制造业中计算机、通信和其他电子设备占据龙头地位，企业单位数与利润总额占全国的比重约为1/3。而高端制造业又是国家的重要方向，中央经济工作会议明确指出2019年要重点推动制造业高质量发展。因此，大湾区的高质量发展制造业公司会是政策支持的最大受益者。

基础产业、房地产和制造业是经济的核心，这三大产业的发展不仅可以促进当地经济的快速发展，还能促进高净值人群的增长和和流入。根据胡润研究院的报告，广东省的高净值人群有26.8万人，占全国的14.45%，而且以较快速度增长。《规划纲要》的出台给相关行业带来的利好可能会使高净值人群增长加快，与江浙沪的差距进一步缩小。

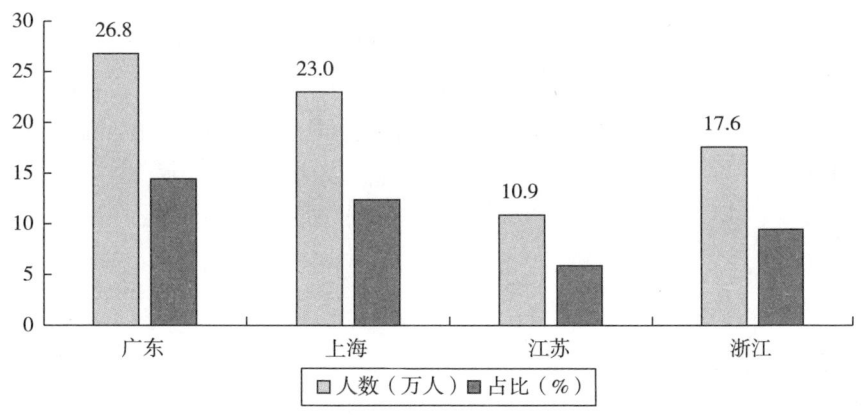

图8　粤沪苏浙四省高净值人群人数及全国占比（2017年）

《规划纲要》的发布对于信托公司设立财富中心可能会有如下影响：

1. 相对于财富中心较为饱和的华东地区，珠三角地区信托公司设立财富中心的步伐可能会加快，如果之后珠三角对中南、西南地区的辐射效应增强，这两个区域的信托公司可能会更加重视珠三角地区的财富中心布局。

2. 佛山、东莞这一类高净值人群持续聚集的城市，财富中心的增速可能会更快。

3. 虽然广东的整体教育水平低于江浙沪，但是根据中国指数研究院的报告，广东的教育红利呈现强趋势，超过江苏，与上海、浙江基本持平，对于信托公司财富管理和服务的水平及产品的多样化会有更高要求。

4. 由于珠三角各市与港澳相邻，且也面临财富传承的问题，对于家族

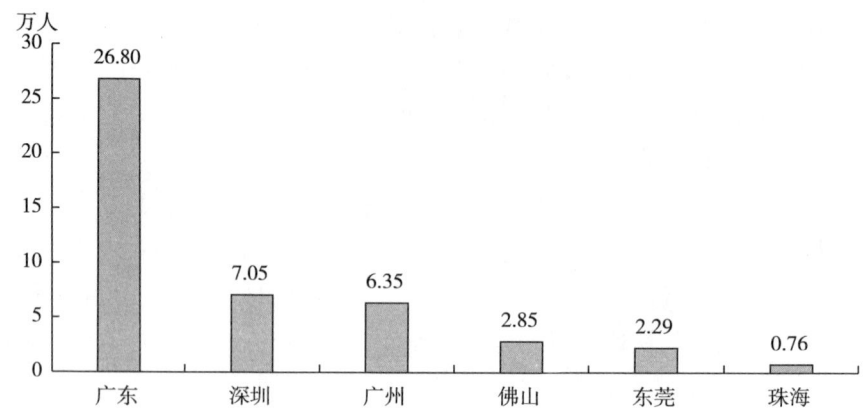

图 9 广东省高净值人群分布（2017 年）

（资料来源：《2017 年胡润财富报告》）

信托有更高的接受度，因此在粤的信托公司财富中心可能会加大这类服务的投入。

适当性义务体现的衡平法精神

钱思澈[①]

一、适当性义务的内涵及其与信义义务的关系

近期,最高人民法院发布《全国法院民商事审判工作会议纪要(征求意见稿)》(以下简称《纪要》),引起了资管行业的震动。

其中,第五部分内容"关于金融消费者权益保护纠纷案件的审理(6条)"指出,发行人、销售者以及服务提供者(以下称卖方机构)对金融消费者负有适当性义务,卖方机构未尽适当性义务导致金融消费者损失的,应当承担赔偿责任。

投资者适当性管理的含义有狭义和广义之分:狭义的投资者适当性管理是指金融机构根据投资者的财务状况、投资需求、风险承受能力、投资经验等为投资者提供合适的产品与服务;广义的投资者适当性管理包括产品风险评估(Know Your Product, KYP)、投资者评估(Know Your Customer, KYC)、信息披露、产品与投资者的匹配、投资者教育、资产管理机构或中介机构的责任义务等一系列环节的工作,力求实现资产/产品端与资金/投资者端的精确匹配。

适当性义务的具体内容和重要性自不必多说,为何适当性义务又和信义义务有关呢?

信义义务对受托人的义务主要基于两个标准:

(1) 不得利用其身份、地位、知识为自己或第三方牟利;

(2) 在受益人知情并允许的情况下,受托人才能与第三方有关联。

[①] 钱思澈,中铁信托有限责任公司综合管理部文字秘书,原研究发展部研究员。该文发表于证券时报网,2019年7月。

在资管行业,违反适当性义务,一般是向不具有风险承担能力的投资者推荐风险过高的金融产品,也包括违规代销行为。

这种行为,乍一看,只是"不适当",似乎没有达到不守信义的地步,但是,对照信义义务的两个标准,适当性义务实质属于信义义务。推荐不适当的金融产品,目的在于增加资金募集量,由此获得绩效报酬,变相增加了投资者的风险,但是自己却锁定了利益,明显违反了第一个标准。

例如,在沈达明记载的 Lloyds Bank v. Bundy 一案中,劳埃德银行(英国著名商业银行)长期诱导一位年长者购买不适合他的金融产品,法院最后认为银行违反了信义义务。

如果销售人员本身都不清楚这款金融产品的风险,那么属于无受托人资格的行为。

违规代销,代销方也会收取一定费用,如果推介不适当的金融产品,则违反了第二个标准。

二、适当性义务、信义义务和古代诚信的重大区别

有许多学者为了扩大信托在普通民众中的影响力,普及信托知识,将中国古代儒家的"仁义"和"诚信"比作信义义务。同时举出"刘备白帝城托孤""卧龙鞠躬尽瘁"甚至"替天行道"的例子来解释。固然,这些都加深了普通民众对信托的了解,对于信托精神的"深入人心"功不可没。

但是信义义务与古代诚信有根本区别,中国的"信"是一种道德规范,依靠人自我约束,时常被违反。例如,《郁离子》记载,济阳有个商人过河时船沉了,他抓住一根大麻杆大声呼救。有个渔夫闻声而至。商人急忙喊:"我是济阳最大的富翁,你若能救我,给你 100 两金子。"待被救上岸后,商人却翻脸不认账了。他只给了渔夫 10 两金子。渔夫责怪他不守信,出尔反尔。富翁说:"你一个打渔的,一生都挣不了几个钱,突然得 10 两金子还不满足吗?"渔夫只得怏怏而去。不料想后来那富翁又一次在原地翻船了。有人欲救,那个曾被他骗过的渔夫说:"他就是那个说话不算数的人!"于是商人淹死了。

这个故事确实体现了古代人对于不守信者的深恶痛绝,但是也反映出古代中国商业活动中,道德约束并不强,到了明清时期,各种诉讼资料显

示，不守信义的商业行为更多，例如用墨鱼汁写借据、恶意解读有歧义的契约等。而且不守信的惩罚成本也很低，受害人只能"悻悻而去"或者寄望于"老天爷"。

而信义义务是法定义务，具有法律的强制性。信义义务是基于信义关系而存在的，信义关系分为法律上的信义关系和事实上的信义关系。

法律上的信义关系，是法律明文规定的必须适用衡平法的商事、民事关系；事实上的信义关系是法院基于公平、正义和事实推定出的关系。

信义关系有三个标准：

（1）信任标准：信任被滥用，法院将对利益受损方进行救济；

（2）承诺标准：受托人是否应履行信义义务和是否签订合同、是否有偿无关；

（3）脆弱性标准：强调受托人权利对象的脆弱地位。

这其实也印证了《纪要》指出的"卖方机构对金融消费者负有适当性义务，该义务性质上属于《合同法》第六十条第二款规定的先合同义务。卖方机构未尽适当性义务导致金融消费者损失的，应当根据《合同法》第四十二条第三项之规定承担赔偿责任"。

信义义务是一种"先合同"的义务，在缔约前只有实质的信义关系，即可成立。

由此可见，信义义务不是单纯的道德约束，而是有详细规定的法律强制义务，大约在18世纪由英国枢密院大臣法院固定下来，这和"春秋决狱"的随意性大相径庭。

三、适当性义务、信义义务是衡平法精神的具体体现

亨利八世的新教改革打击了教会势力，封建势力也被削弱。同时，阿拉伯帝国向欧洲传播了大量东方文明经典以及古希腊、古罗马时期的典籍，催生了文艺复兴的萌芽，随着"光荣革命"和《权利法案》的颁布，王权得到限制，议会的最高地位不可动摇。

三大旧势力的瓦解，使得新兴资产阶级面临的政治障碍大为减少，由此资产阶级攫取利益的热情也空前高涨，资本主义工商业蓬勃发展起来。

但是，由于普通法是成文法，存在许多漏洞，应用时也有僵化的现

象，因此商业纠纷中弱势的一方常常无法得到救济，且容易出现欺诈行为，包括事实上的欺诈、协议中的欺诈、不当条款的欺诈、交易中的欺诈和对善意第三人的欺诈。

有序的商业活动才能创造最大的价值，才能实现整个新兴资产阶级的价值的最大化，因此资产阶级的上层必然不容许扰乱市场的行为大量存在。

由此，衡平法被大量应用，以保护经济的有序发展，衡平法在信托法律关系中的应用最终促进了现代信托制度的形成。衡平法的产生较早，演变也比较复杂，但是衡平法的主要内容比较容易理解，即：

（1）不允许无救济的侵害，以保护商业活动中处于弱势的一方；

（2）衡平法凭良心办事，按照社会公平和正义审判；

（3）实质重于形式；

（4）一视同仁，尊重普通法的权威；

（5）重视信义义务的履行。

其中信义义务是关键，也是信托制度的核心。信义义务主要包括忠实义务和注意义务（谨慎义务）。

由于受托人享有对他人财产的最大控制权，因此忠实义务是核心义务，是信托关系中的最高标准。

表1　　　　　　　　消极性义务与积极性义务

	具体义务
消极性义务	（1）不得以增进私利或第三方利益为目的管理信托财产
	（2）自身利益要让位于受益人利益
	（3）不同信托财产交易不得有利益冲突
积极性义务	（1）信托财产须独立管理
	（2）须以受托人名义而非管理人个人名义

注意义务也称谨慎义务，是一种积极性义务，受托人管理信托事务必须采取合理的谨慎，客观上还须符合专业的知识、经验和技能。

四、衡平法精神是信托关系不可置换的内核

有信义义务精神的信托制度，很好地解决了委托代理关系，根据汪其昌教授的总结，主要体现在以下两点：

（1）受托人有信息优势和专业优势，处于强势地位，因此必须履行忠实义务和谨慎义务，抑制机会主义行为；

（2）法官有自由裁量权，还必须遵照衡平法的救济原则，可以保护交易中的弱势方。

一切问题都是机制问题，信托制度较好地遏制了各种危害受托关系正常发展的风险，使得信托制度在商业活动中扮演了日益重要的角色。

此外，英国的信托制度鼓励共同受托人，受托人可以分割为投资顾问和资金管理人，相互制衡，同时体现了专业分工，以更为有效地利用资源。

因此，信托制度实质体现的是衡平法精神规制下的社会化大生产专业分工，土地保有制则是信托具有灵活性的根源。在宣传信托时，衡平法的信义义务为不可篡改之核心、为不可动摇之基础，而信托财产的灵活运用则是上层建筑，一旦舍本逐末，则会严重损害受益人权益，甚至影响金融安全。

浅析基于信托业务八大分类视角下的信托项目会计核算

王环环①

由于国内信托行业起步较晚、法律支撑及管理不够规范，对信托项目深入的理论研究较为鲜见，而针对不同信托业务类型的专业性会计核算的探讨更是凤毛麟角。本文试图从最新信托业年会上监管层确立的信托业务八大分类视角浅析信托项目的会计核算，以期提高信托公司在信托业务领域的会计信息质量。

一、信托项目的八大分类

目前行业内对信托项目进行分类，主要基于两方面的动力：一是信托公司开展信托业务的需要。信托公司在经营管理过程中，对自身的主营业务需要进行客观、科学的管理。二是外部监管的分类管理需求。中国银行保险监督管理委员会作为全国信托公司的专门监管机构，对行业数据统计、信息披露及监督管理的信息要求较高，全国信托公司按照统一口径向当地银保监局上报会计报表，按月上报信托项目的全要素表等就存在着以不同标准的信托项目分类填报相应数据的情况。根据2017年初中国银行业监督管理委员会提出的按照资金运用方式兼顾资金来源的标准，信托项目主要划分为债权信托、股权信托、标品信托、同业信托、财产信托、资产证券化、公益/慈善信托、事务信托八大类。信托项目的这一分类是官方较为权威的分类，有助于统一会计核算体系，兼顾引导部分产品标准化，对信托行业发展具有重大影响。

---

① 王环环，中铁信托有限责任公司审计部总经理助理。该文发表于《当代经济》2018年第1期，内容略有修改。

二、基于信托业务八大分类下的信托项目会计核算的基本思路

由于信托公司经营业务的特殊性及监管要求，信托项目的会计核算方法有别于信托公司的固有业务，且在会计核算过程中存在着一定的特点和难点。一个信托项目从成立之初到项目清算兑付直至最终的会计凭证装订归档，会计核算大体要经历信托项目募集及建账、信托项目成立前所需材料的审核、项目放款确认实收信托、项目存续期间利息/溢价款/资金占用费收取、信托本金及收益分配兑付、项目结束清算等。

（一）债权信托

债权信托，是企业的一种融资行为，信托公司将信托计划所募集的资金借给融资方，融资方以其所拥有的某项资产提供抵（质）押，并承担到期还本付息的义务。债权信托在行业内占比达70%，这一类型信托项目的会计核算对实务操作很有借鉴意义。由于在信托计划设立时，信托贷款的融资方、期限、利率、费用等关键要素已在合同条款中明确，在项目成立时已能够准确计算现金流的金额和回收的时间，仍按现行会计准则要求使用权责发生制核算损益的意义不大。信托项目能否按期支付信托利息、资金占用费更多地取决于项目的实际现金流而非按权责发生制核算的净利润，这符合收付实现制以现金收付为基础的核算原则，能够客观地反映项目的真实现金流入和流出情况。因此，从各方对会计信息质量的要求考虑，应该对融资类信托项目采用收付实现制进行会计核算。信托公司通常设置"实收信托""利息收入""保管费""受托人报酬"等会计科目核算。信托公司接受债权信托资金时，按实际收到的金额，借记"银行存款"科目，贷记"实收信托——债权信托"科目。实际给融资方发放信托贷款时，按照发放的金额，借记"客户贷款——发放贷款"科目，贷记"银行存款"科目。收到融资方的贷款利息时，借记"银行存款"科目，贷记"利息收入"科目。信托项目到期，终止债权信托时，借记"实收信托"科目，按合同约定应分配给受益人的收益，借记"利润分配——受益人收益"科目，按约定应收取的信托公司报酬，借记"利润分配——受托人报酬"科目，贷记"银行存款"科目。

(二) 股权信托

股权信托是指信托公司按照投行的方式投资于非上市的各类企业法人和经济主体的股权类产品。该类信托具有主动管理类信托的优点，向信托本源回归，信托公司在信托管理过程中真正发挥主导性作用，在尽职调查、产品设计、项目决策和后期管理等方面发挥决定作用并承担主要管理责任；由于采用固定收益＋浮动收益的模式，回报金额在信托项目存续期间无法准确确定，核算的未来经济业务不确定性很强，因此采用权责发生制核算能更真实、准确地反映项目报告期内的损益情况。信托公司接受投资者的股权投资款时，借记"银行存款"科目，贷记"实收信托——股权信托"科目。支付股权投资款时，借记"长期股权投资"科目，贷记"银行存款"科目。收到股权溢价款时，借记"银行存款"科目，贷记"投资收益"科目。支付银行保管费时，借记"管理费用——保管费"科目，贷记"银行存款"科目。

当然，也有部分股权投资类信托项目约定委托人在信托合同到期时以固定价格进行回购退出机制，即"明股实债"。按照实质重于形式原则，该类股权信托在成立时其收入（即融资方资金成本）、费用（受托人报酬、保管费、律师费）、利润（受益人预期收益）已通过合同条款固化，实质上也应认定为债权信托，相关会计核算可参照债权信托。

(三) 标品信托

标品是指标准化产品，一般是可分割、在公开市场流通的有价证券，包括国债、期货、股票、基金、金融衍生品等。信托公司取得的收益是手续费、收益分成等。相关会计核算可参考《证券投资基金会计核算指引》。

(四) 同业信托

同业信托是指金融机构之间的拆借、短融、理财、资产管理计划等业务。信托公司主要设置"交易性金融资产""持有至到期投资""实收信托""投资收益""应收利息"等会计科目进行核算。

(五) 财产信托

财产信托是指将非资金信托的财产委托给信托公司，信托公司帮助委托人进行管理运用、处分,实现保值增值。此类业务就是信托公司"受人之托、代人理财"的本源。信托公司办理财产信托时,按实际接受信托资产的价值,借记"实收信托"等有关资产科目,贷记"财产信托"科目。

(六)资产证券化

资产证券化是指以基础资产未来所产生的现金流为偿付支持,通过结构化设计进行信用增级,通过在资本市场上发行证券的方式获取融资,以最大化提高资产的流动性。该类信托仍处于创新阶段,部分信托公司已尝试信贷资产证券化、不良资产证券化相关产品,其会计核算仍值得进一步探索。收到信贷资产证券化的销售款时,借记"银行存款"科目,贷记"实收信托——信贷资产"科目;收到信贷资产利息时,借记"银行存款"科目,贷记"利息收入"科目。

(七)公益信托、慈善信托

公益信托是指信托公司为了公共利益的目的而设立的信托。慈善信托是指信托公司仅以实现社会慈善事业为目的,并以全社会或部分社会公众为受益人的信托。信托公司办理公益/慈善信托业务时,应以实际收到的金额或财产价值,借记"实收信托——××财产"等有关资产科目,贷记"公益信托"或"慈善信托"科目。后续应按信托类别、委托人进行明细分类核算。

(八)事务信托

事务信托是指利用信托的特殊制度优势,为委托人的特定目的提供管理性和执行性服务的信托,通常以被动管理为主。信托公司仅作为受托人,无法主导信托项目的相关活动,主要是根据委托人的指令进行事务管理,通常按所托管财产规模向委托人收取一定的事务管理费用,项目本身在信托公司无其他收入、费用发生。该类项目核算主要为委托人所用,对信托公司开展业务经营分析的意义和作用不大。接受委托人指令投资于××资产管理计划时,借记"可供出售金融资产——××资产管理计划"等科目,贷记"银行存款"科目。后续按信托类别、委托人指令进行明细分类核算。

三、结论及建议

根据监管层最新出台的信托业务八大分类来进行会计核算,使得信托公司可以根据自身的战略规划、资源禀赋和目标定位,差异化、专业化地开展信托业务,按照实质重于形式的原则选择不同的会计核算确认方法,提高会计信息质量要求。鉴于当前实务中出现的问题,一是建议信托公司以《信托法》《信托投资公司管理办法》《信托投资公司资金信托管理暂行办法》《信托业务会计核算办法》为基础,正确理解相关法规对信托业务的核算要求,制定适合本企业的会计制度;二是建议相关信托行业监管部门或会计专业性机构能够在充分调研的基础上针对信托公司的业务特点,尽快在《信托业务会计核算办法》的基础上修订完善新的信托项目会计核算制度,确保各信托公司间信托项目的财务信息口径一致、相互可比,提高行业信息透明度,推动行业稳健发展。

参考文献

[1] 陈涵. 信托公司信托项目财务核算执行新会计准则若干问题[J]. 新会计, 2012 (10).

[2] 江波. 信托业务会计核算浅见[J]. 财会月刊, 2013 (5).

[3] 闻贡源. 信托公司成本管理能力研究[J]. 时代金融, 2016 (10).

信托推动低碳农业发展问题研究

钱思澈[①]

一、引言

低碳经济是当前各国经济发展中被日益重视的一个话题。自低碳经济的概念提出以来，控制碳排放的焦点聚集在工业领域，但是随着研究的深入，人们发现农业领域的碳排放在很大程度上被低估。因此，发展低碳农业，对于减少农业领域温室气体排放具有较为重要的意义。

运用绿色金融推动低碳农业的发展由来已久，早在2008年，新西兰就已经引入碳排放交易权对农业生产进行引导。然而在中国，绿色金融的概念提出较晚，而且由于农业周期较长、风险较大、利润率较低，绿色金融，尤其是碳金融与低碳农业的结合尚不紧密。

通过运用绿色金融，推动低碳农业发展，不仅有利于节能减排，还能促进相关产业的发展，使农业生产方式进步，农民的收入水平提高。信托作为金融的重要子行业，资产规模巨大，且具有其他金融机构不具备的灵活性，应当为低碳农业的发展作出贡献。

本文首先梳理了相关概念，探讨了当前低碳农业融资存在的问题，主要结合信托公司的经营特点总结了绿色信托（包括碳信托）促进低碳农业发展的方式，最后提出相关建议。

---

① 钱思澈，中铁信托有限责任公司综合管理部文字秘书，原研究发展部研究员。该文获四川省金融学会第一届"天府杯"征文二等奖。

二、低碳农业相关定义辨析以及发展低碳农业的必要性

（一）低碳农业等关键概念的界定

1. 绿色农业和低碳农业。绿色农业的概念较多。刘连馥指出绿色农业是"充分运用当代的先进科学技术、装备和农业管理经验，以促进农产品安全、生态安全、资源安全和提高农业综合经济效益的协调统一为目标，以标准化农业生产为手段，推动人类社会和经济全面、协调、可持续发展的农业模式"。

农业农村部指出："低碳农业是指以减缓温室气体排放为目标，以减少碳排放、增加碳汇和适应气候变化技术为手段，通过加强基础设施建设、产业结构调整、提高土壤有机质含量、做好病虫害防治、发展农村可再生能源等农业生产和农民生活方式转变，实现高效率、低能耗、低排放、高碳汇的农业。"

由上面的定义可知，低碳农业在"生态安全"、"资源安全"和提高"经济效益"上与绿色农业重叠，但是在农产品安全上着力不多，因此，低碳农业属于绿色农业的一个重要子系。

2. 绿色金融、碳金融和绿色信托、碳信托。目前国际上对"绿色金融"还没有一个统一的概念，学者在解释绿色金融这一概念时都各有侧重，有的专注于评判何种金融活动或金融工具是绿色的，有的专注于界定对经济转型、稳定和增长产生影响的绿色金融应该是什么样的。

笔者认为，在对绿色金融进行概念界定的时候，不应该简单地把过程和目的割裂开，如果一种金融活动或金融产品是绿色的，那么其必然产生对经济转型、稳定和增长的影响，即便有差异，也是量上的。如果经济要向绿色经济转型，也必然要求金融活动是符合要求的。

因此，本文对绿色金融的定义遵照2016年8月《关于构建绿色金融体系的指导意见》中的定义："绿色金融是指为支持环境改善、应对气候变化和资源节约高效利用的经济活动，即对环保、节能、清洁能源、绿色交通、绿色建筑等领域的项目投融资、项目运营、风险管理等所提供的金融服务。"

碳金融是绿色金融体系的子体系，包括碳排放权及其相关的衍生品（依存于碳排放交易体系），与之相关的金融中介服务（咨询、担保和碳金融相关的投融资业务等），也涵盖与气候风险管理相关的各方面内容。

对绿色信托，信托行业内没有明确的定义，一般是指支持绿色产业的信托。绿色信托范畴内的低碳信托则特指服务低碳经济的信托计划。

本文研究的主题是低碳农业的发展，由于绿色金融中有相关业务可以推动低碳农业发展，但是又不属于碳金融的范畴，因此本文将碳金融合并至绿色金融中，探讨绿色金融推动低碳农业发展的相关问题。

3. 农业碳排放。碳排放是关于温室气体排放的一个总称或简称，由于温室气体中最主要的气体是二氧化碳，因此用碳（Carbon）一词作为代表，以给民众简单、深刻的印象，但是，在学术论文中，应该全面考量各种温室气体。《京都议定书》中规定控制的 6 种温室气体为二氧化碳（CO_2）、甲烷（CH_4）、氧化亚氮（N_2O）、氢氟碳化合物（HFCs）、全氟碳化合物（PFCs）、六氟化硫（SF_6）。

碳排放强度则是另一个核算碳排放的重要指标，张安霞等（2011）对碳排放强度作出定义："每单位国民生产总值的增长所带来的二氧化碳排放量。该指标主要是用来衡量一国经济同碳排放量之间的关系，如果一国在经济增长的同时，每单位国民生产总值所带来的二氧化碳排放量在下降，那么说明该国就实现了一个低碳的发展模式。"

农业碳排放和农业的能源消耗量有区别。农业的能源消耗量是指能源使用单位在报告期内实际消费的一次能源或二次能源的数量，一般用标准煤来计量。由于农业碳排放不仅包括对能源的直接消耗，还包括在农业生产过程中产生的碳排放，如水稻生长时产生的甲烷、牛羊打嗝和秸秆焚烧等，因此农业碳排放比能源消耗量换算的碳排放量要高。

（二）发展低碳农业的必要性

关于农业碳排放量和碳排放强度的大小，各专家有不同的计量方法，得出的结论也各不相同。从全球的角度看，农业温室气体的排放量，仅次于工业和电力行业，居世界第三位。2014 年 IPCC 的报告指出，"农业碳排放约占全球碳排放总量的 14%"（IPCC，2014）。我国农业温室气体排放约占全国排放总量的 17%（中国环境与发展国际合作委员会，2004）。

但是，有不少学者指出，由于各种原因，农业碳排放量存在较大程度的低估。农业虽然在碳排放的占比上不占主要地位，但是农业是非 CO_2 类温室气体排放的主要来源，其中 CH_4、N_2O 分别占该类气体总排放的60%以上。且改革开放后农业源温室气体甚至在以每年5%的速度增长。从1985年至2012年，CO_2 排放增长了56.93%，由于将用于农业生产的能源与化学品消耗计入能源和工业生产，国际上权威的IPCC方法会对农业碳排放产生约10%的低估。

随着近几年经济的增长、工业化的扩展，中国碳排放量增长。在计算农业碳排放时需要将农用基础设施建设和农业运输的碳排放纳入考虑，因此，农业碳排放的增长率也将出现一定比例的上升。

以播种面积为测算目标的农业碳排放强度相比单纯比较碳排放量的大小更有说服力，近年来中国农业碳排放强度呈下降趋势，但是存在地区差异，相对落后地区的农业碳排放强度增长速度快于发达地区。

曾大林等（2013）通过研究中国省际的农业碳排放来印证该观点。他们通过DEA软件，选择SBM的规模可变模型，对2000—2010年中国各省份的低碳农业发展效率进行评估，得出了两个结论：一是总体来看，在一定的环境规制下，低碳农业可以促进经济的增长和效率的提高，基本符合"波特假说"；二是部分农业大省的低碳农业发展水平和效率与东部发达地区相比有较大差距，主要原因在于发展方式的不同和资金支持的不同，因此对低碳农业的金融支持至关重要。

笔者提出以下两个观点。

第一，虽然农业碳排放强度呈下降趋势，但是研究农业碳排放强度的论文基本是以IPCC的标准进行演算，碳排放的范围也基本局限于 CO_2。IPCC标准的不合理性已有学者进行了分析，此处不赘述。在碳排放中，其他温室气体也占有重要地位，而且温室效应远高于 CO_2。因此对农业碳排放的低估是存在的。

第二，广义上的农业包括农林牧副渔五个子行业，而目前农业碳排放的研究一般集中于狭义的农业（即种植业）和畜牧业，如果将林业的碳排放计入，农业碳排放的量将大幅增加。

综上所述，尽管由于产业结构调整和技术进步，农业碳排放的强度有所降低，但是农业碳排放仍是碳排放中的重要组成部分，运用多方面的手段，尤其是建设低碳农业来降低农业碳排放，是十分必要的。

（三）关于绿色信托推动低碳农业发展的文献综述

1. 国际经验。国际上，新西兰政府首先将农业纳入碳排放交易体系（ETS）并积极发展林业碳汇。

美国加利福尼亚州引入了碳抵消机制降低企业减排成本，并对抵消项目的类型有严格限制，且项目方法学均由加州自主开发认可。2014年12月，共有五个抵消项目标准被列入抵消认可范围，包括禽畜粪肥项目标准（Livestock Manure Projects Protocol）、城市森林项目标准（Urban Forest Projects Protocol）和美国森林项目标准（U. S. Forest Projects Protocol）等。

英国碳信托（The Carbon Trust）是国际上以信托基金方式支持低碳经济发展的代表。

2. 绿色金融和信托推动低碳农业发展的相关论述。目前，国内关于信托推动低碳农业发展的文献较少，大多数文献涉及的是金融推动低碳农业发展。

学界基本认为当前低碳农业的发展受到资金不足的阻碍。在造成金融困境的原因上，各位学者基本保持一致观点，张雅等（2013）、李龙（2015）和罗慧等（2013）的观点较有普遍性，认为低碳农业融资困难的原因有金融政策和相关制度的缺乏，以及农业本身的高风险性。其他学者有所补充，刘泉君（2011）认为，低碳农业的发展存在金融困境，原因在于农村金融生态较差，林新、杨新顺（2017）通过研究新疆的低碳农业发展，认为除了农村金融生态较差外，金融困境还和地区差异及金融产品单一、农民金融意识淡薄有关。

杜受祜（2010）认为应该利用森林碳汇、沼气项目为农业提供碳融资。张雁等人（2011）认为需要构建低碳农业和碳金融市场的良性互动。林新等（2017）认为应该引入多样化的金融机构和金融产品为低碳农业进行融资。刘向华（2015）是唯一主张以农业信托方式推动低碳农业发展的学者。

3. 文献评述。在国际上，除了新西兰和美国加州外，美国地方性减排协议（WCI、MGGRA和RGGI等）成员州和澳大利亚等国，仅是以碳排放交易制度引导工业、电力业和交通业等第二、第三产业的发展，未涉及农业。欧盟的碳排放交易制度,虽有林业碳汇的内容,但是在农业上仍是空白。

新西兰和美国加州虽然有针对农业的碳排放交易制度,但是这种制度更偏向于政府的强制行政规定,缺少了社会资本的参与,其可持续性有待进一步的论证。

在国内,运用金融手段支持低碳农业的文献较多,也有学者进行林业碳汇的讨论。但是,将林业碳汇与农业发展结合的文献较少。研究信托制度支持低碳农业发展的文献也较少,还存在较大的扩展空间。

三、绿色金融促进低碳农业发展的现状及信托参与其中的必要性

(一)银行支持低碳农业发展的局限性

由于难以搜集关于全国范围内低碳农业的金融数据,因此该部分参考《中国金融年鉴2015》关于农业贷款的数据进行分析。

在国家相关政策引导下,低碳农业项目在一定程度上可获得贷款。2014年,我国本外币贷款余额总计835392.92亿元,其中广义上的农业(第一产业)贷款余额为10798.77亿元,占1.29%。而第二产业的贷款余额为235639.57亿元,占28.21%,是第一产业的数十倍。这说明农业贷款对于农业生产是远远不够的。农业生产尚不足,低碳农业由于特殊性,资金缺口会更明显。

表1　　　　金融机构(含外资)贷款按行业分类统计　　　单位:亿元

项目	本外币余额	人民币余额
贷款总计	835392.92	784443.43
A. 农、林、牧、渔业	10798.77	10702.99
B. 采矿业	22921.9	20857.52
C. 制造业	140614.99	124601.64
D. 电力、热力、燃气及水生产和供应业	43079.11	41947.59
E. 建筑业	29023.57	28442.09
F. 批发和零售业	78784.63	69556.06
G. 交通运输、仓储和邮政业	83288.11	79809.55

续表

项目	本外币余额	人民币余额
H. 住宿和餐饮业	6557.16	6536.96
I. 信息传输、软件和信息技术服务业	3154.62	3038.16
J. 金融业	3969.8	3673.73
K. 房地产业	53841.39	53705.88
L. 租赁和商务服务业	45069.23	43965.23
M. 科学研究和技术服务业	1816.62	1791.75

表2　　　　　金融机构本外币涉农贷款统计　　　　单位：万元

项目	余额		当年新增额	
	本期	占各项贷款比重（%）	本期	占各项贷款比重（%）
涉农贷款	236002.1	28.1	29984	32.6
按用途分类				
（一）农林牧渔业贷款	33394.3	4.0	3064.6	3.3
（二）农用物资和农副产品流通贷款	22978.1	2.7	3511.9	3.8
（三）农村基础设施建设贷款	27591.7	3.3	3705.1	4.0
（四）农产品加工贷款	13373.5	1.6	776.8	0.8
（五）农业生产资料制造贷款	7187.8	0.9	836.4	0.9
（六）农田基本建设贷款	2825.1	0.3	423.3	0.5
（七）农业科技贷款	464.1	0.1	-0.8	0
（八）其他贷款	128187.5	15.3	17666.7	19.2

注：根据《中国金融年鉴2015》整理。

而涉农贷款中，农业科技贷款占比仅为0.1%，且2014年比2013年还下降了0.8亿元。众所周知，低碳农业技术具有较高的科技含量，前期科研成本较高，农业科技贷款的余额处于如此低的一个水平，那么涉及低碳农业的贷款额更是屈指可数。

转引林新、杨新顺（2017）整理的关于中国银行等三家大型商业银行的绿色信贷数据也可看出，中国低碳经济，尤其是低碳农业的融资规模虽然有所增长，但仍处于较低的水平。

表3　　　　三大商业银行绿色信贷余额、发展速度及占比　　　　单位：亿元

机构	2012年			2013年			2014年		
	余额	同比增速（%）	占比（%）	余额	同比增速（%）	占比（%）	余额	同比增速（%）	占比（%）
中国银行	2274.8	—	1.49	2587.59	13.75	1.86	3010.43	16.34	2.37
招商银行	5934	—	2.88	5980	1	3.16	6552.81	9.57	3.73
建设银行	2396.37	—	1.43	4883.9	103.8	3.12	4890.77	0.14	3.5

注：根据三大银行公开披露信息整理。

由于低碳农业可以带来正外部性，因此低碳农业的供应是一种准公共品。商业银行本质是企业，追求利润，必然存在私益和公益的矛盾。因此，政策性银行在低碳农业的初创阶段应该发挥主导作用，以补充商业银行向低碳农业提供资金的不足。

但是，目前我国农业政策性银行业务范围较狭窄、资金来源渠道较单一，服务低碳农业的职能定位尚不完全清晰，而且尚未出台低碳农业金融服务的总体规划和明确目标，尚未充分发挥其支持低碳农业发展的作用。

（二）低碳农业融资困难的原因

1. 地区发展的不平衡导致低碳农业发展受到制约。中国各省的经济发展极不平衡，总体而言东部比西部发达，南部比北部发达，大多数的金融机构分布在东部地区。中国城乡差距虽然逐渐缩小，但是仍然较大，农村地区的金融网点数量也远不及城市。根据李龙转引《中国农村金融发展报告2015》的数据，"我国农村地区的银行网点的平均数为0.91个，而城市中小区周围的银行网点平均数是2.9个"，可以看出城乡的差别较大。

在这种情况下，农民尤其是内陆省份的农民很难近距离地享受到金融机构在农业方面提供的服务，遑论低碳农业的发展了。

2. 金融支持低碳农业的政策引导不明确、激励不足。前文提到，目前的支农手段其实主要涉及的是农业产业化和粮食安全，与低碳农业关系不大。同时，目前国家关于鼓励金融支持低碳农业发展的政策较少，例如新近建立的碳市场未将农业囊括其中，国民经济统计中关于低碳农业的内容也较少。因此，目前中国更多的政策资源和经济资源其实是聚集在集约化农业这一领域。

3. 涉及低碳农业的金融产品结构较单一。上文提到，无论是农业自身积累，还是财政和银行的支持，都存在一些不足，低碳农业金融产品的数量还是很少，产品的设计也比较单一。所以，低碳农业的发展需要其他类型的金融机构提供更适合低碳农业融资的产品，信托、证券和保险是金融业的另外三个重要的子系统，在拓展低碳农业发展所需的金融产品和服务上应该大有作为。

信托业作为中国金融的第二大子行业，截至2017年第二季度末，信托资产规模达到23.14万亿元；同时信托不良率为0.6%，2017年第二季度实现营收281.02亿元；净利润209.48亿元，同比增长5.04%。且中国的信托公司积极承担社会责任，有能力也有意愿为低碳农业的发展作出贡献。根据《2015中国信托业社会责任报告》披露的相关数据，"2015年信托行业开展的绿色环保信托项目为346个，累计提供资金1231.7亿元，成为支持国家绿色产业发展的重要力量"。绿色信托将是支持低碳农业发展最好的手段。

四、绿色信托促进低碳农业发展的模式探讨

根据上文所述，因低碳农业成本较高、期限较长，面临自然和社会二重风险，涉及的内容复杂多变、专业性强，所以低碳农业发展面临较大的资金缺口和较窄的投融资渠道的双重制约，投融资渠道的扩展成为促进低碳农业发展的当务之急。而信托制度具有高度的灵活性，信托公司也被称作中国的实业投行，如果能够充分发挥信托制度的优势，以绿色信托或者碳信托的模式支持低碳农业的发展，将在很大程度上满足低碳农业的资金需求。而且农业还涉及消费旅游和扶贫等多方面，信托公司可以以多种组合方式开展相关业务。结合低碳农业的定义和特点，低碳农业信托模式可以有以下几种形态。

（一）低碳农业土地信托

这种模式是河南农业大学的刘向华首先提出的，本文根据信托业务的实际操作对其表述进行一定修改，以便更加符合信托公司的表述习惯，也有利于读者理解。这种信托的基本模式是：

农民的土地经营权通过村委集体流转到政府的同一物权托管中心，政府将土地作为信托财产委托给信托公司，由该公司设立信托计划，将土地的长期使用权以出租、转让、转包等方式，委托给低碳农业项目公司，在该土地上进行低碳农业的生产，实现土地低碳开发的规模效应，解决低碳农业生产者缺乏大块土地进行统一开发的问题。在信托项目结束后，信托公司为土地所有者的受托人，支付信托收益给土地的委托人。如果土地的委托人不愿续约，委托的信托财产（土地）也可通过转让、继承、赠与、交易等方式自由处分。

推进这种模式的信托业务存在一些难点。一是低碳农业企业一般是轻资产经营，没有抵押，风险较高；二是涉及的农户较多，而且与农户交流的工作和信托从业工作有区别，信托公司的人力成本、宣传成本较高；三是土地的规模要足够，否则无法覆盖成本。

深入推进这类业务，关键在于构建完整的低碳农业产业链，凭借大面积的土地，建设低碳农业企业园区，进行严格的低碳农业生产，并贯通上下游，保障收益。这种模式下，还可以嵌入消费信托。

（二）低碳农业资金信托

以土地为核心的低碳农业土地信托需要构建完整的低碳农业产业链，并且仍需开发和寻找低碳农业项目，成本较高，因此可以直接以低碳农业资金信托模式支持低碳农业。这种模式从资金运用方式上可以分为融资类和投资类两种，还可以与消费信托相结合，以提高低碳农业的附加值。

融资类低碳农业信托实质上是绿色信贷的一种，就是以单一资金信托和集合资金信托的形式对低碳农业项目进行融资，本质上是一种融资信托。信托公司根据《中华人民共和国信托法》《中华人民共和国公司法》《信托公司受托责任尽职指引》等，针对标的低碳农业项目进行尽职调查，设计融资方案，向个人或机构投资者募集资金。这种模式的优点在于信托计划的结构简单，符合监管要求，易于信托公司操作。但是缺点在于，单一的低碳农业项目的风险较为集中，而且信托公司从业人员对低碳农业的专业知识储备不足，很可能对某一项目的前景判断错误，造成信托委托人的损失。且由于缺乏相关专业知识，信托受托人的"审慎义务"难以充分履行，在受托人尽职义务方面存在瑕疵。

投资类低碳农业信托,主要以股权形式进入相关的低碳农业项目。开展投资类低碳农业信托,较为稳妥的方式是建立产业基金。这种模式可以参考英国碳信托有限公司(the Carbon Trust)(以下简称英国碳信托),并结合中国信托公司的特点推进。英国碳信托是2001年由英国能源与气候变化部出资发起设立,按企业模式运作的非营利性信托基金公司,属公益性信托基金管理公司。英国碳信托以专业的测算碳足迹的方法(PAS2050),为大型企业设计减少碳排放和提升能源利用率的计划,代理政府规划并实施创新型的减排项目,并积极与私营部门展开相关合作。通过英国碳信托的服务,客户节省了370亿元的能源成本和3800万吨的碳排放,并获得了30亿元以上的低碳环保技术资金。

数据显示,英国政府已累计向英国碳信托投资3.8亿英镑,英国碳信托的经营特点在于赚取利润后不分红,而是滚动投入相关环保业务,到标的环保项目产生规模效应开始盈利时,通过引入第三方资金或者是私有资本而退出。

中国的信托公司中,中航信托设立绿色产业基金,其资金投向的领域涉及天然气、光伏等新能源以及锂电池、煤改电等清洁能源的众多细分类别,资产规模达数十亿元。建信信托、英大信托也积极参与绿色基金。这些致力于提升环保技术的产业基金的模式,也可以用于低碳农业。这种支持低碳农业的产业基金,既可以采用英国碳信托的模式,由政府先出资,再转让给社会资本,也可以采用先由政府资本和社会资本共同提供资金,到期政府回购的PPP模式。

(三)支持低碳农业发展的碳排放交易权信托

这种信托主要是根据排放权可交易理论建立的,政府在碳排放权交易市场设计了基于总体排放量限制而事前分配的排放权指标或许可,即"配额"。这种交易机制一般要求设定一个总体的绝对排放量上限,对排放配额事先进行分配。减排之后多余的配额可以在市场范围内出售,从而构成配额交易市场。除此之外,还存在国家核证自愿减排量(CCER),由非重点排放单位自愿申请,可在一定的比例范围内用于抵消配额。由于配额和CCER是两种存在价差的资产,因此可以通过买卖进行套利。

目前参与包括CCER在内的碳排放交易权投资的信托公司有三个。中建投信托的"涌泉1号碳信托",盈利模式为低价买入CCER,高价卖出配额,以CCER置换配额盈利;或者是在买方确定的前提下进行配额、CCER的低买高卖获得投资收益。西藏信托与华融证券、北京环境交易所平台合作,设立"西藏信托—华资蓝天集合资金信托计划",所募集资金以碳排放权配额为投资标的,在北京环境交易所进行交易。云南信托成立1000万元的碳金融产品"云信绿色嘉元1号集合资金信托计划",投资于CCER等碳排放权产品。

目前,由于农业还不属于中国碳市场的范畴,因此这类业务还不具备开展的客观条件。但是从理论上来说,针对农业的碳排放交易权信托具有较好的前景。

农业碳信托可以将资金的委托人分为三类:第一类是带有捐赠人性质的委托人,其资金无偿用于资助环保企业,该类信托可以与慈善信托相结合。第二类为个人投资者,投入资金以期通过碳排放交易权二级市场交易获利,这类业务可算作特殊的证券投资类业务。第三类为机构主体,将资金委托给信托公司以低息或零息资助低碳农业项目。低碳农业项目在规模扩大、持有的碳排放交易权增多后,归还贷款并按约定数额向委托人移交碳排放交易权,信托公司在收取一定管理费用后归还委托人本金,委托人获得碳排放指标满足自己的排放需要。该类信托与融资类信托相似,实质的不同是将碳排放交易权作为利息的一部分,在法律方面还有诸多值得探讨的地方。

针对低碳农业轻资产运营、缺少抵押担保物的现状,信托可不局限于土地产权,还可以将知识产权、排污权、节能收益、节能收益权等作为抵(质)押物。针对规模较大的低碳农业项目,可探索与其他金融机构和政策性银行合作,信托公司可以先行以债券形式进入,并引入贷款风险分担机制,实现投贷联动。

在抵押担保物创新上,万向信托的经验值得注意。"万向信托—绿色摇篮1号公益林收益权信托计划"是全国首单以林地为标的的信托项目。该计划以丽水市一片公益林的收益权为抵押,化解了公益林不能抵押流转等问题,有效盘活林地资产,降低了农民融资成本。

如果农业(包括林业、牧业等)被纳入碳市场,农业和林业的碳汇将得到有效测算,低碳农业项目将得到推动,因为碳汇作为一种有价值的资产,可以较好地解决抵押担保的问题。

若碳排放交易权的相关法律制度完善，相关支持性政策得到落实，信托公司可在碳排放交易权的抵（质）押问题上进一步开拓创新。

（四）低碳农业消费信托

无论是哪一本经济学教材，都强调了消费的作用，在研究消费品的时候，都会提及农产品的价格，可见农业与消费有紧密的联系。农业消费即是消费主体通过市场化交易的方式利用农业产品满足自身需求的行为和过程。低碳农业天然地和环保、生态、绿色联系在一起，符合当前消费者对产品质量和环境友好程度日益提高的要求，低碳农业产品的消费具有较为广阔的前景。

低碳农业产品的消费与信托结合，可以创新出"低碳农业消费信托"。参考张继胜（2014）、陈雅（2016）关于消费信托的定义，本文对低碳农业消费信托作出如下定义：以信托公司作为受托人，按照作为委托人和受益人的消费者的意愿，将信托资金用于购买标的低碳农业产品公司提供的消费权益，以实现受益人消费需求及投资需求为信托目的的信托产品。

低碳农业消费信托有三个基本主体：委托人、受托人和低碳农业产品供给方。其中，委托人是消费信托产品的购买方，也是低碳农业相关产品的消费者和投资收益的获得者；受托人为信托计划发起方、消费权益和消费余额的管理者；低碳农业产品供给方为低碳农业产品和服务的提供方。这三个基本主体构成了低碳农业消费信托的基本模式（见图1）。

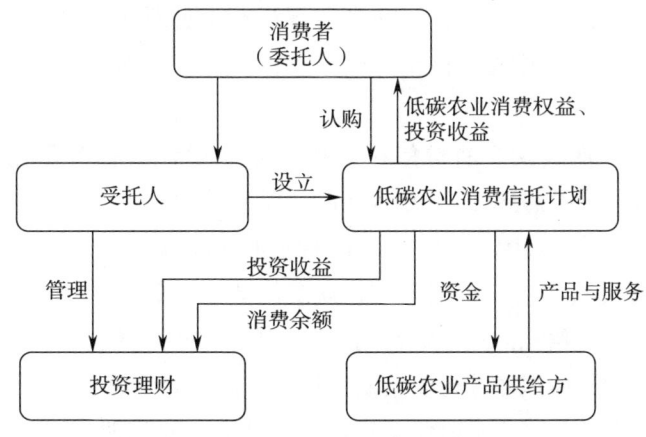

图1　低碳农业消费信托基本模式

低碳农业消费信托具有多样性。在基本模式之外,可以根据委托人与低碳农业产品供给方需求引入其他元素,如结构化的交易方式、消费权益的担保增信、信托资金可用于股权投资和债权投资、引入第三方投顾、消费信托基金化等。而且这种信托提供的产品不局限于农产品,还有与低碳农业相关的多个产业,包括生态农业旅游等。

低碳农业消费信托兼具金融属性和产业属性。就其金融属性而言,这种信托能够将相对小额的资金集聚起来,通过规模效应产生投资收益,既降低了低碳农业企业的运营成本,又抵消了消费者的一部分消费成本。就其产业属性而言,低碳农业消费信托为低碳农业产品供给方增信,增进了供给方和消费者两方面的福利。

传统消费金融发展中的一个主要壁垒就是信用问题。由于市场上消费产品标准不统一,消费者和供给方信息不对称,消费者在与供给方交易前后常面临着道德风险和逆向选择的问题。这些交易中的风险使得消费者权益受损,从此引发对于产业方的不信任,进而导致消费金融发展缓慢。低碳农业由于属于新兴产业,存在的信息不对称问题更加严重,这种信息不对称极有可能导致其产品滞销。引入信托公司作为中介桥梁衔接消费者与供给方,能够缓解消费者与供给方之间的信用问题。信托公司作为专业的金融机构,能够运用专业的方法对供给方进行尽职调查:通过行业分析以及财务报表分析来判断供给方是否具有可持续盈利能力,是否具有持续提供商品与服务的能力以及是否存在运营风险。信托公司还能够通过金融数据的分析对供给方进行筛选,对交易流程进行监督从而实现对消费者利益的保障,达到对消费过程和供给方的增信。同时,信托公司的品牌价值也能够为供给方进行增信。

不仅如此,低碳农业消费信托受托人通过集合消费者委托人的资金,向低碳农业企业集中购买,一方面提高了消费者的权益,另一方面也使低碳农业企业获得较为稳定的收入。两种属性相得益彰,具有更高的灵活性,也更贴近民众生活,有利于向公众宣传低碳农业。

低碳农业消费信托的局限性有两点:一是这种信托规模较小。因为低碳农业的利润率相比房地产等行业较低,且其产品不是奢侈品,所以这种信托计划的资金门槛较低,为了避免委托人数量过多不便管理,只能降低整个信托计划的规模。因此,一个低碳农业消费信托所能募集的资金较为有限,只能满足中小型低碳农业公司的融资需求。二是这种信托对于信托公司的管理水平有较高要求。消费信托对于消费行为和金融行为的管理加大了信托管理的难度和风险。由于消费信托是事务管理类信托，信托公司需要管理每一个消费者/委托人的权益。消费信托采用一人一账户模式，而且每个消费信托账户不仅有现金户，还有权益户（即消费情况的统计），这种"现金户＋权益户"的模式比普通信托账户更加复杂。委托人人数较多、个人消费需求存在差异、内部管理流程复杂等原因导致消费信托的管理需要很强的账户管理系统、快捷支付系统，还需要满足监管部门提出的合规性要求。

五、推动绿色信托促进低碳农业发展的政策建议

（一）加强农业信托、土地信托以及碳金融人才的引进和培养

农业信托、土地信托在信托行业可被归为创新类业务，涉及低碳农业的信托业务更加考验信托从业人员的业务水平。

目前，信托行业从业人员中，精通房地产行业和资本市场业务的人才较多，但是熟悉农业，并能将农业、信托等要素结合的人才较少，制订人才培训或引进计划，培养出一批既熟悉信托业务，又充分了解低碳农业项目盈利点和风险点的全方位人才是至关重要的。

（二）建立对应的服务创新激励机制

低碳农业作为新兴产业，亟待政府出台相关政策制度进行支持，所以政府应该首先将农业纳入中国的碳市场，在统计核算上尽量为低碳农业开专栏，并在税收上给予一定的优惠。此外，对于信托公司来说，银保监部门还应该建立严密的审核机制，充分发挥信托登记制度的作用，严厉打击冒用低碳农业项目名号的行为，确保信托资金流向低碳农业领域。

但是，单方面强调金融支持低碳农业，对农村低碳金融项目资金需求采取优惠的利率甚至无息贷款的政策，忽略了金融业追求利润的基本属性，不利于调动金融机构的积极性。而且，过低的利率很可能造成低碳农业对低成本资金的过度依赖，不利于低碳农业企业的优胜劣汰。

参考文献

[1] 王兴，赵鑫，王钰乔，薛建福，张海林．中国水稻生产的碳足迹分析［J］．资源科学，2017，39（4）：713-722．

[2] 张广胜，王珊珊．中国农业碳排放的结构、效率及其决定机制［J］．农业经济问题，2014（7）：18-26．

[3] 高峰．碳排放与农业经济增长关系实证分析［J］．经济观察，2017（28）：20-21．

[4] 颜廷武，田云，张俊飚，汪洋．中国农业碳排放拐点变动及时空分异研究［J］．中国人口·资源与环境，2014，24（11）．

[5] 谢守红，王利霞，邵珠龙．中国碳排放强度的行业差异与动因分析［J］．环境科学研究，2013，26（11）：1252-1258．

[6] 杜受祜．低碳农业：潜力巨大的低碳经济领域［J］．农村经济，2010（4）：3-5．

[7] 刘泉君．低碳农业发展金融困境及对策研究［J］．当代经济，2011，12（上）：74-75．

[8] 林新，杨新顺．碳金融视角下新疆农村金融服务支持低碳农业发展的思考［J］．新疆社科论坛，2017（4）：73-78．

[9] 张雅，梁丹宁．金融支持低碳农业发展的问题研究［J］．湖北经济学院学报（人文社会科学版），2013（6）：42-44．

[10] 李龙．新疆资源型产业转型升级的金融支持研究［D］．石河子：石河子大学，2015．

[11] 罗慧，陈晓军．我国发展低碳农业的金融支持问题分析［J］．全国商情（理论研究），2013（2）：65-66．

[12] 董红敏，李玉娥，陶秀萍，等．中国农业源温室气体排放与减排技术对策［J］．农业工程学报，2008，24（10）：269-273．

[13] 冉光和，王建洪，王定祥．我国现代农业生产的碳排放变动趋势研究［J］．农业经济问题，2011（2）：32-38．

[14] 张继胜．"消费信托"的交易结构设想［J］．特区经济，2014（7）．

[15] 陈雅．消费信托模式法律问题研究［J］．现代商业，2016（20）．

［16］刘夏村．探索另类投资 国内首只碳排放信托问世［N］．中国证券报，2015-03-25.

［17］黄乐桢．英国碳信托来了［J］．中国经济周刊，2009（20）．

［18］刘向华．促进我国低碳农业发展的农业信托模式［J］．江苏农业科学，2015，43（4）：8-11.

［19］袁田．创造绿色信托社会价值 融入绿色金融生态发展［N］．金融时报，2016-10-31.

［20］罗慧，陈晓军．我国发展低碳农业的金融支持问题分析［J］．全国商情，2013（2）：65-66.

［21］林新，杨新顺．碳金融视角下新疆农村金融服务支持低碳农业发展的思考［J］．新疆社科论坛，2017（4）：73-78.

［22］曾大林，纪凡荣，李山峰．中国省际低碳农业发展的实证分析［J］．中国人口·资源与环境，2013，23（11）：30-35.

［23］张安霞，李雪莉，陈焕江．低碳经济背景下减排与经济可持续发展研究［J］．经济师，2011（4）．

［24］毛欢喜．低碳信托悄然兴起［J］．投资北京，2010（3）．

［25］王俊．绿色信托——行业新支点［J］．金融博览·财富，2016：62-63.

［26］刘连馥．绿色农业初探［M］．北京：中国财政经济出版社，2005：64-67.

［27］中华人民共和国农业部．低碳农业——应对气候变化农业行动［M］．北京：中国农业出版社，2009.

［28］马骏．论构建中国绿色金融体系［J］．金融论坛，2015（5）．

［29］方光秀，林弘喆．首尔图书馆新建项目全寿命周期设计阶段成本管理中VE的应用［J］．建筑管理现代化，2009（10）．

［30］张新民．中国低碳农业发展的现状和前景［J］．农业展望，2010（12）．

［31］殷剑峰，王增武．中国的绿色金融之路［J］．经济社会体制比较，2016（6）．

［32］中国金融年鉴2015.

［33］中国农业发展银行2015年年度报告．

家族信托受益人权益保护、强制条款和反永续原则

钱思澈[①]

一、当前受益人保护制度的主要内容和局限性

在家族信托关系的三大主体中，委托人和受托人的权利与义务被研究得较多。如何保护委托人的利益？如何实现委托人的意志？信托受托人如何尽到义务，实现尽职免责？这些问题被学界反复讨论。

但是对于受益人，尤其是受益人权益的保护，讨论得较少。对于受益人权益的保护，一般从以下几个方面论述：（1）受托人是否尽到义务；（2）受益人对第三方承担责任的条件；（3）保护人制度如何维护受益人权益；（4）家族治理如何保护受益人权益。

但是，这些保护措施都是在假定受益人完全认可家族信托的安排下作出的，不一定符合受益人的自由意志，也不一定符合现代文明社会的发展方向。

举一个网上整理的案例：

P律师是国内某知名律师事务所的合伙人，专注于跨国并购的高端法律业务，今年45岁，与妻子育有一个8岁的儿子。为有效做好财务规划和人身意外安排，P律师购买了一份大额保单，指定8岁的儿子小P为受益人。P律师寄希望于：万一自己发生意外，赔付的保险金足够照顾小P今后的生活，又不想让小P因为一次性获得巨额财富导致今后不思进取、不劳而获；同时，P律师还希望小P今后也能像自己那样从事律师职业，希

[①] 钱思澈，中铁信托有限责任公司综合管理部文字秘书，原研究发展部研究员。该文发表于用益信托网，2019年8月。

望妻子能精心培养小 P 成长，希望小 P 成年后早日成家立业，多子多福。因此，P 律师作了如下信托规划。

第一，进行学业激励。如果小 P 考取国内名牌大学法学院，给予一次性奖励 10 万元；考取国外著名大学法学院，提取 20 万元作为激励；顺利考取法学硕士和法学博士，还可以分别获得 30 万元和 50 万元的奖励。

第二，职业发展激励。小 P 结束学业后进入法律行业全职工作并累计满 5 年，给予 50 万元职业发展奖励。

第三，给予创业激励。小 P 年满 35 岁，有创业意愿，开设律师事务所，核验相关证明后给予 60 万元创业支持。

第四，婚姻生育激励。小 P 30 岁前结婚，给予 30 万元结婚礼金；儿媳妇生育一胎给予 20 万元生育金，此后每生育一胎给予 30 万元奖励等。

第五，防范婚姻变动稀释家族财富。与信托公司约定，受益人在达到分配条件时不领取，防范领取后成为婚内财产导致财富稀释。

第六，遗产税金准备。今后遗产税正式开征后，保险金信托受益人在继承遗产时，可获得 300 万元的遗产税金资助，弥补继承遗产时遗产税金缴付的缺口。

第七，惩罚性约束条款。委托人身故后，妻子在孩子成年前不改嫁，认真抚养孩子的，每季度从保险金信托领取生活费 10 万元，孩子成年后一次性获得 30 万元；妻子在孩子成年前改嫁的，取消妻子享受保险金信托权益。

以上信托规划无疑包含长者的慈爱关怀，可是问题来了。

如果小 P 想读金融呢？想读计算机呢？或者想读计量经济学？或者想搞艺术？不可以！即便这些职业既正当，又有前途。

如果小 P 想等事业有一定成就再成家呢？或者小 P 认为自己心理还不够成熟想晚些成家？不可以！就要用家庭束缚你！

那么这种案例反映了什么问题呢？即不合理强制性条款和永续性结合对受益人权益所产生的消极影响。

二、部分不合理强制条款 + 永续性

家族信托一般来讲反映的是委托人的意志，受益人只是被动接受的一

方，享有在委托人规定下的权益，而一些家族信托设置了诸多强制条款（家族行为引导条款）以限制受益人的行为，这些条款不少带有浓厚的封建家长制色彩，如必须子承父业、必须结婚生子（而且有时间和数量的限制）、只准丧偶不许离婚等。

必须子承父业，带有封建世袭制度的残余。在近几年的许多期刊报纸上，都论述了"子承父业"相对于职业经理人制度的落后性，较有代表性的有：（1）民企接班何必"子承父业"；（2）民企接班危机也是转型良机；（3）拒绝"子承父业"恰是民企转型良机；（4）家族企业传承新趋势——创业而非"子承父业"；（5）"富二代"做"创二代"比"接二代"好；（6）一定要子承父业吗。

平心而论，家族企业"子承父业"的现象不算稀有，而且具有一定的合理性。

2017年底北京银行私人银行与《家族企业》杂志联合发布的《2017年中国新生代企业家现状调研白皮书》披露，对500名左右的中国家族企业"少东家"调研显示，44%的新生代企业家表示未来将会接班并已经在家族企业中工作。

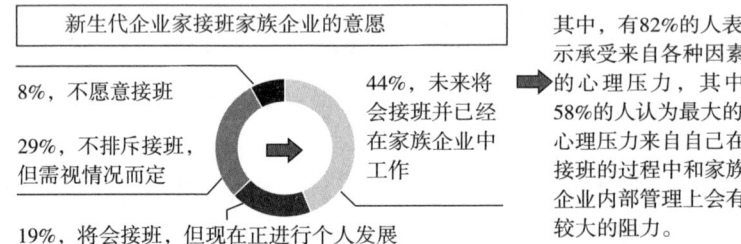

图1　新生代企业家接班家族企业的意愿

（资料来源：《21世纪经济报道》，2017年11月30日）

刘云芬、王东红从宏观、中观、微观三个层面分析了家族企业"子承父业"的合理性。

表1　　　　　　　　民企"子承父业"的因素

宏观	（1）中国职业经理人市场不成熟
	（2）中国民营企业法律制度有待完善
	（3）中国社会信任水平较低

续表

中观	(1) 有利于完成企业的家族传承计划
	(2) 加强企业员工的组织认同
	(3) 增强家族企业凝聚力
微观	(1) 民企二代的异质性能力（高学历）
	(2) 民企二代有一定的继承意愿

但是"子承父业"也会导致很多问题的出现。吴新民等指出主要有以下三点：

（1）任人唯亲。一般而言，企业选拔人才应该"任人唯贤"，而在"子承父业"的情况下，仅在家族成员内部选择，极可能产生任人唯亲的结果，从而导致竞争的弱化，最终降低企业自身的竞争力。

（2）官僚僵化。家族企业本身具有家族血缘、亲缘、姻缘的特征，这会弱化章程规则的作用，个人的威权会上升到一个较高的水平，个人的利益也可能凌驾于公司利益之上。这种现象将导致家族企业的官僚化和僵化。

（3）代际观念差异。子女的人生观、价值观和事业取向可能与其父辈存在严重分歧，例如他们没有管理父辈企业的愿望，希望自己创业，或者是开发自己其他的兴趣。而且，由于前后当家的理念等的差异，子女的领导风格与方式会冲击父辈时形成的企业文化。

从现代公司治理的角度看，家族治理模式是指企业所有权与经营权没有实现分离，企业与家族合一，企业的主要控制权在家族成员中配置的一种治理模式。"子承父业"未尝不可，"职业经理"也不是唯一的选择，而必须"子承父业"则显得过于刚性。

至于"必须结婚生子（还必须是男孩）""不允许晚婚"是封建社会"传宗接代"和"无后为大"思想的直接体现。而"不允许晚婚"和"不允许离婚"这两条同时满足时，一桩婚姻的容错率就极低了。

在现代社会，个人的自由发展是基本要求，在不损害他人和社会利益的前提下，择业自由、择偶自由、取向自由、生育自由是基本人权，通过契约安排限制这四项基本权利，虽然不直接违反法律，但是和现代社会的发展趋势相悖。

陈志武教授在《金融的逻辑》一书中讲道："东西或证券的价值取决于它

能否让个人的效用提高,包括消费效用、财富效用、主观幸福或满足感。"金融创新在满足人不断发展的需求的同时,也推进了人的自由个性的发展。

也就是说,金融创新最终要增加金融消费者的福祉,方能称作成功的金融创新。但是如果这种金融创新是以封建糟粕的沉渣泛起为副产品,以受益人的幸福体验为代价,即使不违背当前社会的公序良俗,这种创新从整个社会发展的角度看也是在"开倒车"——一方面不利于现代生活理念的推广,另一方面也不利于良好金融文化的形成。

而信托的"可永续性"则会进一步恶化对受益人权益的保护。

我国的信托计划可以有一定期限,也可以永续存在。为了保证家业万世不竭,很多高净值客户自然愿意通过精密的连续受益人安排,设立永续的家族信托。李宗远总结,这种模式的原理在于,能在特殊情况下有人补位保证信托按照委托人的意志存续下去,相比没有适格的受益人,或者没有符合委托人意愿的受益人,只有委托人合理安排连续受益人更能保证信托按照委托人的设立初衷而长久存续。

永续的家族信托虽能全面地落实委托人的安排,也能起到风险隔离、财富传承的作用,但是仍有一些局限性:(1)形势发生变化后仍按照固有模式进行管理和投资,轻则丧失机会,重则造成损失,不利于受益人权益的实现;(2)信托财产长时间处于信托中,缺乏流动性,减少了市场资本供应;(3)委托人过世之后,其意志仍产生影响,不利于后辈自由意志的实现(例如某委托人为了使受益人始终是自己的直系后代,可以强制规定后代必须生育)。

对于永续信托局限性的论述,大多数学者还是着眼于经济问题,但是强制性条款若是与永续结合起来,将会极大程度抑制受益人自由意志的发挥。

三、反永续原则的确立和弹性引导条款的倡导

在当前家族信托刚刚起步的情况下,对委托人挑三拣四并不利于该类业务的推广,对优秀金融文化的追求可以放在次要的位置。但是在市场经济的前提下,各种市场交易法规通常应尊重当事人的自由意志,而依照私法自治原则操作,除非有公共政策或公序良俗等公益之考量,法律诚不应该介入或干涉当事人之自由决定。把眼光放得更长远,良好的金融文化对

于促进社会经济发展大有裨益。

随着家族信托的不断推广,信托公司可以积极引导委托人秉承现代社会的理念设置条款。更为重要的是,需要立法机关、监管机构出台相关法律、规定,限制保险金信托合同中歧视性条款的应用。

从信托制度上解决此问题的方法是反永续原则的确立。反永续原则最经典的表述来自普通法权威教授格雷(John Phipman Gray),他的观点大致可以理解为,信托的永续期间包括从信托设立到委托人(与受益人信托利益赋予有关的人)去世的这段时间,加上额外的 21 年,即 $X+21$。

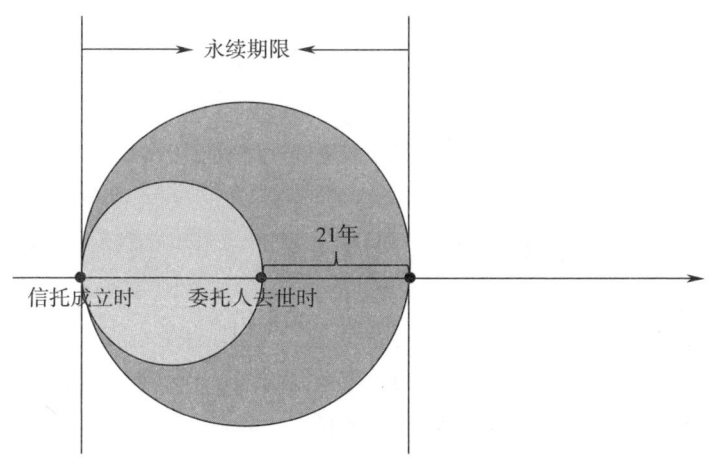

图 2　普通法反永续原则规则适用图

(资料来源:李宗远《连续受益人信托下反永续原则研究》)

日本 2006 年《信托法》第 91 条规定:信托的存续期为 30 年加第 31 年开始最后一任受益人的生存时间,或 30 年加上第 31 年开始到信托受益权终止的这段时间,即 $30+Y$。

总体上看,信托法反永续原则形成了一个"在世生命+一定期限"的构造。反永续原则的应用可以有效降低前文所述长久信托局限性所带来的消极影响。

但是,反永续原则的确立是个制度性的工作,而且信托存续的时间依旧较长,在中国"家长制"风气仍十分浓厚的情况下,受益人仍有可能受到诸多钳制。目前较有操作性的办法是国家从法律上规定禁止采用歧视性的条款(即使这些条款不违背当前社会的公序良俗),变惩罚性条款为鼓

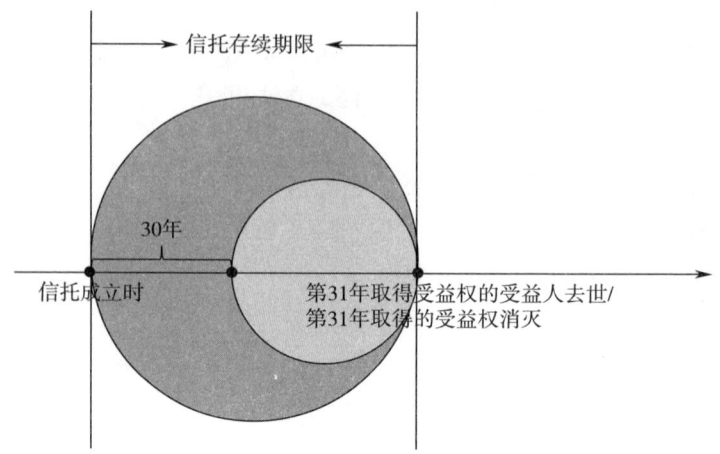

图 3　日本法反永续原则规则适用图

（资料来源：李宗远. 连续受益人信托下反永续原则研究［D］. 北京：中国政法大学，2017）

励性条款，渐进式地推动家族行为引导条款的柔化。例如，"必须子承父业"可以改为"鼓励子承父业"，如果子承父业可以享受更多的受益权，而独立创业则需要有一定成就方可享受家族信托的受益权。再如，"不允许晚婚，不允许离婚"也可以改为鼓励性条款，而且对于特别优秀的家庭成员，这些条款的生效也可以有特定条件。

从巴黎圣母院受难看信托制度在保护历史文化遗产中的作用

钱思澈[①]

一、引言：巴黎圣母院罹受火灾事件

2019年4月，巴黎圣母院（Notre Dam de Paris）遭受火灾，其标志性的塔尖已经倒塌。

图1 巴黎圣母院结构，左边的尖塔即是此次火灾倒塌的部分（2015年）

巴黎圣母院，因其美轮美奂的建筑造型、精美绝伦的雕刻艺术、庄严

[①] 钱思澈，中铁信托有限责任公司综合管理部文字秘书，原研究发展部研究员。该文发表于"信托百佬汇"公众号，2019年4月。

肃穆的内部气氛,令各地的游客神往。法国文学巨擘维克多·雨果笔下动人心魄的凄美故事,更令其扬名四海。

图 2　巴黎圣母院的彩色玻璃窗（2015 年）

雨果在英法联军洗劫并焚毁"万园之园"——圆明园之后,义愤填膺、痛心疾首地写下:这个奇迹已经消失了。

在圆明园毁灭近160年之后,雨果深爱的、心目中与圆明园并驱争先的巴黎圣母院,也因遭受火灾的侵袭而元气大伤,先贤祠中安眠的雨果若是梦见这个噩耗,可能会在梦中老泪纵横。

历史上,因自然灾害或人为破坏而毁灭的历史文化珍宝不可胜数。"七大奇迹"中的罗德岛太阳神巨像、亚历山大灯塔毁于地震,阿房宫、未央宫、巴米扬大佛湮于战乱,英国温彻斯特大教堂因地基浸水几乎不保,四川安岳、丹棱等多处石刻造像因风化或盗挖伤痕累累,历史上,还有许多宫殿和著名建筑因雷击失火而灰飞烟灭,例如宋真宗时的汴京皇宫和巴西国家博物馆。

每一个历史文化遗产的逝去,都是难以逆转的,都是全人类的重大损失,如何更好地保护我们的历史文化遗产,是值得社会各界思考的。

信托制度作为起源于英国的一项重要法律安排,在保护历史文化遗产上应发挥应有的作用。发达国家已经成立了非常多的信托,用于保护历史文化遗产。法国总统马克龙宣布将重建巴黎圣母院,三年的重建预算可能会超过3亿欧元,如果有相关的建筑保护类信托参与其中,可能会缓解资金的压力。下面,本文将对几个有代表性的文物保护类信托作简单的介绍,并分析中国采用信托保护历史文化遗产的可行性。

二、国外有代表意义的历史文化遗产保护信托

(一)英国致力于历史文化遗产保护的信托

1. 国民信托(National Trust)。国民信托(以下简称 NT)成立于1895年,是全世界公益信托组织的典范。NT 是英国一个脱离政府的、独立运作的公益组织。NT 的目的是为了全体国民的利益而保存优美或有历史价值的土地及建筑物。由于公益慈善的深入人心,英国民众乐于将属于自己的古老建筑等委托给国民信托,由国民信托作为受托人进行管理。

图3 与国民信托齐名的"英国遗产"组织保护下的纳特利修道院(2015年)

NT 得以成功的原因主要有三点：

（1）立法保证。1907 年英国《国民信托法》规定受信托的资产不能转让（inalienable），也规定所有信托资产应对大众公开，并以收取门票作为维护管理之用（会员免费）。这些条款使得委托人能安心地将土地或建筑物委托给信托组织，同时也为信托组织对受托财产进行经营管理提供了法律依据。

（2）思想基础。在 NT 成立之前，英国已经开展了数次古迹遗产修复方式的讨论，NT 确立了"不仿造、不主观臆测、尊重文化历史本身"的保护宗旨。符合历史文化遗产保护规律的宗旨的确立，为 NT 顺利、有效开展保护和运营工作奠定了思想基础。

（3）运营模式。如果 NT 只是依赖捐赠开展历史文化遗产的保护，那么保护经费必然是难以持久的。NT 确立了"保护＋向公众开放"的运营模式。通过向 380 万会员收取会费，NT 每年可以获得近 2 亿英镑的收入；通过向游客收取门票、销售礼品获得了大量的旅游收入。它甚至还有自己的彩票销售机构。NT 充分利用手里的资源，例如将农田草场出租给农户，既收取了管理费用，又使得农田草场不至于荒废；还充分利用了 6 万多名志愿者的积极性，节约了大量的资金。

2. 建筑保护类信托。目前英国主要有两种类型的建筑保护信托：一种类型是在循环基金的基础上运作多个项目，另一种类型是保护一处特定的建筑或场所。

循环基金的基本思路是用有限的资金买下少数几个需要修复的建筑，修复完成后转售，获得利润，形成循环中不断壮大的基金，以修复更多的建筑。循环基金的代表有苏格兰国家信托（National Trust for Scotland）、建筑遗产基金会（Architectural Heritage Fund）、公民信托基金和英格兰公民信托基金。

特定建筑保护信托是以拯救一个特定的建筑为目的而建立的。通常由地方当局先获得产权，然后将建筑转给当地信托进行翻新及转售。特定建筑保护信托的代表是新拉纳克（New Lanark）世界工业遗产保护信托，建筑整修的资金主要来自南拉纳克郡委员会地方政府、地方企业公司以及欧盟、遗产彩票基金和许多慈善信托机构。

图4 与新纳拉克类似的德国关税同盟煤矿工业建筑群应该也受到信托基金的支持(2015年)

(二)美国致力于历史文化遗产保护的信托组织

美国国家历史遗产保护信托(The National Trust for Historic Preservation)等信托组织与英国的相似。更具有特色的是 J. 保罗·盖蒂信托基金会(J. Paul Getty Trust)。

盖蒂信托作为世界上最富有的非营利艺术团体,成立于1982年,下属4个机构,致力于保护、展示与介绍世界的艺术遗产,它们分别是盖蒂保护研究所(Getty Conservation Institute)、盖蒂基金会(Getty Foundation)、盖蒂博物馆(J. Paul Getty Museum)和盖蒂研究院(Getty Research Institute)。盖蒂信托有极强的募资能力,募资额近10年平均每年在50亿美元左右,即使在金融危机期间,其年募资额也维持在40亿美元以上。

盖蒂保护研究所在盖蒂信托的支持下,每年预算超过1500万美元,还拥有选择历史文化保护遗产项目的自由,例如敦煌石窟、图坦卡蒙陵墓的保护,都能看见盖蒂保护研究所忙碌的身影。

盖蒂信托与中国有两个合作项目,其中之一为中国原则(China Principles)项目。基于中国政府对保护文化遗产的需求和盖蒂研究院的长期目标,中国原则项目希望在中国已有的相关文化保护法律之下,在尊重和反映中国传统文化的基础之上,制定长期保护和管理文化遗产的指导方针。这一项目共有三个机构参与,分别是中国国家文物局、盖蒂研究院、澳大利亚环境和遗产部门(DEH)——原澳大利亚遗产委员会。另外一个是莫高窟壁画项目,这是盖蒂保护研究所和中国国家文物局以及敦煌研究院进行合作的项目,旨在通过调查和研究莫高窟第85洞壁画恶化的原因,找出缓解的对策和切实可行的保护方法,这将同样适用于莫高窟其他洞窟的壁画以及丝绸之路上其他文化区域。

2018年,敦煌研究院联合美国盖蒂保护研究所承担《中国石窟寺管理手册》编制任务。调研组一行依次对南石窟寺、蒋家坪石窟、丈八寺石窟、罗汉洞—韩家沟石窟、凤凰沟石窟、大云寺、泾川博物馆、王母宫石窟、千佛崖石窟、太山寺石窟进行了调研评估,现场查看了石窟风化、岩层渗水以及截排水工程等情况,详细询问了石窟的造像特征、发展演变和历史文化背景,提出了抢险加固、岩隙裂缝填补、加固处表面复旧、加长石窟山顶排水渠等建设性意见。

(三)灾后救济的例子——水城威尼斯

1966年洪水席卷了佛罗伦萨和威尼斯两座历史文化名城。在全民踊跃捐款抵御天灾的情况下,英国驻意大利前大使艾旭烈·克拉克先生倡议设立一个专门的机构,筹集长期资金以拯救这两座历史名城。于是在1967年,艺术和建筑保护基金(Art & Archives Rescue Fund)成立,资金来源于几位社会名流。

1967年6月末,该基金通过研究决定,为佛罗伦萨筹集的资金应当逐渐引流至威尼斯,原因在于地势低洼使该城市结构已经受到了严重的破坏。1971年,一个新的机构取代了艺术和建筑保护基金,该机构是一个信托基金,名为"拯救威尼斯迫在眉睫"(Venice in Peril)。

该信托基金的筹资卓有成效,1977年,意大利比萨产业巨头彼得·布瓦佐(Peter Boizot)开始将每份比萨的一部分收入划至信托基金,30年累计捐款超过200万欧元。此外还有大量企业捐赠了款项。

图5 饱受洪水困扰的威尼斯（2015年）

三、中国保护历史文化遗产的信托案例

不同于西方发达国家直接设立信托机构，中国主要是作为金融机构的信托公司设立相关的慈善信托来推动历史文化遗产的保护。

目前已在民政局备案的有两单慈善信托，分别为"厦门信托——重庆园林中国传统文化保护传承慈善信托"和"华润信托·和园文化保育慈善信托计划"。

2017年12月29日，厦门国际信托有限公司成立了"厦门信托——重庆园林中国传统文化保护传承慈善信托"，初始规模100万元，信托目的是促进中国传统文化保护传承事业的发展，信托资金定额、定向用于捐助初始委托人——重庆中瑞思成古建筑文化研究院指定的中国传统文化保护传承项目和从事该事业的专业机构。本慈善信托是国内首只以中国传统文化保护传承为目的的慈善信托。

2018年4月27日，在岭南水乡顺德北滘新城区，历经5年的项目筹备和工程建设，由和的慈善基金会荣誉主席、美的集团创始人何享健捐赠3亿元兴建的岭南古典园林——和园宣布正式开园。和园倾力打造一个具有岭南历史文化内蕴、展现顺德水乡特色的岭南园林精品。

为保障和园可持续运营，和的慈善基金会联合北滘慈善会共同设立"华润信托·和园文化保育慈善信托计划"。4月27日，由华润信托担任受托人的"和园文化保育慈善信托"在深圳市民政局完成备案，该信托计划首期规模为2000万元，后续将追加至3000万元，信托财产及收益永续分配给慈善项目管理人和园文化发展中心，保障和园实现长久传承，支持岭南传统文化的传承、再造和发扬。

随着慈善信托的不断发展，之后将有更多的信托公司通过慈善信托的方式推动历史文化遗产的保护，从而助力历史文化名城建设。

四、运用信托推动历史文化遗产保护的思考

由于信托制度的优越性和灵活性，在借鉴外国经验的前提下，笔者对运用信托模式推动历史文化遗产保护进行了一些思考。

首先，根据英国国民信托的经营模式，提出基本原则，即"以历史文化遗产的保护规范旅游开发，以历史文化遗产的旅游开发促进文物古迹保护"。

其次，历史文化名城的开发不应局限于建筑的保护，可以延伸至文物古迹的保护、非物质文化遗产的传承和信托文化的推广。

基于以上考虑，笔者认为可以在建筑保护类公益慈善信托的基础上，引入类似"国民信托"和"英国遗产"会员的消费信托元素，在为保护历史文化遗产筹集充足资金的同时，规范并高效地开发一座城市的历史文化旅游资源，实现双方的互惠共赢。

四川境内有大量的佛像雕刻，具有较高的历史文化价值和艺术审美价值，但是由于资金的缺乏，管理不到位，大量的石刻不但没有被世人广泛欣赏，还因多种自然或人为因素损毁。因此，对古代建筑雕塑的保护可以采用慈善信托与消费信托结合的模式。

有意愿参观并保护石刻艺术的居民可以向信托公司委托标准化的资金（500元或者1000元），然后成立"四川佛像石刻艺术慈善消费信托"，受托人与专业机构合作，对四川各处佛像石刻进行统一管理。委托人则获得一定时期（如1年）内免费参观各处佛像石刻以及参加相关活动如专题讲座之类的权利，实现历史文化遗产保护与旅游消费的统一。

参考文献

[1] 王众，顾方哲，张博．从公众觉醒到国家法制——论美国历史建筑保护中公众参与的角色及意义［J］．济南大学学报（社会科学版），2017，27（5）：104－108，159．

[2] 杨慧萌，于劲翔．公众参与下的建筑遗产保护——英国建筑保护信托之启示［A］．中国城市规划学会．城乡治理与规划改革——2014 中国城市规划年会论文集（08 城市文化）［C］．中国城市规划学会，2014：5．

[3] 龚元．英国历史建筑保护法律制度及其对我国的启示［D］．南京：南京大学，2014．

[4] 顾方哲．美国波士顿贝肯山历史街区保护模式研究［D］．济南：山东大学，2013．

[5] 贺楠．建筑遗产保护的公共和公益资金投入与使用研究［D］．广州：华南理工大学，2017．

实 务 篇

盲目信托，破解伦理难题

陈　赤　刘梦艺[①]

在 11 月结束的美国大选中，从无政坛经验的亿万富翁特朗普意外战胜了老政客希拉里，创造了一个不小的奇迹。

如今政治上春风得意的特朗普所控制的枝叶蔓生的企业帝国也是相当耀眼，从位于纽约核心地段的特朗普大厦、规模与价值双高的多拉尔高尔夫度假村，到各大冠名特朗普的飞机、游艇、牛排、矿泉水等品牌，其错综复杂、种类繁多的程度令人叹为观止。据统计，特朗普名下有大约 515 家公司，《福布斯》杂志估计他的资产净值约 40 亿美元。

然而，这样一位风光无限的亿万富豪当选美国总统，也面临着前所未有的伦理困境。

比如，若特朗普上任后力推有助于房地产复苏的法案，美国公民也许会质疑：特朗普的举措究竟是为国家福祉及公众利益着想呢，还是在为其地产王国精打细算、谋划出路？即使特朗普真心实意地为国家经济考虑，也难免瓜田李下之嫌。

鉴于特朗普企业帝国遍布各大领域，该如何解决这空前严重的利益冲突？精明的特朗普早就表态，将把自己的业务交给一个由子女打理的盲目信托。

解决难题，盲目信托大显身手

那么，什么是特朗普提到的"盲目信托"（Blind Trust）呢？它通过怎样的制度设计来解决严重利益冲突的伦理难题呢？

[①] 陈赤，西南财经大学兼职教授，中铁信托有限责任公司总经理；刘梦艺，中铁信托证券部业务经理。该文发表于《金融博览·财富》2016 年第 12 期，内容略有修改。

盲目信托产生于美国政治领域，林顿·B.约翰逊是首位使用盲目信托的总统。1963年约翰逊当选总统，美国公民对其家族持有的一家在得州的广播电视台公司股权有极大的非议。由于该股权是约翰逊家族财富的核心，而广播电视业是受联邦政府严格管制的行业，因此约翰逊家族持有的股权财产不可避免地造成了利益冲突威胁。但出于财务和情感上的诸多原因，约翰逊总统与第一夫人泰勒·约翰逊并不愿意出售股权，最终约翰逊总统的一位挚友开设的律师事务所的联合创始人谢尔顿·科恩成功解决了该难题。

科恩根据传统信托制度，设计了世界上第一个盲目信托。根据信托文件条款，泰勒·约翰逊暂将广播电视台公司股权的控制权委托给两位律师老友，并授予他们完全裁量权，甚至包括出售股权的权利（虽然最终他们并未行使该项权利），而约翰逊总统仅对家族农场、位于得州的少许地产以及免税市政债券进行直接管理。

自约翰逊总统以后，盲目信托的策略被大多数的总统及部分政府官员延续使用，以规避利益冲突的指控，从美国前总统里根、克林顿到乔治·布什，几乎每位总统都拥有过一份盲目信托。

虽然美国各州对盲目信托的设立要求并非完全相同，但其运作机制总体如下：政府官员通过设立盲目信托，将其私有财产移交给独立于其影响之外的受托人，该受托人对所移交财产的管理或处分有充分的裁量权，且在后续的管理中不能与该政府官员就信托所持有财产的实质性信息（包括财产内容和种类等）进行沟通。这类信托之所以被认为是"盲目"的，是因为无论受托人是要出售最初移交的信托财产还是要购买新的财产，作为委托人的政府官员对该信托所持财产的信息都将一无所知。在此情况下，利益冲突的问题可得到有效规避，因为信托持有财产不会影响该政府官员履行其政治职务所作出决策的公正性。

趋利避害，盲目信托的价值与意义

为什么盲目信托的出现具有重大的价值与意义呢？

原来，为避免"以私害公"或"假公济私"的现象，确保政府官员各项建议、决策的客观和公正，美国防止经济利益冲突的法律法规要求政府官员在其管辖或可施加重大影响的领域里不允许拥有经济利益，在已有经济利益可能损害决策公正的情况下，该官员必须停止履行该领域的职责或者处置相关财产。比如奥巴马总统上任后，便变现了其所有财产，并投资于最为透明的共同基金与国债。又如2008年希拉里参加总统竞选时，克林顿夫妇变现其所有信托财产用于规避利益冲突的指控。

然而，上述法律法规在确保政府官员客观独立的同时，也存在一些不利的地方。一方面，处置价值高昂的财产会带来沉重的税务负担，且特定财产（比如非公众公司股权）并不容易变现。另一方面，对现任政府官员或有志进入政府公职服务的人员，强制其处置有利益冲突隐患的财产，会不可避免地降低其对政府公职服务的热情与积极性。

盲目信托的出现，使政府官员在无须处置有利益冲突财产的同时，可以规避利益冲突的指控，并且通过将特定财产的管理交予独立的受托人，政府官员不必亲自打理便可享受其财产在市场上充分投资所获取的收益，从而能更好地将精力集中在政府公职工作上。

法案颁布，规范使用保护隐私

起初，美国并无法律法规对盲目信托的使用进行约束和规范，也无任何机制对其实际运作情况进行管理和监督。由于各州对盲目信托设立的要求不同，不同州之间盲目信托的设计结构和实际效用有时大相径庭。

1978年，美国颁布了《政府伦理法案》，该法案首次提出了"合格盲目信托"（Qualified Blind Trust）的概念。该法案规定，高级政府官员必须在规避利益冲突的同时，每年公开披露其财产状况。根据各州要求设立的盲目信托虽然可使政府官员规避利益冲突的指控，但该信托所持有财产的金额仍须每年公开披露。而合格盲目信托所持有财产的价值及收益则无须对外公开披露。

合格盲目信托的设立必须经美国伦理委员会批准，其设立要求较为严格，主要体现在：第一，受托人必须是独立的专业机构，不能与利益相关者（包括政府官员本人及其配偶和未成年子女）有联系或有从属关系。第二，初始移交盲目信托的财产出售或处置必须无任何限制，受托人对信托财产有完全的裁量权。第三，禁止利益相关者与受托人之间除信托财产总价值与收益情况之外的一切沟通。第四，禁止利益相关者试图获取盲目信托所持有财产信息的行为。第五，严格限制政府官员与受托人之间的沟通（对信托进行分配的指令除外），除非该沟通是书面发出的且是由于该官员后续承担新的政府职责而导致对其整体财务的新要求、对信托所持有财产的新限制，或对最初移交的信托财产出售的新要求。虽然合格盲目信托对受托人的独立性、初始移交财产属性、政府官员与受托人之间的沟通设立了非常严格的要求，但与此同时，政府官员私人财产的隐私信息也得到了很好保护。

源于政界，其他领域亦有所为

在政治领域之外，盲目信托也因其巧妙的设计发挥着独特的作用。

比如在商业领域，上市公司高管通常持有其所在公司的大量股权，在享有巨大财富的同时也面临着极高的法律风险。根据美国《1933年证券法》，由于上市公司高管每日接触到大量的内幕信息，其持有公司股权的出售时间必须遵守严格的"窗口期"，否则将构成内幕交易犯罪。为规避经济犯罪的法律风险，公司高管可将其持有的公司股权设立盲目信托，受托人全权负责管理受托股权，独立决策出售时间，严格隔离与公司高管之间的信息沟通。这样一来，公司高管可规避经济犯罪的法律风险，同时其由独立受托人管理的股权出售时间也可不受证券法规定的"窗口期"限制。

盲目信托的另一个有趣的应用领域是博彩业。彩票得主在幸运之神降临的同时，也会突然发现其生活发生天翻地覆的变化：从未谋面的远房亲戚和朋友络绎不绝出现门前，兜售投资产品的电话接到手软……此时盲目信托便是救彩票得主于水火的利器。通过设立盲目信托全权负责彩票领取及各类手续办理，彩票得主可以很好地保护其隐私及获奖财产的信息，在得以延续耳根清净的生活的同时，享受巨大幸运的快乐。

尚存问题，实际应用还待完善

虽然盲目信托的好处明显，但其实际应用也存在若干问题。

首先,设立盲目信托的费用非常昂贵,且程序复杂、烦琐。据美国世达律师事务所的伦理律师肯尼斯·A.格罗斯称,盲目信托的启动成本就高达数万美元,而设立和维护盲目信托通常是一个痛苦的过程。

其次,由于在现实中常常难以实现盲目信托对受托人独立性等的各类要求,这就使得盲目信托有时流于形式,其投资并非真正"盲目",设立的目的甚至是成为规避利益冲突或者躲避政治攻击的"武器"。比如,1994年罗姆尼在竞选参议院席位时,曾把盲目信托称作"老套的把戏",讽刺盲目信托的盲目性,称一名政客可以给盲目信托制定规则,规定在哪里投资以及如何投资,但讽刺的是,在2012年美国总统大选辩论上,当奥巴马质疑罗姆尼的海外投资时,罗姆尼却又拿盲目信托作为其不知情且无利益冲突的"挡箭牌"。

最后,人们对盲目信托的理解明显不足。特朗普声称将由子女负责盲目信托的管理,这就存在很大误区,距离"合格盲目信托"相差甚远。特朗普怎么让公众相信其子女能保持充分的独立性,将信托财产运作情况对他完全保密呢?

尽管在实际应用中尚需完善其运作及监管机制,但盲目信托的出现,进一步彰显了信托突破大众认知的理财工具的功能,以其精巧而灵活的制度设计,在政治、商业、法律等方面具有广阔的应用空间和多样化的应用方式。

信托业"十四五"面临的考验与修炼

陈 赤[①]

2020年,是"十三五"规划的收官之年,也是"十四五"规划紧锣密鼓谋划之年。

"十三五"期间,信托业走过了不平凡的历程。一方面,资管新规、信托公司股权管理办法、资金信托管理办法征求意见稿等行业基本制度渐次出台,行业基础设施信托业保障基金有效运行,信托产品登记上线投产,使行业发展有了根本遵循和新的规范,行业运行有了压舱石和监测器;一大批信托公司社会影响扩大、资本实力增强、从业人员增长;许多信托业务创新从点到线、从线到面,资产管理、投资银行、财富管理、慈善信托的研究与实践有了长足进步。另一方面,信托业管理资产规模冲高回落,监管机构从额度压减、结构占比、限额挂钩等方面多管齐下,剑指信托业多年来赖以为生的、习以为常的非标债权业务和通道业务,旧日的路径依赖难以为继,而开发新兴业务面临领域不熟、风险不明、机制不活、人才不足等局限,尚未形成新的稳定的收入支柱;与此同时,前期高速发展积累的存量风险,则需要多方施策,攻坚克难,逐步出清。

鉴往知来,可以预见,在"十四五"期间,信托业将遭遇四重考验,只有勤加五项修炼,做好六方保障,才能更上一层楼。

四重考验

在监管环境方面,面临信托监管趋严趋紧的考验,对信托业转型升级提出了更加紧迫的要求。

---

① 陈赤,西南财经大学兼职教授,中铁信托有限责任公司总经理。该文发表于2020年8月3日《金融时报》,内容略有修改。

在信用环境方面,面临经济下行压力加大,风险增加的考验,对信托业高质量发展提出了更加紧迫的要求。

在市场环境方面,面临围绕优质资产的竞争更加激烈的考验,对信托公司动员自身力量、整合外部资源提出了更高的要求。

在内部控制方面,面临应对新兴业务、解决复杂问题的考验,对信托公司风险防范与化解的责任感、方法论、解决方案提出了更高的要求。

五项修炼

一是围绕过去熟悉的房地产领域,修炼项目股权投资能力。

二是围绕证券市场,修炼标品投资能力。例如,通过 MOM 打造股票投资业务;通过与证券专业机构合作,打造固定收益投资业务。

三是围绕公募市场,修炼公募 REITs、资产证券化、债务工具承销等投行业务能力,打通一二级市场。

四是围绕传统业务与创新业务,运用大数据、云计算、人工智能等金融科技手段,修炼风险管理能力。

五是围绕资金端,面向高净值、超高净值客户和机构投资者,销售净值型产品、提供综合金融服务,修炼打造知名信托品牌的能力。

六方保障

1. 人才强本。一是引进一批转型升级急需的人才:与新兴业务相关的房地产股权投资、基础设施建设、固定收益投资、资产证券化、公募 REITs、债券承销人才,金融科技人才,创新业务风险管理人才;二是通过培训、考核、激励等方法,引导和帮助现有人员转型;三是营造人才合理使用的氛围和环境。

2. 机制开道。一是进一步优化预算引领机制,明确公司、部门、员工在转型升级创新中的任务和角色;二是进一步优化激励约束机制,以创新者为本;三是进一步优化考核晋升机制,在转型升级创新过程中,真正做到能者上、平者让、庸者下。

3. 文化固基。以党建文化为引领,以信托文化为基石,以塑造优秀文化来打牢行稳致远的根基：忠于所托，恪尽职守；敬畏风险，坚守底线；勤奋学习，开拓创新；视野宽广，开放合作；坚韧不拔，锲而不舍。

4. 科技赋能。通过管理驱动、营销驱动、业务驱动，借助移动互联网、大数据、云计算、人工智能、区块链等金融科技的力量，提高管理水平，再造业务流程，拓宽服务半径，提升客户体验，强化风控能力。

5. 开放借力。一是加强与企业客户合作，开展项目股权投资业务；二是扩大同业合作，在创新与银行业金融机构合作模式的同时，积极加强与证券业金融机构之间的业务协同，开展固定收益产品投资、企业资产证券化、公募 REITs，以及 MOM、FOF 等证券委外业务；三是选好金融科技企业，开展科技合作；四是积极开展相关专业合作，例如与优秀的 PE 机构、资产管理机构、会计师事务所、律师事务所、房地产研究机构、不动产评估机构等开展合作，在联合投资、风险处置、尽职调查、贷后管理等方面，进行跟投和购买外包服务。

6. 股东支持。信托公司要在自身倍加努力的同时，争取股东在战略协同、角色定位、补充资本、引进战投、薪酬总额、人员数量、预算调整等方面的支持。

在"十四五"期间，信托业面对的内外部挑战将会更大：现有的业务结构需要调整，传统主营业务的规模需要压降，历史遗留的风险问题需要解决，高质量发展的要求需要压实，年度预算指标需要完成，充实资本、引进人才需要筹划实施。信托业将以"调结构"为重心，一手抓稳增长，一手抓化风险，坚定推进"资产管理＋信托融资"双轮驱动，以新的姿态和新的作为，服务实体经济和人们美好生活需要，实现行业在新时代的高质量发展。

信托文化助推行业竞争力提升

陈 赤[①]

党的十九大报告指出:"文化是一个国家、一个民族的灵魂。文化自信是一个国家、一个民族发展中更基本、更深沉、更持久的力量。"

按照习近平新时代中国特色社会主义思想的指引,银保监会在深刻总结信托业发展规律和特征基础上,从战略高度指出了信托文化建设的必要性和重要性;信托业协会组织起草并经会员大会通过了《信托公司信托文化建设指引》。因此,信托公司应大力培养并推广信托文化,使之成为开展信托本源业务的深厚基础。

一、深化对信托文化的认识和理解

"信托文化建设五年计划"的首年是"信托文化教育年",重点是深入认识建设的意义,明晰建设目标,确定建设路径,树牢建设理念,做好顶层设计。

信托文化的价值理念以帮助人们自由、安全和高效地处理财产转移和财产管理事务为依归,以权衡委托人自由意志的延展和限缩尺度、界定受益人受保护的范围和深度为重要组成部分,其核心则是明确受托人与其所享有权利相对应的必须负担的义务。这些价值理念的实现有赖于受托人切实履行忠实义务、谨慎义务、投资义务、公平对待义务和分别管理义务。

随着金融体系的不断完善和信托业的转型升级,信托公司所依凭的竞争优势也在不断变化。最初是高度市场化、高度灵活性、富有弹性的竞争优势,但是其市场化、灵活性、弹性很大部分来源于金融监管的差异化。

[①] 陈赤,西南财经大学兼职教授,中铁信托有限责任公司总经理。该文发表于 2020 年 7 月 21 日《中国银行保险报》,内容略有修改。

随着信托业发展进入中级阶段和高级阶段，信托的真正优势将体现在综合金融、信托制度和信托文化上。

从信托制度和信托行业的长远发展上看，全社会对信托文化的理解越是一致，人们对信托文化的传播越是普及，法律对信托文化作为公序良俗越是认可，信托当事人对各自的角色定位越是清晰明确，舆论对信托的宣传报道越是全面准确，大家对信托的信心就会越充足，信托的介入领域就会越广泛，信托的运用程度就会越深化，开展信托业务的效率就会越高，围绕信托的纷争就会越少，信托制度在和相似的财产转移和财产管理制度之间的竞争就会越有优势，我国的信托事业也就能够早日从初级阶段迈向中高级阶段，健康快速发展。

二、信托文化与企业文化结合

银保监会副主席黄洪指出，从法治角度看信托，信托文化从某种意义上说就是法治文化，就是底线思维。每一位信托从业人员都是弘扬信托文化的一分子，受托人必须具备匠心精神，从一言一行做起，通过坚持良好的职业操守赢得各方的尊重和信任。

中铁信托对40年的企业文化脉络和文化体系进行梳理，编制出《企业文化手册》，重点建设"信托、执行、风险、廉洁、职工"五大文化，打造集中统一又特色鲜明的中铁信托企业文化。

突出正面引导和负面清单管理，推出《员工手册》和《从业人员禁止性规定》，积极构建员工行为文化体系。编制《职工福利清单》，清晰列明职工法定福利等近50项福利内容，推进企业与员工兴荣同享、共同发展。

中铁信托还重新梳理中铁信托品牌文化理念，对品牌文化内涵作出更加契合信托文化理念的解读，实现品牌文化与信托文化的高度统一。中铁信托公司确定了"允执其中，守信如铁"这一品牌口号。"允执其中"源自《尚书》和《论语》，含义是：作为受托人，中铁信托在办理一切信托事务时，将恳切地执行正确适中之道，不偏不倚，无过无不及，坚定不移地信守承诺和约定。

三、信托文化与慈善信托结合

在美国和日本，慈善信托被广泛应用于科学研究、文化教育和文化传承等领域，采用慈善信托推动建立信托文化研究机制并弘扬受托人精神是必要和可行的。

中铁信托拟与部分高等院校合作，设立信托文化建设慈善信托。该慈善信托的目的是支持硕士和博士研究生进行信托研究和信托相关主题的毕业论文写作，对其撰写的论文予以资助，以期达到激发在校学子研究信托的兴趣，壮大信托研究队伍，增强信托研究实力，扩大信托研究视角，提高信托研究质量，为信托文化研究机制提供助力的效果。

美国信托之父弗里斯认为，受托人应当有高出其他企业经营者的境界——信托精神之资质。中铁信托拟与成都武侯祠博物馆合作设立慈善信托，通过资助其公益活动，提炼诸葛亮人格品质，树立受托人人格典范，为受托人提供借鉴学习的榜样，从而全面提升信托从业人员的自我要求和精神境界。

四、信托文化建设与公司研究结合

中铁信托数年前就自发开展信托文化研究，有一定的积淀。

一是撰写并发表信托文化相关文章，发该领域之先声。例如2014年的《〈论语〉：继受信托制度的中国文化土壤》探讨了中国传统文化与信托精神的共通之处，2018年的《信托文化的价值精髓》则较系统地阐述了信托文化的价值理念，还有如《适当性义务体现的衡平法精神》《发挥信托优势助力成都建设世界历史文化名城》《文化是引领信托业高质量发展方向标》等文章，从各个方面讨论信托文化，点击量数万，并被中国信托业协会等诸多网站转载。

二是积极申报协会课题，参与信托文化研究，并在课题写作的基础上，进一步充实内容，筹备出版信托文化建设专著，进一步扩大信托文化的社会影响力。

五、推进信托文化建设的问题与建议

当前,我国信托文化建设主要存在以下一些问题:

(1) 信托文化建设引导机制的针对性仍有提升空间,目前对于委托人、受益人、受托人等相关方的引导还不够有针对性。谁来引导、引导谁和引导内容均处于模糊状态。

(2) 信托文化建设的激励约束尚未形成体系,相关激励和约束的方法也比较单一。

(3) 信托文化的研究力量仍显薄弱,主要存在起步较晚、研究人员数量较少、相关文章数量不多和影响力不大等问题。

(4) 信托文化对外辐射和宣传的力度仍有较大提高空间。主要存在信托从业人员及社会公众对信托文化了解不深、推广的方式不够丰富多样、推广中知识性错误时有发生、信托文化与企业文化融合程度不强等问题。

(5) 信托文化建设效果评价体系尚未构建,在评价信托文化建设对信托公司战略发展思路、信托各当事人意识和公众对信托的认知的影响时,指标、权重较难选择,评价方法也未形成体系,如何保证评价体系的客观公正还需进一步研究。

为有效解决这一问题,应构建五大机制,全面保障信托文化建设落地。这五大机制分别是:

(1) 引导机制,以保障信托文化建设是在习近平新时代中国特色社会主义思想的引导下进行。在信托业协会《信托公司信托文化建设指引》的引领下,提高信托文化建设的规范性。信托公司应加快制订信托文化建设方案,引导舆论对信托文化核心价值进行传播。

(2) 激励约束机制,具体措施有将激励融入行业评级、协会表彰以及各类评先、评优中,鼓励信托公司为受益人最大利益而努力。

(3) 研究机制,以丰富信托文化建设的理论储备。具体措施有设立重点课题持续系统研究,资助国内外大学、智库分项研究,加强国际学术交流,鼓励信托公司自主研究、发表文章,推动优质信托文化系列专著、译著出版等。

(4) 推广机制,以推进信托文化宣传、树立行业正面形象,使投资者树立正确的投资理念。具体措施是，信托业协会牵头成立信托文化建设专业委员会，形成多方联动、持续有效的机制，并将传统媒体和新兴媒体结合起来，通过创办杂志、联办专栏、设置课程、编写教材、举办讲座和支持文艺作品创作等方式，在全社会各种场合形成信托文化推广网络。

（5）评价机制，以量化指标体系增强企业对信托文化的认同感，从而督促信托文化建设工作长期系统性持续开展。

中铁信托：文化浸润改革路

王重明①

作为中国金融业改革和发展的一个缩影，信托业和信托公司伴随着改革开放走过了一条崎岖而充满机遇的发展道路。成立于1980年的中铁信托可以说是应改革开放而生的中国第一批信托机构，在短短近40年间，中铁信托历经转制、合并、重组等多次变革，从国有银行所属企业到地方政府控股企业、民营企业，再到央企控股企业，历经艰难与曲折，愈加焕发勃勃生机。企业文化也在变革碰撞中交融发展，直至2005年中国中铁入主后，企业文化才再次注入新鲜的血液并得以重塑发展。

一、筚路蓝缕，改革路上文化同行

中铁信托企业文化的发展伴随着企业性质的变化大致分为三个时期：银行所属政府控股时期（1980—2002年）、民营企业时期（2002—2005年）、央企控股时期（2005年以来）。

改革开放的需要催生了中国信托业，1980年，由中国人民银行成都市支行发起的"成都市金融信托公司"（中铁信托前身）正式成立，它是中国最早成立的一批信托公司。1984年，成都市金融信托公司脱离中国人民银行成都市分行，成为中国工商银行成都市分行的所属公司。进入20世纪90年代，中铁信托脱离工商银行，成为由成都市人民政府控股的公司。这一时期企业处在改革开放初期，思想解放的浪潮刚刚掀起，社会主义市场经济改革刚刚起步，同时企业由国有银行所属或地方政府控股，在文化上具有明显的行政性。

---

① 王重明，中铁信托有限责任公司党群工作部部长、董监办主任。该文发表于中国中铁理论月刊《学习与探索》2018年第11期（总180期），内容略有修改。

步入新世纪，社会主义市场经济体制改革步入快车道，中铁信托也由政府控股企业转为民营企业，2002年，公司更名为衡平信托投资有限责任公司（以下简称衡平信托）。成为民营企业后，原有的企业文化受到较大冲击，企业业绩也出现下滑，这一时期的企业文化随企业变革而迎来阵痛。

此时，中国中铁出于多元化发展和金融板块建设需要，于2005年收购衡平信托，并于2008年正式更名为中铁信托。至此，世界品牌500强、特大型央企中国中铁入主，开启了中铁信托跨越发展的新篇章，管理资产规模迅速由2005年的17亿元大幅攀升至2017年末的4300亿元，进入行业第一梯队，并五次获评"中国优秀信托公司"，连续获得最高监管评级。这一时期，在全面融入中国中铁"世界500强"深厚文化的同时，中铁信托始终坚持对传统优秀文化的继承和发扬，在实践中培育形成了兼具央企和金融行业优势与特点的企业文化。

二、铸魂塑形，塑造企业"精、气、神"

百年企业，文化铸魂。中铁信托党委书记、董事长马永红表示，"中铁信托企业文化建设伴随着企业的发展，经历了一个由起步探索、建章立制到深度融合、突出特色、全力推进的过程，当前已在企业精神、主流价值和企业文化等方面进行了有益探索，逐步形成了中铁信托特色文化价值体系，凝聚起了企业的'精、气、神'"。

塑造企业精神。塑造企业精神是企业文化的核心成分，公司经过反复酝酿和提炼，确立了"勇于跨越、追求卓越"的企业精神，"诚信敬业、共建共享"的核心价值观，"创新创效、优质发展"的企业宗旨，"奉献精品、改善民生"的企业使命，"国内领先、世界一流"的企业愿景，"稳健进取、合作共赢"的企业品格，"创新、服务、可持续"的经营理念和"重合规、控风险、守底线"的风控理念。这些理念已为广大职工所接受，构建起了精神文化的基本框架。

培育企业主流价值。整合公司近40年发展过程中形成的多元文化，培育企业主流价值是一种必然选择。公司于2017年编制出首份《员工手册》，在全公司旗帜鲜明地建设"三一"（一家创新进取的知名企业、一支奉献担当的职工队伍、一个团结和谐的幸福之家）企业、"四型"（实干型、进取型、服务型、学习型）团队、"五德"（正派、勤勉、廉洁、规矩、担当）员工，以此统领职工思想观念。2018年又倡导全体员工争做"四种人"：一是讲业绩，做埋头苦干的老实人；二是讲正气，做主流价值的倡导人；三是讲上进，做能力过硬的领头人；四是讲关爱，做和衷共济的和谐人。如今，"三一"企业、"四型"团队、"五德"员工已逐步成为全体职工的主流意识和自觉行动，企业主流价值的主导力和凝聚力已开始逐步彰显。

列出企业负面清单。在文化建设中，我们既明确了所要倡导的企业精神和主流价值，同时也列出了负面清单，为干部职工划出了"底线"和"红线"。自实行负面清单管理以来，我们先后在员工管理、廉洁自律、中央八项规定等方面明确了禁止事项，并根据开出的负面清单，清晰列明小到轻微违规积分、大到党纪政纪处分的惩戒和问责情形。从实践来看，负面清单管理，能让全员执行力、落实力从"慢走"转向"快跑"，成为企业文化建设中不可或缺的重要组成部分。

三、重点发力，培育企业四种文化

文化如水，滋润万物，悄然无声。十三年来，中铁信托全面融入中国中铁的深厚文化，并积极结合自身情况建设子文化，逐渐孕育出了稳健进取的品牌文化、回馈社会的责任文化、共建共享的和谐文化以及行止有矩的廉洁文化等四种文化，为稳健经营和健康发展注入了强大动力。

稳健进取的品牌文化。品牌是企业对外经营的第一张名片。中铁信托前任党委副书记、总经理景开强表示，"一直以来，我们十分注重打造企业品牌，始终坚持低风险策略，'稳健进取'成为中铁信托在业内的亮丽名片"。目前，信托产品已经连续39年实现按期兑付率100%，凸显了企业央企控股下金融服务和信托理财的稳健优势。我们先后与中国铁建、葛洲坝集团、保利集团、苏宁电器等100多家全国知名企业和区域龙头企业建立了良好的合作伙伴关系，先后参控股宝盈基金、华西证券、富滇银行等5家金融企业，并且培育了8万多名忠实投资客户，赢得了监管部门和信托行业的赞誉及广大投资者的信赖。同时，我们注重对外形象塑造，先后与《上海证券报》、四川卫视、四川新闻网、《成都商报》、《华西都市报》等十多家新闻媒体合作推广企业品牌,并建立了企业官方网站,创办了高端客户读本《中铁财富》,推出了企业微信公众号和官方微信号,建立了4008085085呼叫中心,塑造起较好的品牌形象和社会知名度。

回馈社会的责任文化。我们在推进企业快速发展的同时,积极履行央企社会责任,先后在精准扶贫、公益慈善、灾后重建等方面做了大量工作。积极响应中央和四川银保监局精准扶贫号召,通过捐款扶贫、人才支持等方式,结对帮扶阿坝州金川县、泸州市古蔺县,共捐资200多万元,委派2位金融专家到金川等地区挂职,为贫困地区经济金融建设提供智力支持。联合四川省慈善总会,成立了中铁信托爱心基金,累计募集爱心基金270万元,先后实施西藏德格县小学配套建设等9个公益慈善爱心项目,并向"四川银行业慈善基金"捐赠30万元资金作为四川省银行业精准扶贫统一行动资金,助推贫困地区产业发展和环境改善。积极捐款捐物,积极援助汶川地震、芦山地震灾后重建,彰显央企责任与担当。公司先后获得民政部"最佳公益慈善贡献奖"、四川省"2017年度金融扶贫先进单位""四川慈善'百企扶贫'突出贡献单位"等荣誉。

共建共享的和谐文化。作为一个有着39年历史的企业,我们始终把建设"一个团结和谐的幸福之家"作为企业的落脚点,让企业职工"参与有途径,事业有希望,生活有保障"。"参与有途径":公司建立了职代会和司务公开制度,保障了职工参与企业民主决策、民主管理、民主监督。"事业有希望":公司一方面积极构建了员工行政序列+专业技术序列双晋升通道,拓展职工发展平台;另一方面通过网络学院、职工课堂、职工书屋、师徒工作室等载体,大力实施职工素质提升工程,助力职工提升素质、成长成才。"生活有保障":经过多年探索,公司已构建起多层次关爱帮扶体系,先后建立企业年金和补充医疗保险,积极拓展职工福利外延;实施帮扶送温暖和"三让四关爱和十个一工程",形成惠及全员的困难帮扶保障和工会互助保障等五个层次普惠体系,从帮扶济困上解决职工后顾之忧;推进职工健康关爱计划,建立职工活动中心和兴趣协会,推动职工快乐工作、健康生活。公司被评为成都市"厂务公开民主管理示范单位",公司工会被中华全国铁路总工会授予"全路模范职工之家"称号。

行止有矩的廉洁文化。廉洁,是个人和企业最低的标准,也是最严最重的底线和要求。我们主要从四个层面开展廉洁文化建设：第一个层面，编制了《员工手册》，提炼"倡廉洁、讲合规、严内控、防风险"的廉洁合规理念，形成思想认同和行动自觉。第二个层面，常态化开展廉政宣传月、警示教育、党纪党规知识竞赛、送廉进家庭等活动，并借助公司内网廉政建设专栏和微信党纪微课堂定期发布反腐动态，让全员把握禁区与底线，实现由外在约束向内在自律自觉转变。第三个层面，紧扣融资客户、合作伙伴、第三方机构和评估机构四个环节，制定《廉洁风险防控手册》，并与合作企业签订《廉洁共建协议书》，携手攻防业务一线廉洁风险。第四个层面，积极构建"问责+问效"的制度体系，先后制定完善《员工政纪处分规定》《项目事故定级管理办法》《重大资产损失责任追究制度》等制度，特别是制定了《员工轻微违规行为积分实施细则》，作为纪律处分的重要补充办法，动态建立了合规管理、纪检监察、职业操守等11项共308条轻微违规行为积分标准，处处从小事着手，动辄则咎，设置了过滤程序，防止由小问题向违纪违法转变。

房地产信托项目收益、风险匹配研究

管百海①

房地产信托项目是信托公司业务的重要组成部分，也是信托公司利润的重要来源。但是，随着我国房地产市场的发展和成熟，房地产行业正在向社会平均利润水平靠拢；加之国家对房地产市场实施调控，近几年部分信托公司的部分房地产项目出现风险，导致信托本息不能按时兑付。

为防控金融风险，2017年4月10日，中国银监会下发了《关于银行业风险防控工作的指导意见》，其中专门提出"坚持分类调控、因城施策，防范房地产领域风险"。以往，由于房地产市场总体处于上升通道，项目利润空间大，信托为其提供融资风险较小；如今，信托公司在为房地产项目提供融资时，融资成本并未与项目的风险水平进行很好的匹配，对不同的项目收取的融资成本相差不大。本文尝试解决信托公司对房地产信托项目的收益、风险匹配决策问题，对于为信托公司科学决策、优化业务提供指导具有重要意义。

一、房地产信托项目收益、风险匹配研究文献述评

在信托的收益与风险匹配研究方面，温中康（2012）进行了定性分析，认为信托产品的高收益与风险相伴随。邓旭生、肖继五（2012）对我国集合信托产品预期收益率的影响因素及市场风险进行了实证研究，认为预期收益率对市场风险具有较高的敏感度。邓旭生、王聪（2015）对我国集合信托产品的市场定价效率进行了研究，发现流动性风险对集合信托产

---

① 管百海，时任中铁信托有限责任公司研究发展部副总经理，主持工作。该文发表于《价格理论与实践》2017年第12期，内容略有修改。

品定价的影响最为强烈。具体到房地产信托方面，林德琼、刘善存（2015）利用合作博弈理论，建立了房地产信托产品的定价模型，分析了信托业平均回报率、无风险利率等对信托产品预期收益率的影响。朱佳俊、覃朝勇（2015）对房地产信托产品风险溢价的影响因素进行了研究，发现信托产品的发行期限和地区、M2、投资领域等对项目风险影响大。黄薇、乔志程（2017）对贷款型房地产信托的期权定价进行研究，计算出了不同风险项目的风险补偿金（即期权价格）。

关于 CAPM 的大部分研究主要集中于证券市场及组合投资领域；企业如何针对一个具体的项目从实用层面来使用资本资产定价模型使决策科学化，这方面的研究较少。在房地产信托方面，如何对收益和风险进行匹配的定量研究较少，无法指导信托公司房地产信托项目的开展。本文拟将 CAPM 引入信托公司对房地产信托项目的融资决策环节，针对不同风险水平的项目确定其相应的融资成本，解决企业的实际决策问题；并且，着重针对 CAPM 和风险管理中风险水平难以量化和度量的问题，采用改进的 TOPSIS 法和三级评价指标法来定量评价项目的风险度，使 CAPM 的实用性增强，具有一定的理论意义。

二、房地产信托项目收益与风险匹配研究

对于房地产信托项目而言，信托公司对房地产项目无法进行深入的管控，导致信息不对称，引发道德风险等问题。此外，每个行业本身也会发生风险。因此，房地产信托项目的风险来自多个方面，信托公司对房地产项目提供融资，在获取融资收益的同时也要承受风险，收益与风险应进行匹配。

（一）房地产信托项目的风险及收益分析

1. 房地产信托项目的风险分析。对于房地产信托项目而言，只要发生与最初信托融资时设立目标有偏差的情况，就是风险产生。

——主观行为风险和客观风险。房地产信托项目的风险有些是由开发商的主观原因造成的，有些是非开发商主观原因造成的。

主观行为风险主要包括以下类型：（1）开发商本身开发管理能力较

差,形成风险;(2)开发商不诚信履约,转移项目资金风险;(3)开发商从自身利益出发,造成项目信托计划不能按时兑付的流动性风险。

除开发商的主观行为风险以外,其他的风险均为客观风险,客观风险主要是由外部环境变化引起的,例如下面要分析的系统风险。

——系统性风险和非系统性风险。房地产市场的系统性风险是对整个行业内的企业都有影响的风险,而不是某个房地产开发商单独面对的风险。与系统性风险对应的是非系统性风险,也称为房地产经营开发风险。

2. 信托公司的收益分析。对于大部分房地产信托项目,信托公司只提供单纯的股权融资(含明股实债),真正对项目进行股权投资、承担项目开发风险的较少。因此,本文研究的房地产信托项目主要指债权融资型房地产信托项目(含明股实债)。对于融资类房地产信托项目,信托公司按约定的年利率收取利息费用,此利息费用即为信托公司的收益。

(二)房地产信托项目收益与风险匹配分析

对于信托公司而言,在开展房地产项目业务时,也要兼顾"公平和效率",做好信托资金融出的预期收益与信托项目风险的匹配。

信托公司针对房地产项目融出资金,要根据其对目标项目的风险度判断来决定融出资金的价格,即根据项目的风险度来确定预期收益。信托公司该对风险高的项目期望高收益,还是对风险低的项目期望高收益,主要取决于其效用曲线和风险承受能力。

对于信托公司而言,面对多个备选投资项目,不同项目其风险是不一样的,对应的期望收益也不一样。在不考虑风险偏好的情况下,每个项目带给信托公司的效用应是一样的。假设有 m 个备选项目,第 i 个项目风险发生的概率为 p_i,风险发生后造成的损失为 L_i,该项目的期望收益为 F_i。如果信托公司对于信托业务融出资金总的平均期望收益为 V,则应有:

$$V = F_i - L_i p_i \tag{1}$$

令 $W_i = L_i p_i$ 表示项目 i 的风险水平,则有:

$$F_i = V + W_i \tag{2}$$

式(2)中,显见 F_i 是 W_i 的单调递增函数,表示对于信托公司的资金融出行为而言,高收益对应高风险。信托公司的等效用曲线如图1所示。

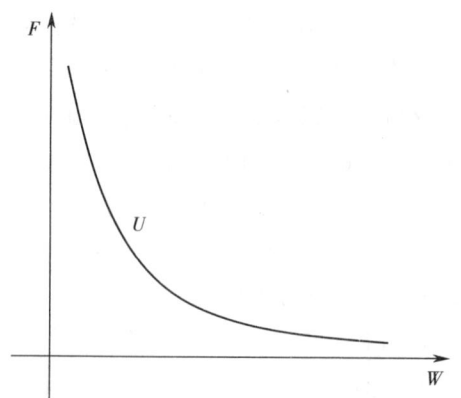

图1 信托公司对不同项目融出资金的效用曲线

三、房地产信托项目收益与风险匹配模型的构建及其运用

（一）模型的构建

要对房地产信托项目进行收益与风险匹配，可以引入资本资产定价模型，如式（3）所示。

$$R = R_F + \beta(R_M - R_F) \tag{3}$$

R：拟提供融资的房地产信托项目的融资利率；R_F：风险最低或最理想风险水平时，信托公司提供融资的利率，简称无风险利率，$R_F>0$；β：具体房地产信托项目的风险度，$\beta \geq 0$；R_M：信托公司对可接受最高风险水平的房地产信托项目提供融资时的利率，简称风险利率，$R_M>R_F>0$。

问题变为如何合理地计算、确定R_F、R_M和β的值。尤其是如何确定β、量化一个具体项目的风险值，是风险管理研究领域一直难以合理解决的问题。

（二）项目风险度的评价

要想对房地产信托项目进行风险收益匹配，首先要评价拟融资项目的风险水平β，也可以称为项目的风险度。项目风险度的评价，可以采用两种较实用的方法：改进的逼近于理想解法（TOPSIS法）和基于专家打分的三级评价指标法。

1. 利用改进的TOPSIS法评价项目风险度。TOPSIS法是用于有限个方案多目标决策的一种决策分析方法。TOPSIS法主要用于多方案的优劣排序，无法对一个方案的优劣进行判断。但我们拟引入改进的 TOPSIS 法，针对具体的某个房地产信托项目进行风险度的评价。在 TOPSIS 法中，用 X^* 表示理想解，X^- 表示负理想解；用 S_i^* 表示方案 i 至正理想解的距离，S_i^- 表示方案 i 至负理想解的距离；用 C_i^* 表示方案 i 的相对接近度，分别如式（4）、式（5）、式（6）所示。

$$S_i^* = \sqrt{\sum_{j=1}^{m}(x_{ij}-x_j^*)^2}, i=1,2,\cdots,n \tag{4}$$

$$S_i^- = \sqrt{\sum_{j=1}^{m}(x_{ij}-x_j^-)^2}, i=1,2,\cdots,n \tag{5}$$

$$C_i^* = S_i^-/(S_i^*+S_i^-), 0 \leq C_i^* \leq 1, i=1,2,\cdots,n \tag{6}$$

为了使理想解 X^* 和负理想解 X^- 不随着方案的增加或减少以及其他因素改变而改变，可以根据统计资料或经验确定理想解 X^* 和负理想解 X^-，由此构成 $X^* = (x_1^*, x_2^*, \cdots, x_m^*)$，$X^- = (x_1^-, x_2^-, \cdots, x_m^-)$。

在此基础上，用式（4）、式（5）、式（6）分别计算出 S_i^*、S_i^- 和 C_i^*，令：

$$\beta_i = 1 - C_i^* \tag{7}$$

即可求出方案 i 的风险度。

——利用改进的 TOPSIS 法评价项目风险度。信托公司面对一个具体的房地产信托项目进行融资决策时，笔者在文献［7］中提出了房地产信托项目评价的 22 个三级指标。三级评价指标均采用专家打分法进行打分确定分值，且均为百分制，即 $X = (x_1, x_2, \cdots, x_{22})$。假定对于理想解和负理想解而言，每个三级评价指标的理想值均为 100，每个三级评价指标的负理想值均为 60。则有：

$$X*(100,100,\cdots,100) \tag{8}$$

$$X^- = (60,60,\cdots,60) \tag{9}$$

根据式（4）可计算其至理想解的距离：

$$S^* = \sqrt{\sum_{i=1}^{22}(x_i-100)^2} \tag{10}$$

$$S^- = \sqrt{\sum_{i=1}^{22}(x_i-60)^2} \tag{11}$$

该项目的相对接近度如下：

$$C^* = \frac{S^-}{S^* + S^-} \qquad (12)$$

该项目的风险度为：$\beta = 1 - C^*$。

2. 利用三级评价指标法评价项目的风险度。在文献［7］中，笔者通过三级评价指标法来进行房地产信托项目的选择决策，其中有22个三级指标、8个二级指标、2个一级指标。各级指标均采取1~9级的判断尺度来进行权重确定。之后，在三级指标分值确定的基础上，逐级计算各级指标的评价分值，最终得到项目的综合评价分值 Z_1。将 Z_1 与事先确定的评价基准值 Z_0 进行对比：如 $Z_1 \geqslant Z_0$，则信托公司为该项目提供融资；如 $Z_1 < Z_0$，则信托公司不为该项目提供融资。

因此，可在三级评价指标法的基础上，利用该方法得到的综合评价分值来计算房地产信托项目的风险度。令

$$\beta' = \frac{100 - Z_1}{100} \times \frac{100}{100 - Z_0} = \frac{100 - Z_1}{100 - Z_0} \qquad (13)$$

根据式（13）可以计算出该房地产信托项目的风险度。

（三）无风险利率和风险利率的确定

要利用资本资产定价模型来确定具体房地产信托项目的融资利率，在评价项目的风险度后，还需要确定无风险利率 R_F 和风险利率 R_M。

1. 无风险利率的确定。确定无风险利率 R_F，可以采用成本加成法。

信托公司要为房地产项目提供融资，首先要能筹集到相关资金，需要向信托投资者支付回报。在开展信托业务时，还需要发生以下成本：将资金托管给银行的托管费、印花税、增值税、律师费用等。

将信托公司这些成本全部汇总，可以用其所融出资金的一定比例 α（$\alpha > 0$）来表示。

信托公司对外进行融资，除了要收回成本以外，还需要有一定的利润，信托公司才有动力。假设信托公司要求最低的利润率为 θ（$\theta > 0$），则房地产信托项目的无风险利率为：

$$R_F = \alpha + \theta \qquad (14)$$

2. 风险利率的确定。对于要融资的房地产信托项目，信托公司会设置一个底线，只要项目的相关条件低于这个底线，信托公司就不会再对其提供融资。在这种情况下，拟融入资金的房地产开发商愿意支付的最高融资

利率就是风险利率 R_M。

四、应用案例分析

以某信托公司提供融资服务的 3 个房地产信托项目为例,对资本资产定价模型用于房地产信托的收益、风险匹配进行验证分析。

(一) 相关数据的确定

对于 3 个项目,信托公司组织内部专家对 22 个指标进行打分,如表 1 所示,各级指标的权重与文献〔7〕取值一致。

表 1　　　　　3 个房地产信托项目三级指标及其打分

指标	项目 1 打分	项目 2 打分	项目 3 打分
C1:所在城市	70	93	66
C2:具体位置	85	95	78
C3:交通便利程度	83	96	78
C4:学校	87	91	80
C5:医院	50	92	60
C6:购物	75	95	88
C7:餐饮、娱乐	70	95	90
C8:住宅、商业、写字楼等产品的占比情况	75	96	65
C9:地下车位面积占地上可售面积的比例	60	97	75
C10:土地获得成本与周边平均地价比较	75	93	80
C11:报建费水平与竞争性项目比较	70	90	70
C12:项目负责人过往业绩	73	93	85
C13:项目管理团队从业平均年限	80	95	87
C14:项目管理团队学历及执业资格情况	80	94	83
C15:总规模	65	92	77
C16:房地产业务规模	60	90	75
C17:资产负债率	60	93	73
C18:存货	62	95	72
C19:扣除土地购置费以外的经营性净现金流	61	96	78
C20:征信系统查询信用记录及被执行情况	62	93	76
C21:房地产开发资质等级	65	92	77
C22:品牌影响力	63	97	85
小计	1531	2063	1591

同时，假设信托公司的综合成本率 $\alpha = 7.2\%$，信托公司要求的最低利润率 $\theta = 0.5\%$，则根据式（12）得到房地产信托项目的无风险利率为：

$$R_F = \alpha + \theta = 7.2\% + 0.5 = 7.7\%$$

假设信托公司管理层研究决定：项目三级评价指标法的基准值为 $Z_0 = 70$ 分，项目的风险利率 $R_M = 15\%$。

（二）改进的TOPSIS法和三级评价指标法评价项目风险度的对比分析

运用改进的TOPSIS法，可以计算出至理想解的距离、至负理想解的距离、相对接近度以及项目的风险度，如表2所示。

表2　　　　　改进的TOPSIS法计算风险度

项目	S^*	S^-	C^*	β
项目1	149.38	63.21	0.30	0.70
项目2	30.74	158.70	0.84	0.16
项目3	137.95	74.24	0.35	0.65

运用三级评价指标法，计算出各个项目的综合评分及风险度，如表3所示。

表3　　　　　三级评价指标法计算风险度

项目	Z_1	β'
项目1	72.33	0.92
项目2	93.66	0.21
项目3	73.65	0.88

对照表2和表3，可知两种方法计算出来的风险度变化方向上都是一致的，项目2的风险度最低，项目1的风险度最高。同时，用三级评价指标法计算出的风险度的数值均高于用改进的TOPSIS法计算出的数值，原因主要有以下两个方面：（1）改进的TOPSIS法在确定三级评价指标的负理想值时，将之确定为60；而三级评价指标法确定的基准值为 $Z_0 = 70$ 分。（2）三级评价指标法中，对每一级的指标均赋予不同的权重，而改进的TOPSIS法中没有使用权重。

（三）项目收益与风险匹配分析

根据上述数据及资料，可以计算出两种情况下信托公司对3个房地产信托项目提供融资时应收取的融资利率，如表 4 所示。

表 4　　　　　　　　两种方式下计算出的融资利率

项目	改进的 TOPSIS 法		三级评价指标法	
	β	R（%）	β'	R'（%）
项目 1	0.70	12.83	0.92	14.43
项目 2	0.16	8.88	0.21	9.24
项目 3	0.65	12.45	0.88	14.11

从表 4 可以看出，不管在哪种方式下，对于风险度越高的房地产信托项目，信托公司收取越高的融资利率，以此实现收益与风险的匹配。

五、结论与建议

本文通过两种方式解决了房地产信托项目风险度评价问题，一是采用改进的 TOPSIS 法，二是采用三级评价指标法。并且，使用三级评价指标法来评价房地产信托项目的风险度更合理、更准确。如果无法使用三级评价指标法，也可以直接使用改进的 TOPSIS 法来评价房地产信托项目的风险度，效果也较好，以此验证了 CAPM 匹配收益和风险的有效性。

为便于信托公司更好地科学决策，提高公司的运营效率和利润水平，提出以下建议：

1. 对不同项目收取不同的资金成本，体现公平原则。信托公司根据房地产信托项目不同的风险水平决定对其提供融资的利率，实现收益与风险的匹配，对于公司内部各业务团队开展业务更为公平，对业务人员能起到更好的激励作用；同时，也最大化了同一风险水平下的信托公司收益，能获取更高的利润。

2. 重视风险的识别和管理，避免项目风险发生。项目风险的识别是风险度量的基础，信托公司拓展房地产信托业务时，首先应识别出项目可能存在的风险。在项目实施过程中，信托公司应对项目加强主动管理，随时掌控项目动态和进展，发现问题后及时采取措施应对，及早解决，避免项目风险发生。

3. 根据市场及环境变化，及时调整对无风险利率与风险利率的预期。为保证决策的科学性，实现收益与风险更合理匹配，信托公司应根据市场及环境的变化,及时对房地产信托项目选择评价的基准值、无风险利率和风险利率的取值按照文中介绍的方法进行调整,以使决策结果更贴近市场、更科学。

参考文献

[1] 温中康. 信托产品收益及风险分析 [J]. 中国证券期货, 2012 (10).

[2] 邓旭升, 肖继五. 我国集合信托产品预期收益率的影响因素及市场风险评价——基于 SVAT – GARCH – M 模型与因子分析法的实证研究 [J]. 中国财经政法大学学报, 2012 (2).

[3] 邓旭升, 王聪. 我国集合信托产品市场定价效率研究——基于与银行理财产品的比较 [J]. 中央财经大学学报, 2015 (2).

[4] 林德琼, 刘善存. 基于合作博弈理论的房地产信托产品定价模型 [J]. 财经问题研究, 2015 (4).

[5] 朱佳俊, 覃朝勇. 中国房地产信托产品风险溢价的影响因素——基于 CAPM 的分析 [J]. 技术经济, 2015, 34 (8).

[6] 黄薇, 乔志程. 贷款型房地产信托的期权定价方法研究 [J]. 岭南师范学院学报, 2017, 38 (3).

[7] 管百海. 刚性兑付背景下的房地产信托项目选择研究 [J]. 金融理论与实践, 2017 (3).

加强主动管理，提升信托公司
房地产业务风险管理能力

管百海[①]

2017年11月17日，中国人民银行、银监会、证监会、保监会、外汇局五部门联合发布《关于规范金融机构资产管理业务的指导意见（征求意见稿）》，其中第二十一条提出要"消除多层嵌套和通道"。多年以来通道业务占主要的信托而言，需要迫切加快业务转型升级的步伐，摆脱对通道业务的依赖，加强主动管理能力，大力拓展主动管理业务。

房地产业务在信托公司业务总量中占有较大比重，也是大部分信托公司利润的重要来源，对信托公司的发展具有重要作用。但是，随着我国房地产市场的发展和成熟，以及国家对房地产市场的持续调控，房地产信托业务的风险在逐渐显现。

金融的本质是经营风险，信托公司作为金融机构也不例外。而主动管理能力体现一个信托公司风险管理能力的强弱，反映一个信托公司竞争能力的高低，应受到信托公司的高度重视。在资管新规即将出台，"去通道"不可逆转的大趋势下，就房地产信托业务而言，信托公司尤其要做好主动管理，提高风险管理能力。

一、信托主动管理概述

主动管理是相对于被动管理而言的，2017年4月，银监会下发的《信托业务监管分类说明（试行）》对主动管理型信托的定义为：信托公司具有全部或部分的信托财产运用裁量权，对信托财产进行管理和处分的信托。

[①] 管百海，时任中铁信托有限责任公司研究发展部副总经理，主持工作。该文发表于《当代金融家》2018年第1期，内容略有修改。

一般情况下，信托公司做的"通道业务"属于被动管理信托，其他业务基本都属于主动管理信托。

主动管理能力对于信托公司而言非常重要，是信托公司培育核心竞争力的一个重要方面。从国外经验来看，信托公司都非常注重主动管理能力的培养。从国内信托行业的实践来看，信托公司如果不具备主动管理能力，就会沦为其他金融机构的附庸，业务上表现为通道业务多，讨价还价能力弱，报酬低，无法形成稳定的盈利模式。另外，主动管理能力也是风险管理能力的一种体现，如果信托公司主动管理能力不强，则其风险管理能力也好不到哪儿去，不能对信托项目进行有效掌控。

信托公司加强主动管理，实质也是基于《信托公司集合资金信托计划管理办法》第四条的要求：信托公司管理、运用信托计划财产，应当恪尽职守，履行诚实信用、谨慎勤勉的义务，为受益人的最大利益服务。主动管理就是信托公司作为受托人勤勉尽责的具体体现。

尤其对于房地产信托项目，信托公司更需要加强主动管理，以应对国家调控和市场变化对项目的影响，使项目处于信托公司的可控范围之内，出现风险时能及时采取有效措施进行应对。

二、信托业务主动管理情况总结分析

根据中国信托业协会的统计，截至2017年第二季度末，我国信托资产达23.14万亿元。按照资金来源划分，集合资金信托为8.52万亿元，占比36.82%，单一资金信托为11.11万亿元，占比48.00%，管理财产信托为3.51万亿元，占比15.18%；按照功能划分，事务管理类为12.48万亿元，占比53.92%，融资类为4.49万亿元，占比19.40%，投资类为6.17万亿元，占比26.68%。

从资金来源进行分析，单一资金信托和管理财产信托基本都可以归类到被动管理信托中，集合资金信托基本均为主动管理信托。

从2011年至2017年第二季度末，按照资金来源分类，信托业务的数据及占比情况如表1所示。

表1　　　　2011—2017年信托业务按资金来源分类数据

年份		2011	2012	2013	2014	2015	2016	2017
金额（万亿元）	集合资金信托	1.36	1.88	2.72	4.29	5.34	7.34	8.52
	单一资金信托	3.28	5.10	7.59	8.75	9.35	10.12	11.11
	管理财产信托	0.17	0.49	0.60	0.94	1.61	2.76	3.51
	单一资金信托与管理财产信托小计	3.45	5.59	8.19	9.69	10.96	12.88	14.62
比例（%）	集合资金信托	28.25	25.20	24.90	30.70	32.78	36.28	36.82
	单一资金信托	68.21	68.30	69.62	62.58	57.36	50.07	48.00
	管理财产信托	3.55	6.50	5.49	6.72	9.87	13.65	15.18
	单一资金信托与管理财产信托小计	71.76	74.80	75.11	69.30	67.23	63.72	63.18

注：表中2017年数据为该年第二季度末数据，其余年份均为第四季度末数据。
数据来源：中国信托业协会网站。

自2011年以来，每年主动管理信托业务与被动管理信托业务的占比变化趋势如图1所示。

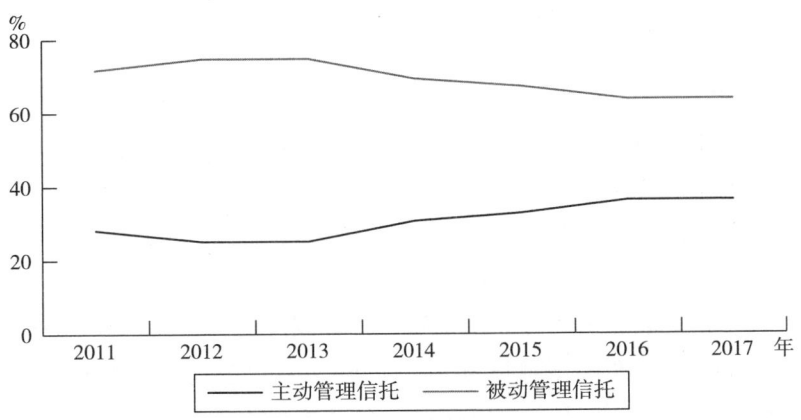

图1　2011—2017年主动管理和被动管理信托业务占比

从表1和图1可以看出，7年中主动管理信托业务占比在2017年达到最高，为36.82%，2013年占比最低，为24.9%。与被动管理信托业务相比，主动管理信托业务占比较低，但可喜的是其总体呈现上升趋势，说明信托公司对主动管理信托业务越来越重视。由于主动管理信托业务是信托公司利润的主要来源，主动管理信托业务占比的上升，有助于信托公司提高获利能力，提升信托在"大资管"行业的竞争能力。

但是，从另一个方面来看，主动管理信托业务要求信托公司承担更多的风险，按照目前的信托行业惯例，信托计划到期时一般都需要信托公司"刚性兑付"。这就要求信托公司必须提升主动管理能力，有效控制项目风险，才能提高自身的核心竞争力。

房地产信托业务中主动管理和被动管理比例的具体数据无法获取，不好进行定量分析，但与总体的业务比例应该不会有太大的差异。信托公司要做好主要利润来源的房地产信托业务，也必须加强主动管理。

三、融资性房地产信托项目加强主动管理的方法与途径

融资性房地产信托项目包括两种情况：一种是直接的债权融资，另一种是以"明股实债"方式进行融资。不管哪种方式，从本质上来看，都属于债权融资。对于融资性房地产信托项目，信托公司只是房地产项目的债权人，信托公司的主动管理也只能从债权人的身份出发。

（一）做好项目的尽职调查

从房地产信托项目尽职调查的对象可以将尽职调查分为对项目本身的尽职调查和对房地产开发商的尽职调查。

1. 房地产信托项目本身的基本情况。对房地产信托项目本身的基本情况进行尽职调查主要包括项目位置、相关规划指标、土地的相关情况、开发计划安排等。

2. 项目公司的相关情况。由于我国税收制度的特点及其他原因，房地产信托项目一般都会在项目所在地单独成立项目公司，以进行项目的开发。项目公司的尽职调查主要包括项目公司的法人治理、资本金、管理团队、债权债务等。

3. 区域的房地产市场调研。房地产信托项目能否取得成功，与房地产市场关系密切，因此需要认真对区域的房地产市场进行调研，摸清区域市场真实情况。

4. 开发商的相关情况。除了项目本身以外，开发商的综合实力如何对于房地产信托项目能否安全收回融出资金本息也非常重要。对开发商的尽

职调查主要包括企业规模、财务状况、开发资质、过往业绩等。

5. 项目的融资、抵押及担保情况。有些房地产信托项目，信托公司进入的时机并不是项目土地取得前，而是在项目的实施过程中介入。此时，需要对项目的融资、抵押及担保情况进行尽职调查，以规避项目或有债务风险。

（二）监控好项目资金流向

房地产属于资金密集型行业，项目资金流量大，能否管理好项目资金对于项目成败有着重要影响。

对于信托公司而言，管理好房地产信托项目资金的主要目的是保证项目资金封闭运作不外流。信托公司成立信托计划向房地产开发商提供融资时，信托计划都是设定有期限的，此期限在向投资者募资时也是明确的。在信托计划结束时，信托公司需要从房地产信托项目收回信托资金本息，以向投资者兑付信托产品。

1. 建立项目资金专户，进行共管。信托公司可以要求房地产开发商就项目开设资金专户，并与项目资金专户的开户银行签订资金监管协议，要求银行配合信托公司对项目的资金监管工作。

2. 对项目的大额支出，进行共同审批。信托公司可以与开发商签订资金监管协议，约定一定数额以上的资金使用，开发商需事先取得信托公司的同意。

3. 注意项目成本支出与项目开发进度的匹配。在项目开发过程中，信托公司要经常对照项目的成本曲线与进度曲线，分析两者的吻合度，如发现成本曲线超前进度曲线较多的情况，要给予重视，与开发商进行沟通，查找真实原因。

4. 加强对项目销售收入的管控。项目销售收入管控，需要做好以下几方面工作：一是检查项目销售合同印制，确保资金归集账户的可控性。二是掌握项目销售台账，及时核对销售备案情况。三是定期检查开发商的收款收据开立情况。

（三）掌控项目运行情况，提出优化意见

虽然开发商是房地产方面专业的公司，一般情况下其开发管理能力比信托公司更强，但是，开发商也会存在工作疏漏的地方，或者是基于其自身利益出发制定相关策略、采取相关行动。信托公司可以从项目整体利益出发，或者从自身的角度出发，基于信托资金的顺利回收提出相关优化建议意见。

1. 对项目的市场及产品定位提出优化意见。信托公司作为房地产信托项目的债权人，可以参与项目的策划、方案讨论工作，为项目的市场定位和产品定位提出优化意见。对于开发商未考虑到的问题，提出完善建议，使项目的产品能进一步贴近市场需求，实现项目收益的最大化。

2. 对项目的施工承包商选择提出意见。房地产项目的质量对于项目的销售有非常大的影响，如果顾客认为项目的质量不好，则很难下决心购买该项目的产品。信托公司如果发现开发商在工程承包商选择方面过多地关注成本，应该提醒开发商从品牌打造、质量信誉方面予以考虑。

3. 对项目的销售定价提出优化意见。一些特殊的情况下，信托公司需要干预房地产信托项目的销售定价，提出优化意见。在房地产市场遭遇调控，市场暂时不景气的情况下，开发商和信托公司的观点可能就会产生冲突，开发商可能不愿意在市场低迷期低价销售。此时，信托公司需要对开发商晓之以理，提出能顺利回笼资金、保持项目资金链正常运转的销售价格优化建议，甚至强制动用在协议中约定的特殊情况下信托公司的销售定价权。

（四）及时、准确披露项目信息

信息披露是信托公司主动管理、履职尽责的一个重要方面，信托公司要认真做好项目信息披露工作。

项目信息披露的主要内容包括：（1）成立公告；（2）月度资金管理报告书；（3）房地产信托项目运行情况的定期披露。

当房地产信托项目发生重大事项时，信托公司应当立即向投资者进行信息披露，以让投资者及时了解相关信息并采取行动。

四、股权投资类房地产信托项目加强主动管理的方法与途径

对于股权投资类房地产信托项目，信托公司以项目的股东身份出现；

并且，一般情况下，信托公司对项目采取"股+债"的模式提供融资。融资性房地产信托项目中信托公司所采取的主动管理措施，在股权投资类项目中也要全部采用；与此同时，还要从股东的角度出发对房地产信托项目实施主动管理。

（一）制定好项目公司章程，按现代企业制度运作

公司章程是公司设立时的三大要件之一，可以说公司章程就是一个公司的"宪法"。公司章程对股东、董事、监事、经理层都具有约束力，公司所有相关方都必须遵守。信托公司作为房地产信托项目的股东，其诉求首先应通过公司章程体现。

（二）管理好项目公司的证照、印鉴

项目公司证照、印鉴的管理非常重要，管理不当的话，项目公司就会对外进行不可控的抵押、担保，签订不当合同，造成项目公司的经营管理失控，给项目公司及股东造成重大损失。项目公司证照、印鉴管理主要应做好以下几方面工作：

1. 把好项目公司印鉴的刻制关。把好印鉴的刻制关对于项目公司的印鉴管理非常重要，属于源头工作。印鉴刻制关把好了，可以减少不必要的印鉴数量。

2. 把好项目公司证照及印鉴的保管关。项目公司证照及印鉴必须妥善保管，不然将造成使用混乱。证照及印鉴应存放在保险柜中，保险柜由项目公司双方股东派出的工作人员共同掌管；对于作废的证照或印鉴，应及时销毁。

3. 把好项目公司证照及印鉴的使用关。项目公司证照及印鉴在日常使用过程中易出问题，对这个环节应加强管理：（1）明确相关证照及印鉴使用的审批流程；（2）做好证照及印鉴使用的详细登记。

（三）加强预算管理，严控成本

房地产信托项目的成本管理工作与项目的最终效益密切相关。通过加强成本管理节约下来的部分将直接形成项目的利润；但如果成本管理不到位，造成成本超支，会直接侵蚀项目的利润。

另外，信托公司还要防备开发商与工程承包商或设备材料供应商或销售代理商勾结，通过工程款、材料款、设备款、代理费等形式虚增项目成本或提前支付等方式，将项目资金转移出本项目，侵害信托公司作为另一方股东的权益。

1. 制定科学的成本预算，作为管理基础。预算管理是成本管理的一种有效手段。随着计算机技术的发展，预算管理工作越来越便利，其有效性也在不断提高。在项目土地取得后、施工或销售工作开始之前，项目公司需要针对每一大类工作制定该项工作的成本预算，作为控制该项工作成本的基准，各项工作的成本预算汇总即为项目总的成本预算。

2. 做好成本的过程管控，减少执行偏差。成本的过程控制最为重要，要在项目的实施过程中加强成本管理，尽量保证与预算目标的一致性，减少实际成本与预算成本的偏差。在项目实施过程中，应定期（每月或每季度）召开经济活动分析会，进行项目的成本分析，查找问题，并针对存在的问题采取成本纠偏措施。

（四）设计好利益分配机制，调动开发商积极性

股权投资类房地产信托项目，项目基本交由开发商来管理，期望借助开发商的专业能力实现项目的超额收益，信托公司参与项目的具体工作较少、较浅。项目的最终效益如何，主要取决于开发商的工作。

对于具体的股权投资类房地产信托项目，只要项目一选定，开发商就已经确定，其本身能力也就已确定。唯一可做的工作就是设计合理的利益分配机制，通过利益分配的调整来调动开发商的工作积极性，充分激发其主观能动性，从而实现项目产品价值的提升，增加项目利润。

对于信托100%持股的房地产项目，信托公司聘请开发商进行项目的开发管理。一般情况下，按照项目总投资额的一定比例向开发商支付管理费。为充分调动开发商的积极性，提高项目利润水平，信托公司可以与开发商约定一个项目的基准利润，项目实际实现的利润在基准利润以内的，信托公司按总投资额的一定比例支付管理费；对于超出基准利润的超额利润部分，开发商与信托公司共享，按一个较高的比例参与超额利润分配。

对于信托与开发商共同持股、信托只持部分股份的房地产信托项目，开发工作主要由开发商承担。正常情况下，双方股东按股权比例进行项目

的利润分配。同样，为激励开发商，双方股东可约定一个基准利润，在基准利润范围内，双方按股权比例进行分配；对于超出基准利润的超额利润部分，双方按另一个比例进行分配。

（五）增加股东对赌条款，牺牲部分利益以规避风险

对赌协议作为估值调整机制，实际上是期权的一种形式，在国际资本市场中有着广泛的应用，21世纪以来，在我国也得到了应用推广，尤其是在PE投资领域。

对赌协议将交易双方不能达成一致的不确定性事件暂时搁置，留待该不确定性消失后双方再重新结算。由于这个结构性安排，达成股权交易的可能性大增，从总体上增加了社会福利。

为规避项目风险，信托公司可与同为项目公司股东的开发商进行对赌。

假设信托公司在项目公司中的股权占比为 $\theta(0 < \theta < 1)$，其实缴的注册资本金为 A，对项目公司债权部分收取的年融资成本为 $a\%$；信托计划到期时，项目公司实现的净利润为 B。信托计划的期限为 x 年，$x \geq 1$；且一般情况下，信托计划期限不超过3年，特殊情况下不超过5年。

项目公司进行股东分红，如果信托公司的股权投资 A 的年投资回报率低于债权部分的年融资成本 $a\%$，即股权部分的收益低于债权部分的收益。这种情况下，信托公司与开发商对赌，可以要求开发商按债权部分的年融资成本 $a\%$ 收购信托公司在项目公司中的股权。即当 $B < \frac{A}{\theta}(1+a\%)^x$ 时，开发商应回购信托公司的股权。

如果开发商工作努力，项目的净利润 B 较高，超过双方约定的数值 D，例如双方约定 $D = \frac{A}{\theta}(1+2a\%)^x$，则开发商可以以一个双方事先约定的价格 d 收购信托公司一部分股份 $E(0 \leq E \leq A)$。譬如事先约定的收购价格 $d = \frac{(1+2a\%)^x}{\theta}$，$E = A/2$。

信托公司通过设置与开发商的对赌条款，在信托计划到期时，根据开发商的经营开发效果即项目的利润情况，将自己的股份全部或部分以事先约定的不同价格转让给开发商，以此规避不确定性风险。

五、结语

信托公司在注重规模发展的同时，也在大力进行业务的转型升级，逐步提高主动管理业务的比重。主动管理能力的提升对于信托公司十分重要，是信托公司核心竞争力的体现。尤其在我国房地产市场已逐步走向成熟、行业利润逐步向社会平均利润回归的背景下，房地产信托项目的风险相较于以前在逐步增大。信托公司要想继续发展好房地产信托业务，必须加强主动管理，通过多种措施和手段，强化对融资类房地产信托项目和股权投资类房地产信托项目的管控能力，降低项目风险，实现项目决策时的目标，避免公司损失。

谈谈信托公司风险项目的审计

陈　林[①]

党的十九大报告中提出的三大攻坚战，其中防范化解重大风险是第一位的，作为第二大金融行业的信托公司也理应将防范化解金融风险放在首位。就风险管控模式来看，信托公司大致路径相似，可概括为"四道防线并行的垂直管理"的模式：第一道防线为各业务部门，第二道防线为风险管理部、法律合规部和运营稽核部等中后台部门，第三道防线为内控审计部，第四道防线为董事会和监事会。在风险防御整体设计方面，除了信托公司自身的净资本约束机制和拨备准备金制度之外，监管层面也在着手建立信托公司恢复与行业稳定基金救助机制。从信托公司风险管理执行层面来看，大多实行了"嵌入式"风险管控模式，使风险管理融入信托业务的全过程，让风险识别、风险评估、风险决策、风险监测和风险处置形成一个闭环。作为第三道风险管控防线的内控审计部门，加强对风险项目的监督、分析及问责，也是信托公司风险管理中的重要一环。本文从内控审计视角阐述信托公司风险项目的审计要点，并提出相关管理建议。

一、形成信托风险项目的主要风险类别

信托风险项目形成的因素很多，有源自宏观经济和行业性的系统性风险，也有公司自身管理出现的风险，对于内部审计来说应重点关注后者。

（一）合规性风险

合规性风险是指未遵循国家法律法规、监管机构要求以及企业自身业

[①] 陈林，中铁信托有限责任公司内控审计部副总经理，主持工作。该文发表于《中国审计》2019年第12期，内容略有修改。

务活动准则,而可能遭受法律制裁、监管处罚,从而形成的财务损失和声誉损失。防风险、强监管一直是金融监管的主旋律,信托业要更好地生存和发展,就必须适应在强监管的高压态势下合规、多元地发展业务,以实现企业的可持续发展。

(二) 决策风险

决策风险是指在项目成立决策活动中,主观方面因决策人的认知能力、情绪控制以及思想成见等,客观方面因信息不充分、机制不健全以及宏观经济形势等导致判断失误的可能性。

(三) 业务结构风险

业务结构风险是指信托公司各业务结构不合理的构成而给公司带来损失的可能性。如公司某一行业占比过高,过于依赖此行业,如果该行业出现不利情况,那么公司该类信托项目将面临较大风险。

(四) 道德风险

这里所讲的道德风险是狭义的道德风险,是指信托公司员工因主观原因做出的不良行为给公司带来声誉、经济损失的可能,进而损害受托人或受益人的利益。该风险主要来自经办人员的主观故意,要靠公司制度和外力的监督加以防范。

二、信托风险项目审计要点

信托项目出现了融资方到期不能还本付息或者不能足额还本付息,则表明项目出现了风险,这些项目应被列为审计部门关注的重点。对于风险项目审计,审计人员可尽量按项目运行的整个流程进行梳理、审核,主要查找每个风险节点项目组成员的履职情况,从而判断项目风险形成的主要原因。

(一) 尽职调查阶段

此阶段为业务发现和前期可研阶段,是信托项目的入口端。业务部门常常会因冲业绩的压力,忽略融资项目的质量、融资企业及其担保方的实力，甚至有的会故意隐瞒融资方的一些负面信息或提供虚假信息。在审计时，应重点审查融资资金是否用于符合国家产业政策的项目、尽职调查人员在前期调查时收集的主要信息是否全面、可研报告是否客观公允等。如笔者在一次风险项目审计时，发现一个以应收账款为标的发行的信托计划项目，融资方资产负债表上总资产为7.6亿元，而应收账款的余额就达到6.8亿元，以此为线索，进一步查出该企业与关联方签订了6亿元的供销协议，最后经过询问、调查，确定为虚假协议，该项目的前期把关不严，项目组尽调人员难咎其责。

（二）项目评审阶段

此阶段可分为立项、审查和上会评审几个环节，是决定信托项目是否成立的关键阶段。该阶段的审计要点为：抵（质）押物的登记情况、抵押率是否适当、担保人的实力、抵（质）押物的变现能力等；融资方的舆情监控情况；融资方的对外负债情况，特别关注其是否有民间借贷；中台相关职能部门对项目组的前期资料双人复核制的执行情况，即风控主审人对项目组提交的可行性研究等前期资料进行审查，风管员进行复查的情况；评审委员会评审机制及执行情况。评审机制方面包括评委分为固定评委和兼职评委、分管项目组的副总经理回避制度、总经理一票否决制度、大额集合资金计划报董事审议制度等。评审执行方面，除了上述制度的执行，还包括评审会上评审委员的评审意见，项目组解释、落实情况。笔者在一次审计中发现，某一信托项目在评审时其中一名评审委员提出："建议部门深化对企业的尽调，准确把握企业的运行情况尤其是流动性状况"，对该评审委员提出的意见，原项目组未在放款前再深化对企业的尽调，未就企业运行情况尤其是流动性状况作出新的调查分析报告，此应视为原项目组成员履职不到位。

（三）放款稽核阶段

该阶段包括合同审查、核保核签和成立放款等程序，是信托合同成立放款的阶段。在审计时应重点审查如下内容：中台部门的双人核查制度执行情况，即主审人与风险管理员均对合同提出审查意见；独立第三方审查情况，一般为常年法律顾问单位出具法律意见书；特殊非格式化合同还要有相关部门的审查意见；风险部门随同项目组成员办理合同的"双人面签"和抵（质）押物登记等手续；稽核部门对尽调资料、合同签订及公正、抵（质）押物登记手续、内部审批流程等的再审核；等等。

（四）贷后管理阶段

信托放款后，项目组应密切关注融资企业的生产经营状况，以便能主动及时发现风险苗头并采取相应的风控措施。在审计时，应主要查阅项目组的季度后管报告；融资企业的财务报告收集情况；去融资企业现场检查的记录；融资企业的舆情监控情况的书面记录；抵（质）押物变更公正及登记情况；资金使用的监管情况；如为股权融资项目，还应审查外派人员及其履职情况等。此阶段是项目管理极为重要的一环，但因其不涉及业绩规模的增大，也是最容易被项目组忽视的一环。笔者在实际审计中发现，部分项目组对后管资料极不重视，存在季度后管报告内容重复、格式化以及记录不完善，财务报告收集不全，征信查询不及时等问题。

（五）风险化解阶段

处置好项目的风险，最大限度地减少企业损失，是该阶段的主要任务。在项目出现风险阶段，审计时，要重点关注项目组对风险项目制订的处置方案、处置进度；出现风险后，项目组采取措施的速度；与融资方沟通洽谈、催收的情况；抵（质）押物的查封、债务重组以及司法程序进展情况；抵债资产的管理、抵债资产的过户以及出售抵债资产情况；等等。

三、项目风控的相关建议

（一）严把信托项目入口关

信托项目前期，作为风控的第一道防线，各业务部门项目组成员在查找、发现机会以及项目可研论证阶段，要严把项目的入口关，在"治未病"上下硬功夫，让项目的"先天"条件良好。重点关注融资企业的经营能力、对外负债和产业形态，所需融资项目的前景和未来现金流量，抵（质）押物的价值、状态和变现能力等。

（二）强化信托项目贷后管理

信托项目放款后管理是防范风险重要的一环，但又恰恰是容易被忽视的一个环节。项目组人员应定期和不定期地对融资方借款合同的执行情况、资信情况、生产经营情况、抵（质）押物现状以及担保人的情况进行跟踪调查，防止贷款发生风险。一般要求每季度撰写贷后管理书面报告，收集融资方的财务报告等资料。稽核部门在到期6个月前还要做信托项目定级，按项目风险敞口的大小分为正常、关注、次级、可疑和损失五类，根据不同定级采取不同的措施跟踪管理，做到早发现、早预防、早采取应对措施。

（三）积极应对信托项目风险

信托项目出现了风险，信托公司应落实责任，由负责公司资产处置的职能部门牵头，原项目组具体经办，组织专人分清各项目的不同情况，采取电话催收、信函催收、协商洽谈、债务重组、以物抵债、查封抵（质）押物以及诉讼等形式积极化解风险。另外，对于抵债和裁定的实物资产，要加强管理，租售结合，尽快变现以化解项目风险。

（四）加强责任追究和问责

对于列入风险管理的项目，内控审计、纪检监察部门要启动项目事故定级，对项目进行全面的审计，分析项目风险的大小，初步评估项目最终的损失，审查相关当事人在项目运行中的履职情况，划分责任大小，进行责任追究和问责。当项目出现终极风险时，还应按最终损失的大小和责任的大小，追加相关责任人的处罚问责。

慈善信托：信托制度助力
我国慈善事业发展

朱晓林[①]

2016年3月16日，《慈善法》正式公布，并于2016年9月1日起施行，其中第五章专门对慈善信托进行了规定，由此慈善信托进入了大众的视野。在《慈善法》实施近一年之际，2017年7月26日，银监会和民政部联合印发了《慈善信托管理办法》，对慈善信托的设立、备案、财产的管理和处分、变更和终止、促进措施、监督管理和信息公开、法律责任进行了全面系统的规定，旨在规范慈善信托业务、促进慈善事业发展。

慈善信托的定义及特征

根据《慈善法》的规定，慈善信托属于公益信托，是指委托人基于慈善目的，依法将其财产委托给受托人，由受托人按照委托人意愿以受托人名义进行管理和处分，开展慈善活动的行为。

慈善信托是在慈善事业中运用信托制度的产物，相对于营业信托，慈善信托具有以下几个基本特征。

第一，慈善信托是基于慈善目的而设立的信托。慈善目的包括：扶贫、济困；扶老、救孤、恤病、助残、优抚；救助自然灾害、事故灾难和公共卫生事件等突发事件造成的损害；促进教育、科学、文化、卫生、体育等事业的发展；防治污染和其他公害，保护和改善生态环境；符合《慈善法》规定的其他公益活动。

第二，慈善信托的受益人是不特定的，慈善信托的委托人不得指定或

[①] 朱晓林，中铁信托有限责任公司研究发展部总经理助理。该文发表于用益信托网，2017年8月。

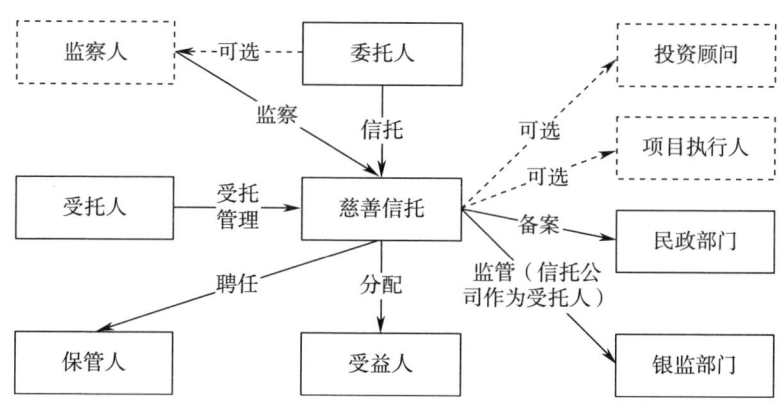

图 1 慈善信托的交易结构

者变相指定与委托人或受托人具有利害关系的人作为受益人。

第三,慈善信托的受托人,由慈善组织或者信托公司担任,也可以设置两个或两个以上的受托人;同时,慈善信托的委托人根据需要,可以确定监察人。

第四,慈善信托需要向民政部门备案。受托人应当在慈善信托文件签订之日起7日内,将相关文件向受托人所在地县级以上人民政府民政部门备案。

第五,慈善信托财产及其收益,应当全部用于慈善目的,以确保慈善信托目的的纯粹性和排他性。

慈善信托的优势

慈善信托除适用于《慈善法》以外,也要符合《信托法》的有关规定,具有风险隔离、财产独立等特点。基于信托制度的特点,慈善信托具有以下几个方面的优势。

第一,设立简便。慈善信托是一种契约关系,不受资金门槛限制,委托人与受托人签订合同并在民政部门备案完毕后,慈善信托即宣告成立,运营成本低。

第二,风险隔离和财产独立。基于信托制度的优势,慈善信托的信托财产独立于委托人及受托人的其他财产,并设置专门的信托账户、进行独立核算,能够实现风险隔离。

表1　　　　　　　　慈善信托与慈善捐赠的区别

	慈善信托	慈善捐赠
当事人/法律关系	委托人、受托人、受益人三方/信托法律关系	捐赠人和受赠人两方/赠与合同法律关系
财产独立性	独立于委托人及受托人的财产，开设单独的银行账户、独立核算	成为受赠慈善组织的财产
当事人权利	除查询、监督外，可设置监察人，变更受托人，要求受托人进行信息披露	捐赠人具有监督权、查询权
透明度	信息披露程度高，需披露信托的运作管理情况	信息披露程度低
税收优惠	相关政策尚未明确	有明确的税收优惠政策

第三，运作灵活。慈善信托的期限、规模、运作方式等要素都可以通过信托合同灵活约定，能够更好地实现委托人的慈善意愿；同时，对慈善信托的支出及管理运用，没有明确的限制，可以对慈善资金进行专业化的投资管理，并根据慈善项目的实际需求支出。

表2　　　　　　　　慈善信托与慈善法人的区别

	慈善信托	慈善法人
组织形式	契约型关系	有名称、住所等，法人实体组织
设立方式	没有规模限制，民政部门备案	设立门槛较高，需向民政部门申请登记
运行成本	财产使用灵活，没有强制限制，运行成本较低	财产运行具有较多限制，有相应的运营场所及专职人员等管理支出，运行成本较高
税收优惠	相关政策尚不明确	有明确的税收优惠政策

第四，管理规范。慈善信托需要符合《信托法》的有关规定，通过对受托人相关权利义务的约定，使慈善信托的管理运用更为规范，也能更好地保护委托人及受益人的利益。

第五，透明度高。每一个慈善信托均独立核算，受托人需要单独披露每一个慈善信托的资金使用状况及运作管理情况，信息透明度高。

慈善信托的业务实践

《慈善法》颁发以来,信托公司和慈善组织纷纷尝试开展这一业务,为推动我国慈善事业发展注入了新的动力。根据中慈联不完全统计,截至2017年6月底,全国成功备案了30单慈善信托产品,初始资金规模达5.85亿元,涉及教育、扶贫、环保、留守儿童等多个领域。其中,信托公司担任受托人的有24单、慈善组织担任受托人的有2单、信托公司和慈善组织共同担任受托人的有4单。

在开展慈善信托业务方面,信托公司和慈善组织各有优势,信托公司在受托管理、信托财产保值增值以及信托交易结构设计领域具有丰富的经验,而慈善组织具有较强的慈善募资能力及丰富的慈善项目实施经验。因此,双方的合作是目前慈善信托发展的主要特点之一,在具体的业务模式上,合作方式主要有三种。一是慈善组织为委托人、信托公司为受托人,即由慈善组织募集资金,并以慈善组织作为委托人设立慈善信托;二是信托公司募集资金并作为受托人、慈善组织为项目执行人或公益顾问,以充分发挥慈善组织的项目实施经验;三是慈善组织与信托公司共同担任双受托人,与委托人签订慈善信托合同,约定各自的职责及风险等。随着慈善信托实践的不断深入,慈善组织与信托公司在慈善项目资源整合、客户共享等方面可进行深度的合作,双方在慈善信托领域的合作将更加紧密。

慈善信托与财富传承

高净值客户家族传承的同时往往伴随产生慈善需求,慈善信托与家族信托的结合,可实现财富传承的私益目的和社会公益目的的协调统一,满足委托人参与社会公益事业的需要。

慈善信托和家族信托都拥有信托制度的一般特点,都可以充分体现委托人的意愿,通过家族信托和慈善信托的方案设计,信托公司可为高净值客户提供综合的财富管理服务。

由于我国《慈善法》规定,慈善信托财产及其收益,应当全部用于慈

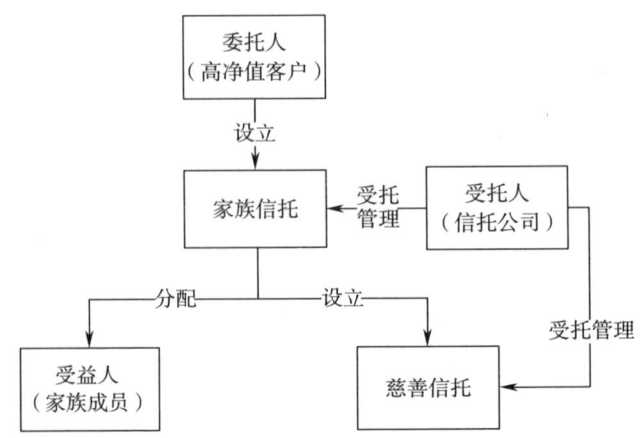

图 2　家族信托 + 慈善信托

善目的，因此在家族信托中可以嵌套慈善信托，同时满足高净值客户的财富传承和慈善需求。即委托人首先设立家族信托，约定信托财产的部分本金及收益分配给其指定的家族成员，剩余部分的本金及收益单独设立一个慈善信托，该慈善信托中的全部财产及收益都用于慈善事业。

相关政策急需完善

在《慈善法》的推动及相关政策的指导下，信托公司和慈善组织对慈善信托的参与都十分踊跃，业务实践已取得了显著进展，但慈善信托税收优惠政策的缺失、财产类型单一等问题仍然十分突出，是制约我国慈善信托发展的主要障碍。

在税收优惠方面，《慈善信托管理办法》规定慈善信托的委托人、受托人和受益人按照国家有关规定享受税收优惠，但目前尚未有配套的税收政策出台。信托公司不具备向捐赠人开具捐赠票据的资格，委托人进行捐赠后无法享受有关的税收优惠；同时，对慈善信托的财产在保值增值的运作中所产生的税费，也无明确的规定。这在一定程度上限制了慈善信托的发展规模。

在财产类型方面，现在慈善捐赠及慈善信托以货币资金为主，股权、不动产等非货币性财产的捐赠较少。股权和不动产的分红和运营收入，是可持续开展慈善事业的重要保障，受制于相关配套政策不健全，包括设立信托时的过户及税收问题未解决、信托登记制度尚未建立起来等，非现金资产的慈善信托的发展受到了较大的阻碍。

慈善信托发展前景广阔

《慈善法》为我国慈善信托的发展提供了良好的法律环境，随着我国慈善信托的快速发展，信托制度的灵活性、独立性等优势有望在慈善事业中大放光彩，推动慈善事业更安全、更透明、更高效、更专业。随着慈善信托相关制度的完善，作为我国慈善事业生力军的慈善信托发展前景广阔，可满足社会公众参与慈善的多样化需求。

如何选择理财产品

黄霄盈[1]

中共中央政治局2月22日就完善金融服务、防范金融风险举行第十三次集体学习。中共中央总书记习近平在主持学习时强调,要深化对国际国内金融形势的认识,正确把握金融本质,深化金融供给侧结构性改革,平衡好稳增长和防风险的关系,精准有效处置重点领域风险,深化金融改革开放,增强金融服务实体经济能力,坚决打好防范化解包括金融风险在内的重大风险攻坚战,推动我国金融业健康发展。

金融供给侧结构性改革,是从基本面的角度,从制度的角度,从结构性的角度进行推动和改革。2018年以来的"金融去杠杆"就是具体政策之一。

随着去杠杆进程的推进,金融产品频频违约,加上股市持续下跌,投资者对购买金融产品作为理财工具的信心开始降低,因此在选择金融产品时更加谨慎,甚至出现了观望的态度。我们是否要因为害怕风险而放弃金融产品理财,因噎废食,还是提高风险意识,选择适合的投资理财产品和渠道?

银行理财产品虽然相对稳健,但收益率过低,一般在年化4%左右,按照2019年第一季度的CPI(居民消费价格指数)2.0%计算通货膨胀,抵消通货膨胀的影响,客户实际收益仅2%左右。另外,近期股票市场行情受到外部环境影响,大盘出现大幅回调,短期存在大幅震荡的可能,增大股市获利的不确定性;同时第三方理财公司经营不规范且不受银保监局管,部分第三方理财公司甚至并未取得相应的展业牌照,选择投入第三方理财机构很可能会踩到"雷"而导致血本无归……

---

[1] 黄霄盈,中铁信托有限责任公司研究发展部研究员。该文发表于2019年7月《中国中铁报》,内容略有修改。

投资理财通常坚持效益性、安全性、流动性的原则。相比而言，信托7%—8%的收益率让客户充分享受经济发展红利，实现资产的保值增值。从监管角度来看，银保监会发布的《关于信托公司风险监管的指导意见》对信托公司提出了"控风险，强监管，促转型"的要求，加强了对信托公司股东的约束。同时，强调股东的三大责任：一是出现流动性风险时，需要提供流动性支持；二是资本不足时，应推动压缩业务或补充资本；三是经营管理出现重大问题时，更换股东或限制权利，切实做到"卖者尽责"。监管的进一步强化迫使信托公司操作更加规范，风险管理更加严格，更加谨慎地开展业务，提高客户资金的安全性。同时，信托产品虽然有一定的封闭期，不能随时支取，但是信托可以通过转让的方式实现它的流动性。

媒体上一些关于信托兑付的负面报道，导致投资者人心惶惶，对信托的信心大减，甚至有"信托产品不能投"的极端思想。信托产品不是不能投，而是要理性地选择判断，综合考虑以下几点原则：

1. 融资企业和行业。融资企业的资质和实力代表着其经营业绩和抵抗风险的能力，景气度高、符合政策导向的行业更具投资价值。了解融资方的财务状况、成长前景及行业、公司背景有助于选择优质的信托项目。

2. 交易结构、资金用途和还款来源。一款规范的信托产品必然有着明确的交易结构，信托资金必然有着明确的用途，通过判断项目的可行性和盈利性，可以了解该信托项目的还款来源是否真实有效，极大地降低盲目选择项目的风险。

3. 风险控制措施。有效的风险控制措施可以起到约束融资企业的作用，信托公司通常采取多重风险控制措施：土地抵押、股权质押、大型企业集团连带责任担保和实际控制人连带责任担保等，高额的违约成本降低了企业的违约风险。

4. 选择优质品牌的信托公司。客户信任来之不易，经营业绩好、股东背景强的信托公司在选择项目时更谨慎，这样的信托公司一般经营稳健，对项目把控严格，不激进，因此对客户资金安全的保障也更有力。

资管新规下推动投资者教育的建议

钱思澈[①]

在国家经济转型和金融监管趋严的关键时期,打破刚性兑付已经成为资管行业发展的必然趋势之一。在此背景下,加强投资者教育,培养"合格投资者",是资管行业今后的重要任务,需要在社会各界的共同努力下完成。

一、投资者教育的必要性

《关于规范金融机构资产管理业务的指导意见》(以下简称《指导意见》)指出:"金融机构应当加强投资者教育,不断提高投资者的金融知识水平和风险意识,向投资者传递'卖者尽责、买者自负'的理念,打破刚性兑付。"可见,加强投资者教育是手段,监管机构的目的在于打破刚性兑付。

投资者教育与"合格投资者""打破刚性兑付"之间存在紧密的联系。《指导意见》对资管产品的合格投资者进行了定义,除了对收入和资产的标准进行了明确外,还指出了合格投资者应当"具备相应风险识别能力和风险承担能力",且应当"具有 2 年以上投资经历"。投资者教育对于合格投资者的培养有重要作用,从而对"刚性兑付"的打破产生重要影响,对于金融市场和国家社会的稳定具有重要作用。

二、投资者教育的紧迫性

目前中国的投资者教育形势较为严峻,急需加强投资者教育。

[①] 钱思澈,中铁信托有限责任公司综合管理部文字秘书,原研究发展部研究员。该文发表于"信托百佬汇"公众号,2018 年 6 月。

形势的严峻体现在当前中国金融投资者的金融素质总体偏低。《2017消费者金融素养调查分析报告》指出，投资者偏向于传统理财产品，而且投资者或金融服务的消费者在选择金融产品或服务时，认真阅读合同条款的占38.09%，仅有19.48%的消费者表示在阅读合同后能清楚了解自身的权利和义务，总体来看风险意识不足。不仅如此，投资者金融知识测试的正确率平均值为59.56%，错误的题目大多涉及股票、基金、保险等。

而且，由于长期的刚性兑付大环境以及银行理财产品和信托产品被归为固定收益类产品的思维惯性，目前绝大多数投资者（包括接受过金融专业教育的人士）在咨询信托产品时，最关心的问题是是否保本以及预期收益率多少。

三、加强投资者教育的三个导向

加强投资者教育，是金融机构为了保护投资者利益所必须履行的社会责任，但是也需要包括监管机构、教育机构和媒体在内的社会各界的共同努力。总体上，加强投资者教育需要从业务、教育和舆论三个方面进行统筹规划。

（一）业务板块

加强投资者教育不是在各种媒体上加强宣传就可以完成的，需要相应的成熟的业务和配套措施作为支撑，让投资者尽快在实践中加深对"非刚兑"业务的理解，在实践中提高"卖者尽责，买者自负"的风险自担意识。

要点一：加强"净值化"产品的管理。

商业银行和信托公司的理财客户多为风险厌恶型投资者，且部分客户的风险厌恶程度相对较高，不仅不能承受资金亏损的情况，甚至对于收益波动也不太接受。因此，在净值型产品推出之际，商业银行和信托公司需要增强主动管理能力，尽量减小净值的波动幅度，平滑投资者的情绪波动，减少投资者教育工作的阻力。

从目前市场表现来看，大多数银行发行的净值型产品采用"摊余成本法"对资产进行估值,基本保障了收益的平稳上行。但即使是这样,在收益没有明显竞争优势之时,投资者对于这类新兴产品的接受程度仍然较低。在刚性兑付被打破、产品不再保本保收益后,未来理财市场的竞争方式将会从单纯的价格比拼转变为创新能力及主动管理能力的竞争,无论是商业银行还是信托公司,均应挖掘自身的禀赋优势,寻找适合自身的差异化发展路径。

要点二:加强资管产品的风险管理和运营管理。

金融机构要真正从客户利益出发,根据客户的行为特征制订最适宜的资产配置方案和风险管理预案,使投资者能够更好地适应市场环境,及时调整投资策略,提高他们适应市场的能力。例如,在判断投资者是否具有风险识别能力的时候,金融机构应当履行帮助、指导客户识别风险的职责。2017年7月实施的《证券期货投资者适当性管理办法》第十六条优化了产品风险等级划分的方法,将流动性、期限、杠杆和结构等9个因素纳入考虑,规范了经营机构的销售行为。该办法有一定启示性,即金融机构在弃绝刚性兑付后,应迅速建立一套风险分级体系,以计量的方式将该产品的风险直观地向投资者呈现,这样其实比强调投资者要有足够风险识别能力更可行。

要点三:明确受托人"尽职免责"的认定规则。

在打破刚性兑付的过程中,最值得担忧的问题就是权责划分不明确。现在的各项监管规定,很多是模糊有弹性的,留给了监管机构和法院自由裁量的空间。金融机构在何种情况下才能被称作"勤勉尽责"?如果没有具体的细则,按照当前严格的监管标准,总会发现或多或少、或大或小的问题,这些问题是否可以否认金融机构的"勤勉尽责",也没有具体的标准。权责划分不明,最终会导致投资者在意识中难以明确究竟哪些是金融机构的责任,哪些是自己的责任,是不利于投资者培养起风险意识的。

因此,监管机构和行业自律组织需要尽快出台具有可操作性的"金融机构尽职指引"。目前,中国信托业协会编写的《信托公司受托责任尽职指引》已公布,"尽职免责"的认定规则将进一步细化,为投资者教育提供依据。

（二）教育板块

由于现实原因，中国青少年的经济金融教育有所欠缺；由于历史原因，中老年投资者的金融知识水平较低。而且中国从上古至近代，一直以农业立国，金融风险的意识并未成为全民意识。因此，需要在教育上奋起直追。

要点一：加强青少年经济金融教育。

青少年未来将成为中国投资者的重要组成部分，应当前瞻性地重视青少年经济金融素质的培养，金融素质的培养要"从娃娃抓起"。

现有中学教育中，学校由于面临升学率的压力，对学生课程安排较为紧凑，课程内容也多与中考、高考考纲要求直接挂钩，忽略了开设其他社科类课程，以致学生知识构成单一。此外，大部分中学生获取经济金融知识的主要渠道为政治、历史教材。成都地区的高中政治课程指定教材中仅有"投资理财选择""消费"等有限的金融相关内容，总体而言对金融知识的涵盖较少。历史教材中虽有专门的"经济史"，但重点在于叙述宏观经济的发展、生产力的进步。同时，涉及农业、手工业的中国古代经济史的篇幅较大，对西方现代金融细节的记载相对较少，"引古证今"的难度较大。为了提高中学生金融素质水平，建议中学专门开设金融素质教育类课程，教授学生基本金融知识，或者在政治、历史教材中增设现代金融理论的基本原理尤其是"风险""信托关系"等重要知识。

在实际授课中，政治课主要以知识讲授的方式教导高中生树立节约意识，并未着重培养学生金融投资理财能力；历史课则注重历史叙事脉络的梳理和史实的记忆。总体上看课程的讲授以考点的记忆和答题技巧为主。因此，在完善课程设置和丰富教材内容的同时，学校应重视对学生实际金融行为能力的培养，如鼓励学生进行合理的投资理财、养成收支记账习惯和培养风险意识等。

要点二：加强现有投资者的金融教育。

现有的投资者是资管市场的主要参与者，加强现有投资者的金融教育，有利于保障投资者的利益，推动顺利打破刚性兑付，保证资管市场的平稳过渡。金融机构要借助互联网，实现教育形式的多样化。

金融机构一般通过线上和线下两种模式进行投资者教育。线上一般是通过微信公众号、手机 APP 和报纸杂志等一系列载体，刊登各种经济金融知识。线下一般通过客户服务活动进行，客户服务活动一般分为两个部分：一个是与经济、金融关联较弱的客户回馈活动，包括体育活动、生日赠礼、文艺活动、旅游、传统节日活动、趣味讲座等。另一个是经济金融专题讲座、消费者权益保护知识、金融知识普及、财富沙龙等。金融机构在全面满足客户需求的同时，也应提高经济金融讲座的比重，尤其是对金融监管文件的解读，加强投资者教育，提高投资者的金融知识水平。

要点三：提升教师队伍和金融从业人员的基本素质。

有学者认为学生金融素质教育实施效果与教师个人素质有关，并进一步指出当教师的金融素质有待提高时，学生会由于老师对金融知识的混乱理解而对金融知识的理解产生一定程度的偏差。目前，学校在招聘教师时比较重视应聘人员的综合素质，例如，成都地区的"四七九"等重点高中，招聘教师时要求教师必须为硕士及以上学历水平，教师队伍学历水平的提高，客观上有利于传播正确的价值导向，实现更好的教学效果。

但是，学校在不断提高教师队伍学历标准的同时，应该有针对性地注重教师队伍金融素质的培养，在招聘教师尤其是政治、历史教师时，应当注意考察其是否具备一定的经济、金融知识，同时可以定期邀请从事经管专业教育的高校教师或者资深金融从业人员给中学教师开展金融相关知识讲座、培训，从而提高教师队伍经济金融素质，推动学生金融素质教育。

作为与投资者直接进行交流的金融从业人员，也需提高自身综合素质，从而与投资者共同进步。金融从业人员首先需要尽快熟悉新的业务模式，由于基金化、去通道、去刚兑、消除嵌套成为趋势，仅仅了解诸如固定收益等老产品已经跟不上形势，需要了解新型的投资类业务。只有自身对业务轻车熟路，才能让客户理解各类产品的特点。其次要尽快熟悉新的业务流程，由于新型业务的出现，相应的"基础配套设施"也会变化，例如销售系统、合同文本等都会出现变革，各种流程操作无误，能给投资者留下金融机构尽职尽责的印象。金融从业人员提高自身素质，可以依靠自学，金融机构组织的内部培训也十分必要。

(三) 舆论板块

乔姆斯基指出："媒体和大学都不是独立的机构，都依赖于外部力量（私人财团、大公司、和公司权力紧密联系的政府机构等）的支持。因此，虽然大学和新闻机构不乏拥有独立思想的新闻记者和知识分子，但是大多数成员必须适应、接受、内化这样一种依附关系，才能得以生存。"

乔姆斯基的论述，说明了舆论只有避免牵涉过多的利益集团，保持独立性，才能传播客观准确的信息。在投资者教育事业的推进过程中，舆论需要发挥正确的导向作用，即是说，进行相关题材创作的文学、文艺创作者应该坚持正确的价值导向，文学、文艺管理部门在坚持自由平等的宗旨下也应加强管理。

要点一：将经济类、金融类电影和书籍纳入分级体系。

电影分级制度指的是某一组织根据一定的原则，把片厂的产品按其内容划分成若干级，给每一级规定好允许面对的群众群。在一些国家，电影分级制度具有强制拒绝未成年人看某些电影的法律效力。一般来讲，各国的电影分级制度针对的是不适宜未成年人观看的暴力、色情、粗俗等内容。但是，随着社会的不断进步，也应该将价值观纳入分级的考量。经济金融类电影、书籍的出版发行也应按照此种原则进行分类，以便给投资者传递正确的价值观。

具体来讲，由于电影和书籍这类文学文艺作品的作者在创作目的、创作风格、创作观念和创作技巧上各有特色，其作品传递给观众和读者的信息可能有差别。例如描写证券投资的美国著名电影《华尔街之狼》，虽然导演运用片段剪辑、人物命运走势和具体桥段隐晦地进行了讽刺和抨击，但是在商业电影追求利润的影响下，有意识或无意识地采用自然主义的手法，不遗余力地甚至是带着欣赏的目光描绘犯罪细节和穷奢极欲的生活，并弱化了受害者遭受的不公，则会带来负面影响。即是说，导演的正确价值观湮没于表面的声色犬马之下，普通成年人恐怕都不能透过现象看到本质，遑论缺乏是非观念的未成年人呢？

要点二：重视金融监管类文学文艺作品的引进和创作。

客观来说，站在金融罪犯的视角创作的文学、文艺作品，契合了读者、观众追求惊险刺激的心理特点，读者、观众客观上愿意欣赏此类作品。因此，如何站在金融监管的视角创作出优秀的作品，对文学文艺工作者是个巨大的挑战。美国金融业发达，相关作品丰富，可以重点引进其描写金融监管的作品。例如，《贼巢》栩栩如生地描写了 20 世纪 80 年代，备受打压的政府执法人员战胜重重困难，打击华尔街狷獗的内幕交易和市场操纵的故事。这种创作手法，也值得国内借鉴。

展　望　篇

"三权分置"改革与土地信托新机遇

陈 赤 刘发跃[①]

随着农村基本经营制度的进一步完善，土地流转信托的发展面临新的契机。信托公司应主动抓住机会，以多种方式积极参与到新一轮农村生产关系的重大变革中来，着力提高农业生产力，在服务实体经济的同时，拓宽信托业务空间，提高信托在国民经济中的地位。

土地信托发展的新契机

作为信托创新业务之一，土地流转信托是通过将农村土地的经营权作为信托财产委托给信托公司，受托人再将土地经营权在一定期限内有偿转让给农业产业方用于开发经营，实现土地经营权的资本化，以提高土地利用资源和农业生产力。

随着近期政策环境的若干重大改变，土地流转信托新的发展契机正在到来。

农村土地"三权分置"，是农村基本经营制度的重大突破。2016年10月30日，中共中央办公厅和国务院办公厅印发了《关于完善农村土地所有权承包权经营权分置办法的意见》，明确提出将农村土地集体所有权、农户承包权、土地经营权"三权"分置并行。在这一框架下，农村土地集体所有权是土地承包权的前提，农户享有的承包经营权是集体所有权的实现形式，在土地流转中，农户承包经营权派生出土地经营权。因此，"三权分置"是一个重大的制度安排和理论创新，意味着土地流转信托发展的

[①] 陈赤，西南财经大学兼职教授，中铁信托有限责任公司总经理；刘发跃，时为中铁信托有限责任公司博士后。该文发表于《当代金融家》2017年第2期，内容略有修改。

制度基础得到夯实。

农业供给侧结构性改革指明了改革方向。2016年12月召开的中央农村工作会议指出,要深入推进农业供给侧结构性改革。具体来讲,以提高农业供给质量为主攻方向,以体制改革和机制创新为根本途径,把农业结构调好调顺调优,促进农业农村发展由过度依赖资源消耗、主要满足"量"的需求,向追求绿色生态可持续,更注重"质"的需求转变。土地经营权的流转,有利于发展适度规模经营,优化农业产业体系、生产体系和经营体系,提高土地产出率、资源利用率和劳动生产率。不难推测,土地经营权的流转在改革中将进一步扩容,土地流转信托也将面临更多机会。

在2016年信托业年会上,银监会主席尚福林明确将土地流转信托作为信托支持实体经济的探索业务方向之一。随着中国信托登记公司的成立,信托登记制度打开了想象空间,中信登可以实现信托产品的集中登记以及发行交易,土地流转信托合同在中信登进行登记和公示,有利于探索农村土地经营权流转的有效的具体方式。

土地信托的积极意义

信托"新两规"[①] 实施之后,市场化改革促进我国信托的长足发展,信托成为第二大金融子行业,管理资产规模达19万亿元左右。虽然在管理资产规模上占据了一定的先发优势,但是信托的行业独立性仍旧比较模糊,对国民经济的重要性和影响力也未充分彰显。究其原因,一是信托还没有彻底摆脱影子银行的色彩,尚未将资产管理、财富管理和受托服务塑造为自己的主业;二是信托还未能深度运用于国家重大事务之中,没有在解决社会经济重大问题的过程中发挥出自己的独特作用。"三农"问题是事关国计民生的大事,农村土地"三权分置"是农村现有生产关系的重大调整。信托广泛参与"三权分置"这一项农村重大改革活动,实现土地经营权的规范高效流转,在土地经营权的确权和流转过程中发挥积极作用,既能够服务于社会之所需,对于提升信托在国民经济中的地位也具有积极意义。

---

① "新两规"指《信托公司管理办法》和《信托公司集合资金信托计划管理办法》。

在"十一五""十二五"期间,伴随中国的城市化运动和城市经济的发展,政信合作业务和房地产信托业务得到了飞速发展。但是,客观而言,信托在我国的影响,城市远大于农村;在房地产业、基础设施建设、工商业、金融业常见信托的运用,在农业领域却难觅信托的身影。土地流转信托作为信托业务的创新,有助于在"十三五"中推动信托从城市走向农村,从第二产业、第三产业延伸到第一产业,在推动农业生产力进步的过程中开拓业务空间,促进信托的转型升级。据统计,目前我国农村集体经济中,仅耕地、草地、林地就有60多亿亩,经营性资产达到2.86万亿元,农业供给侧结构性改革任重而道远,土地流转信托有广阔的用武之地。

土地信托的主要模式

自2013年10月中信信托推出第一个土地流转信托计划以来,中信信托、北京信托、大业信托、中建投信托等都开始涉足土地流转信托业务。从发展规模来看,2013年有7个土地流转信托计划成立,规模最大的是北京信托与江苏句容市合作成立的"北京信托·金色田野土地流转信托系列信托计划",受托土地规模达到近1万亩;2014年有大约10个土地流转信托计划成立,其中中信信托的数个信托项目涉及的土地面积都在1万亩以上;但2015年以来鲜有新的土地流转信托计划设立。从业务特征看,土地流转信托的整体方案为"事务管理+资金信托",经营主体为专业农业经营机构,信托收益为"固定+浮动"。

举例来说,2013年10月,中信信托与安徽宿州市埇桥区政府和帝元农业公司合作,成立了"中信·农村土地承包经营权集合信托计划1301期"。区政府作为委托人与中信信托签订为期12年的《农村土地承包经营权信托计划信托合同》,并在区土地流转管理部门登记备案。中信信托将土地整理后出租给帝元公司,帝元公司对土地进行综合经营。存续期内,中信信托还可以发行资金信托提供土地整理资金和为帝元公司提供流动性支持。农户的收入分为"基本地租+浮动收益"两部分。基本地租部分的确定标准约为每亩1000斤中等价格的小麦产值,在扣除土地整理人的投入成本以及各种服务和管理费用后的土地收入增值部分的70%以"浮动收益"形式返还农户。

又如,2013年11月,"北京信托·土地信托之无锡桃园村项目"在水蜜桃主产地无锡惠山阳山镇落地。该项目涉及的土地流转面积为158亩,项目运行时间为15年,采取"土地合作社+专业合作社"双合作社的设计结构。农民遵循自愿原则,首先将拟进行信托的土地经营权确权到村民个人,再由村民以其土地经营权入股土地合作社,土地合作社作为委托人以土地经营权在北京信托设立财产权信托。流转后农用地性质不变,北京信托代表桃园村土地信托将土地租赁给阳山镇桃园村的水蜜桃种植大户成立的"水蜜桃专业合作社"。本项目中,收益由"固定收益+浮动收益"两部分组成。信托成立后,每个信托年度受益人按照其持有的信托单位享有固定信托利益;随着土地、果树的培育投入期结束,数个信托年度后,受益人除了前述固定收益外开始享有浮动收益。

目前存在的主要问题

目前土地流转信托的发展较为缓慢,主要面临以下几个问题。

第一,在《关于完善农村土地所有权承包权经营权分置办法的意见》印发之前,国家制度层面上,农村土地承包经营权无法清晰分置并确权,对参与各方形成了障碍。对于信托公司,土地经营权直接通过信托的方式登记到信托公司名下的基础不牢;对于农户,其无法直接作为权益主体,往往由政府代为行使,一旦遇到纠纷,农民只能找政府;对于农业经营企业,无法确权导致其不能通过土地经营权质押获得银行贷款。总体来看,农村土地承包权和经营权无法分置和确权,加大了土地流转信托的运作难度。《关于完善农村土地所有权承包权经营权分置办法的意见》颁布后,这一局面有望从根本上得到改善。

第二,信托配套制度方面,由于信托登记制度尚未建立,信托财产统一登记机构缺位,土地经营权成为信托资产后,地位不清晰,导致交易和流转受限。随着中信登的挂牌成立,这个障碍有望被打破。

第三,资源整合难度大,项目盈利性弱。将大量分散的土地集中起来后,信托公司缺乏将各类资源整合起来以提高生产力、降低成本的强大能力。此外,信托公司在土地流转中的收益来源包括事务管理信托的管理费、资金信托以及土地增值的收益,现有产品中资金信托和土地增值收益比例不高,因此盈利较低,信托公司展业动力不足。

第四,风险控制难度大。农村土地分属碎片化的农户,信托公司需要同众多农户、发挥关键作用的地方政府以及农业企业等各方处理好关系。并且,土地流转信托一般期限较长,大多在十年以上,加上农业生产易受天气、病虫害等自然灾害的影响,这些都增加了信托风险控制的难度。

土地信托的多元化功能

形势正在发生变化。随着"三权分置"等政策的到来和中信登成立,制约土地流转信托发展的一些制度性障碍被打破,土地流转信托有望迎来新一轮发展热潮。

通过土地流转信托,信托公司可以发挥多元化的功能。

第一,通过信托合同实现土地经营权的确权。"三权分置"提出将土地的所有权、承包权和经营权分置并行。目前针对所有权和承包权的统一确权正在紧锣密鼓地进行中,而作为土地流转核心的经营权尚无统一的形式。信托具有破产隔离功能,加上即将启动的信托登记功能,可以探索通过信托合同实现土地经营权的确认,从而解决土地流转的基础权益。

第二,农村实物资产的金融化。土地是重要的生产资料,但目前土地的经济价值没有得到高效利用。土地流转信托,可以将土地经营权转化为信托受益权这一金融资产,从而实现实物资产的金融化,这将有利于农村资本的极大增值,同时解放农民对土地的依附关系。

第三,提高农业生产力。一是促进农业产业结构优化。土地流转信托,可以将广大农户分散的碎片化的土地集中起来,在达到适度规模后,代表农民面向市场,运用市场知识和专业知识,广泛获取信息,挑选合适的合伙伙伴,发挥跨地域整合资源的优势,优化农业产业结构。二是通过引入外部资源来提高农业生产力。目前制约农业发展的一大障碍是资金投入不足。信托公司拥有强大的资金募集实力,通过发行资金信托产品可以募集大量社会资金与土地流转信托相配套,有利于深入推进农业供给侧结构性改革,加快培育农业农村发展新动能。

第四,为农村和农民提供综合金融服务。首先,可以通过发行资金信托,为农业企业提供生产经营资金,以及作出流动性安排;其次,可以为农民提供消费信贷、投资理财等普惠金融服务,以土地流转信托受益权进行质押,还可以为农民提供创业贷款;最后,可以为农村建设用地的开发提供所需资金。从长远来看,信托不只可以为农业农村提供融资服务,还可以提供基于全产业链、全方位的金融服务支持。

第五,开发"土地信托+"业务模式。学习"互联网+"的先进模式,土地流转信托也可以与多项信托业务相结合,形成"土地信托+"的模式。一是土地信托+消费信托。随着消费升级,城市居民越来越青睐优质农产品(尤其是有机食品),消费信托成为信托公司业务探索的领域。由于土地信托与农业生产的紧密联系,土地信托与消费信托可以自然地对接起来。例如,消费信托一方面可以为农业生产方提前锁定需求,甚至按需定产;另一方面可以帮助消费者监督食品安全和质量,减少流通环节,保障供给。消费信托的范畴不仅包括农产品消费,还包括农业观光旅游等。二是土地信托+养老信托。一方面,土地是农民最主要的资产,随着农村的空心化,年轻人逐渐离开农村,土地成为农村老人重要的生活收入来源。通过土地流转信托实现土地资产的金融化,可以将养儿防老变为以土地养老。目前已有信托公司探索将土地流转与养老结合起来。一旦土地大量流转开来,这个需求将被进一步激活。另一方面,土地信托也可以为城市人口的集中养老居所提供风景优美、空气清新的选址。三是土地信托+慈善信托。精准扶贫的工作重心在土地零散分布的农村贫困地区,土地流转信托在实现土地资源集中整合的过程中,可以引入慈善信托,利用社会慈善资源,支持现代农业加快发展,帮助贫困农户早日脱贫致富。此外,还可以借鉴英国国民信托的模式,将土地信托与环保慈善活动结合起来,为子孙后代多留下一些青山绿水,为我国的环保事业作出贡献。

实现业务规模化的路径

土地流转信托是一项高级的信托业务。驾驭这一项业务,需要信托公司具有以下能力:设计信托的复杂技术,把握政策的高超水平,整合资源的动员能力,塑造产业的趋势眼光,以及长期培育的耐心耐力。显然,这些能力并不是信托公司普遍掌握的,其培养也不是在短时间内可以一蹴而就的。但是，如果仅仅依靠少数几家信托公司单打独斗、孤独探索，也很难在数亿亩土地流转市场获得可观份额。

因此，可以探索下面的途径：以数家综合实力强、土地流转信托业务经验丰富的信托公司为核心，分别建立开放的联合体，在每一个联合体中，联合其他信托公司，共同开展业务。这样既能发挥牵头信托公司在土地流转信托领域的核心能力，又能充分利用其他信托公司通过长期政信合作业务建立起来的与区域经济的紧密联系，采用双受托人的模式，分工合作，按照贡献分配报酬，从而共同做大土地流转信托规模。

总之，只要信托公司方法得当、行动得力，信托不仅可以在土地经营权流转领域开辟一片业务新天地，更重要的是还能够在国民经济重要领域作出信托的独特贡献，对于行业形象和行业地位的提升起到十分有益的作用。

重塑业务结构 再造业务模式
大力引导信托步入高质量发展轨道

陈 赤[①]

《关于规范金融机构资产管理业务的指导意见》（以下简称《指导意见》），经过人民银行与金融监督管理部门内部酝酿起草，面向社会征求意见并修改完善，在报经中央全面深化改革委员会审议通过后，于日前正式颁布实施。针对一项金融"业务"的规范措施，出台过程如此慎重，审查规格如此之高，则既可知资产管理业务涉及范围之广、复杂程度之高，也足见《指导意见》严控风险的决心之大、强化监管的力度之强。可以预见，作为以资产管理为主要功能定位的信托机构，在新的监管框架下，必须审时度势，主动顺应监管导向，及时摒弃过往影子银行色彩较浓、通道业务较多、合规意识较弱的缺陷，加快弥补业务结构单一、涉足领域狭窄、投资能力不强、国际视野不宽的短板，摆脱高速增长的旧有路径依赖，将自己牢牢定位于新时代下高质量发展的资产管理与财富管理机构。

同类资管业务的监管规则和标准不一致，导致监管套利活动频繁、产品多层嵌套、资金池模式蕴含流动性风险、刚性兑付普遍、一定程度上干扰宏观调控等问题，针对这些时弊，《指导意见》开出了一系列正本清源、扶正祛邪的药方，寓统一监管于分类监管之中，寓健康引导于严格规范之中。

一是关于产品分类，这是《指导意见》中颇有"技术含量"的部分。《指导意见》在对资管产品进行清晰分类后，既针对同类产品确定了统一的监管标准，又对不同类型的产品施以不同的监管要求，从而实现机构监管与功能监管结合的目标。《指导意见》明确，资管产品依据募集方式的

---

① 陈赤，西南财经大学兼职教授，中铁信托有限责任公司总经理。该文发表于 2018 年 5 月 12 日《金融时报》，内容略有修改。

不同，分为公募产品和私募产品；依据投资性质的不同，分为固定收益类、权益类、商品及金融衍生品类、混合类四类产品，对不同产品的要求各有不同。二是为确定真正具有风险识别能力和风险承担能力的投资者，《指导意见》将私募产品合格投资者的门槛大幅度提高。三是为抑制投资非标准化债权类资产的影子银行业务，《指导意见》对标准化债权类资产的条件进行了细化界定，同时规定对于资管产品投资非标债权，实行限额管理、风险准备金要求、流动性管理。四是为防范流动性风险，《指导意见》明确禁止资金池业务，规定对每只产品单独管理、单独建账、单独核算，要求加强产品久期管理，确保资产期限与资金期限相匹配。五是对资产管理产品实行净值化管理。《指导意见》要求金融机构按照公允价值原则采用市值、摊余成本计量原则对资管产品进行净值化管理，及时反映基础资产的收益和风险；但前期以摊余成本计量的金融资产的加权平均价格与资产管理产品实际兑付时金融资产的价值的偏离度不得达到5%或以上，如果偏离5%或以上的产品数超过所发行产品总数的5%，金融机构不得再发行以摊余成本计量金融资产的资产管理产品。六是打破刚性兑付，这是《指导意见》最有冲击力的部分。《指导意见》列举了认定为刚性兑付的各种行为，明确刚性兑付行为或者属于监管套利，或者属于违规经营，均需进行规范或纠正，并由监管部门或人民银行予以处罚，同时鼓励投诉举报刚性兑付行为。七是降杠杆、除嵌套、去通道。资管产品杠杆率过高，可能推高资产泡沫，不利于金融市场平稳运行。《指导意见》对公募产品和私募产品分别设置了负债比例的上限，并要求投资者不得以所持产品份额进行质押融资；同时，不允许公募产品以及部分私募产品进行份额分级，对可分级的私募产品，则依照其投向设定了不同的分级比例。考虑到各类金融机构在不同领域具有差异化的专业投资能力，金融机构之间的合作有利于为投资者提供高质量的服务，《指导意见》允许资管产品投资一层资管产品，但受托的金融机构须履行主动管理职责，不得再投资其他资管产品，并要求金融机构不得为其他金融机构的资管产品提供规避投资范围、杠杆约束等监管要求的通道服务。八是为实时掌握资管产品的单个和汇总信息，有效监测资产管理业务的发展和风险状况，《指导意见》要求建立资产管理产品信息系统，规范和统一产品标准，要求金融机构按照规定时间向人民银行和金融监管部门同时报送每只产品统计基本信息、募集信息、资产负债信息和终止信息。九是《指导意见》要求金融监管部门对各类金融机构开展资管业务平等准入、给予公平待遇，不得根据金融机构类型设置市场准入障碍。此外，《指导意见》合理设置了过渡期，并将智能投顾纳入规范的范围，反映了制定政策的务实态度和前瞻眼光。

《指导意见》所展现的上述监管指向和规则措施，以及落实监管要求的坚决态度和周密部署，业界已有日益清晰的预期。受《指导意见》影响较大的，是那些长期以通道业务和债权融资类业务为主的信托机构，以及风险资产包袱较重的信托机构，而突围之路便是按照《指导意见》的指引，加快回归本源业务的转型升级创新步伐，及时从以债权融资类业务为主的初级阶段，过渡到债权融资类业务与资产管理业务并重的中级阶段，再迈向以资产管理业务与财富管理业务等本源业务为主的信托高级阶段。

务急于当期，信托机构要运用好过渡期的安排，化压力为动力，尽快改善资产质量、优化产品设计、升级产品模式。一是加快风险项目的处置，力争在过渡期内消化历史包袱，从而轻装上阵，迎接新的挑战。二是适应于刚性兑付这一风险缓冲机制被打破，投资于非标债权的信托产品更有必要走基金化的道路，通过组合运用与长期化运作，在空间和时间上分散风险，避免单一项目带来的过度集中风险。三是改变以往在刚性兑付环境下，给投资者分配固定收益后，由信托公司享有全部剩余收入的做法，按照信托机构收取管理费、投资者享有全部投资收益的原则，重新确定信托收入分配机制。四是在处理风险项目时，探索以循序渐进的方式，尝试不全额兑付预期收益、仅兑付本金不兑付预期收益以及不全额兑付本金等技术路线，逐步打破发生风险时本息全部刚性兑付的陈规。

着手于中期，信托机构应充分发挥特有的综合金融功能优势，重塑业务结构、再造业务模式。一是要坚定树立主动管理的展业思路，大力培养专业投资能力，尽快构建"资产管理+债权融资"双主业模式，降低债权融资类业务占比，将对接证券投资、并购投资、项目股权投资、PE投资、投贷联动等资金运用方式的资产管理业务塑造为新的支柱业务，更多地转向标准化债权资产、上市及未上市公司权益类资产的投资，彻底摆脱影子银行色彩。二是可根据各自的具体条件，有选择地培养与信托制度密切相关的投资银行和受托事务管理业务作为辅营业务。资产证券化业务不适用《指导意见》，在非标债权类资产收缩的压力下，预计资产证券化市场将会扩张，信托机构在这一领域的受托管理和投资银行业务大有可为；具有事务管理特征的慈善信托、消费信托、土地信托，则在精准扶贫、污染防治、供给侧结构性改革、农村土地"三权分置"等国家重大任务和改革活动中不乏用武之地。三是要将财富管理业务作为战略性业务进行积极培育，以适应日益增多的超高净值客户对财富安全、财富传承、全球配置资产的需求。此类业务多为单一信托，监管限制不多，信托机构展业的自由度很大。

着眼于长期，信托机构应久久为功，致力于践行和发挥信托制度和信托文化的有益作用。一是在刚性兑付打破的市场环境下，信托机构要准确把握信托原理，明确受托人的行为边界，强化受托人的责任意识，履行受托人的各项义务，构建以忠诚义务和谨慎义务为核心的信义文化氛围，树立为受益人的最大利益而谨慎行事的稳健作风，在合规的前提下探索新的风险缓释和风险化解机制。二是要大力运用以"互联网+"为代表的金融科技，利用大数据和人工智能增强识别、研判、应对市场风险、信用风险、操作风险的能力。三是在信托业务结构、产品模式发生深刻变化的情况下，要主动迎接金融业扩大开放的浪潮，积极引进国际知名金融机构作为战略投资者，全面学习和运用它们在资本市场、全球投资、家族信托等领域的先进理念和技术，不断提升自己在国际金融体系中的地位和影响力。

新时代信托公司品牌塑造探索与思考

白华祥①

建立品牌体系、实施品牌管理,是现代金融信托业的显著特征之一。对于信托机构而言,做品牌就是做服务。

一、改革开放后信托行业及其品牌发展历程

中国信托业是在改革开放的历史大背景下诞生的,是改革开放的重要标志和窗口。1979年10月,我国第一家信托机构正式成立,标志着我国开始恢复信托制度,是我国金融改革与制度创新的必然产物。历经四十年坚持不懈的努力,目前信托业已成为我国金融体系的第二大子行业。纵观改革开放后我国信托业发展轨迹,从高举高打、野蛮生长、历经整顿,到法治化规范化、历经黄金十年高速发展,再到目前追求高质量发展、谋求转型升级,其品牌建设也大致经历了漠视品牌、淡忘品牌和重视品牌三个阶段。

第一阶段(1979—2000年):漠视品牌阶段。改革开放后信托业是对计划经济体制的突破,肩负着为改革开放、经济发展筹集社会资金和提供多样化金融服务的功能。但是,由于特殊的国情和制度准备不足,信托业在市场探索中不注重自身形象,落得一个"坏孩子"印象,逃脱不了被整顿的宿命,先后历经了1982年、1985年、1988年、1993年、1998年五次整顿,这既有发展初期法规制度不完善的原因,也是漠视品牌形象树立的必然结果。

---

① 白华祥,中铁信托有限责任公司综合管理部总经理。该文发表于《当代金融家》2020年Z1期,内容略有修改。

第二阶段（2001—2017年）：淡忘品牌阶段。行业力度最大、最彻底的第五次整顿后，信托业逐步走上法治化、规范化的发展道路，2001年颁布的《信托法》以及后来的《信托公司管理办法》《信托公司集合资金信托计划管理办法》（业内被称为"一法两规"）奠定了信托发展的法律制度基础。特别是这期间经历了从2008年到2017年的信托业"黄金十年"，刚性兑付下的产品高收益为信托赢得了口碑和影响力，品牌形象得到全面改观。但是，由于这一阶段各家信托公司"重发展、重业绩"、热衷于赚快钱，快速奔跑中除了品牌标志、口号等基本符号外，基本无暇或无须顾及品牌建设推广，缺乏主动的、系统的、有步骤的、有持续投入的品牌塑造行为，品牌建设被淡忘既有客观原因也有主观因素。

第三阶段（2018年以后）：重视品牌阶段。品牌意识的唤醒是环境、形势、能力、意愿等的综合产物。信托业"黄金十年"的发展，使信托公司实力增强，有能力加大品牌投入；随着国家金融改革的深化以及实体经济下行压力增大，以及资管新规出台和打破刚性兑付的倒逼，行业风险持续暴露、市场竞争日趋白热化等都唤醒了信托公司重视品牌塑造的自觉，各家信托公司各显神通切入品牌建设，力图打造其品牌核心竞争力，抢占市场制高点推动转型升级。

经历时代洗礼和文化沉淀，信托逐渐回归"受人之托，代人理财"的本源，其品牌价值也逐渐回归并提上议事日程，这既是信托作为受托文化的内在要求，也是新时代信托面对的市场环境、肩负的责任使然。

二、新形势下信托公司品牌建设现状与发展趋势

（一）面临的形势

一是市场竞争日益激烈更加凸显品牌的价值。随着金融业改革的深化，金融市场需求差异化程度日益扩大，理财市场竞争日趋白热化，来自银行、证券、保险以及银行理财子公司等竞争压力与日俱增，如何在竞争中获得客户、获得市场求生存成为摆在信托公司面前的严峻问题。正是在这种环境中，营销在信托业务活动中的地位越来越突出，品牌也必然成为信托公司用来区分自己与竞争对手的主要工具，正如美国著名广告研究专

家 Larry Light 所指出的那样,"未来的营销将是品牌的战争"。

二是强监管时代愈发凸显品牌整体运作的紧迫感。伴随着2017年底银监会出台《关于规范银信类业务的通知》和2018年《关于规范金融机构资产管理业务的指导意见》(即资管新规)出台,强监管政策逐渐落地,监管政策导向日趋清晰。同时,以2017年开始实施的防风险、治乱象监管措施为代表的第七次信托业整顿,监管力度不断加大、处罚明显增加,如何适应新的监管政策环境,从规范经营、深化改革、品牌建设等方面整体谋划、积极转型,是信托公司寻求可持续发展、重塑品牌形象的必由之路。

三是风险暴露压力考验品牌危机管理能力。随着国家经济下行压力加大以及去杠杆等的影响,实体经济长期聚集的风险逐步向金融领域传导,整体信用风险明显上升。一旦暴露风险甚至出现兑付违约,信托对高净值客户和同业合作的吸引力将大幅下降,必将对信托公司品牌造成极大冲击,也对信托公司品牌形象维护和危机管理能力提出更高要求。

四是深化金融改革愈加考验品牌综合实力。资管新规正处于过渡期并将于2021年起正式实施,对信托业产生了直接的影响,倒逼信托公司转型升级。届时,信托公司普遍受益的牌照优势将进一步弱化,严重考验信托公司产品创新能力、服务能力、营销能力、市场认可度等品牌综合实力,品牌优势将成为信托公司转型成效的重要判断标准。

(二)存在的问题

一是整体品牌建设滞后,品牌价值与信托的实力不匹配。不可否认的是,近几年来,信托公司普遍意识到品牌的重要性,但就行业总体情况而言,多数信托公司的品牌建设还处于起步阶段,也处于初级阶段,并未形成完整的系统和成熟的模式,甚至一些区域性信托公司诸多基础性的工作也尚未开展,知名度、美誉度和客户忠诚度等都与信托公司的实力不相匹配。

二是顶层系统规划不够,对品牌与业务及风险的重视度还有差距。主要表现在:信托公司普遍存在"重业绩、重风险,轻营销、轻品牌"的思维;大部分信托公司还未将品牌战略纳入企业发展战略的关键内容,缺乏顶层规划,也无品牌建设方案;品牌的体系化还严重不足,既缺乏统一的品牌定位，也对整体品牌与子品牌的定位模糊，形象不突出；对品牌的持续投入还不足。

三是同质化还比较严重，品牌辨识度还不明显。作为一个行业，信托的品牌及影响力比较突出，但是业务同质化导致品牌同质化严重，从品牌定位以及市场印象看信托公司之间差别并不大，大部分信托公司还未找到结合自身特点、优势的品牌形象定位，还不能与竞争对手有效区别开来，也就未在消费者和市场中形成鲜明的特色。

四是专业性缺乏，品牌非常脆弱。一方面，信托公司品牌建设以自我摸索为主，缺乏专业指导、专业人员、深入研究、精准实施，无论是品牌建设基础工作，还是系统谋划、融合推广都缺乏专业性；另一方面，信托业刚性兑付下的投资者教育不充分、信托产品的低流动性、信息披露的不充分等特性，又使信托公司的品牌非常脆弱，如若处理不当，有可能衍生声誉风险，甚至功亏一篑摧毁品牌形象。

三、新时代信托公司品牌塑造探索研究

（一）品牌塑造的原则

从信托的本源、品牌识别及推广限制等行业特性出发，新时代信托公司品牌建设呈现出品牌受众以潜在客户为重心、品牌个性差异化方向发展、重企业品牌形象而轻产品品牌的趋势和特征。

一是坚持以客户为中心。信托公司品牌塑造要始终秉承"受人之托、忠人之事"的经营理念，紧紧围绕投资者多样化理财需求，不断创新产品、提升能力、优化服务，致力于实现客户财富的保值增值；要重视以客为尊的品牌关系构建，除了为客户提供品牌所承诺的价值外，更注重通过客户活动、提供咨询等增值服务方式多途径巩固和强化品牌与客户的关系；要梳理并优化服务制度，建立标准化的服务流程，充分利用现代金融科技满足居民便捷理财需求。

二是坚持以市场为导向。信托公司品牌塑造应该以市场为导向，坚持有所为、有所不为，根据自身优势和特色，面向客户和市场需求开发新产品、面向行业发展研究新方向，有针对性地创立品牌、推广品牌，突出重

点、突出优势业务、突出关键区域,集中力量发展优势品牌。特别是,基于股东、地域、业务特色、经营风格的不同而形成具有自身特点的经营特色、服务质量、形象信誉等品牌个性,增强品牌识别度。

三是坚持以持续投入为保障。金融品牌的建设与维护是一个大工程,需要大量的、持续的资源、资金和精力投入。品牌投入与产出效益难以评估且很难保持正向一致,这就需要各家信托公司保持战略定力,建立稳定、持续的经费、人员等品牌投入保障机制。

四是坚持以社会责任为切入点。正是由于信托私募产品推广的法规限制,将社会责任的履行效果作为彰显公司品牌价值的有力手段成为一种最好的选择。一方面,习近平总书记指出,"为实体经济服务是金融的天职,是金融的宗旨";另一方面,作为有实力的企业,通过社会责任的履行彰显企业品牌,可以获取客户更深刻的认同,从而形成更稳定的客户偏好、赢得更广泛的客户和市场。

五是坚持以危机管理为重要内容。与所有其他企业一样,信托公司无时无刻不面临着复杂多变的商业环境和各种危机的威胁,特别是在行业风险持续暴露、声誉风险时有发生、品牌保护意识相对薄弱、严监管处罚较频繁、资管新规打破刚性兑付等情形下,信托公司品牌危机管理显得格外重要和紧迫。各家信托公司一方面更加注重从产品质量、服务品质的源头上防范危机,另一方面注重自身危机管控能力建设,提高危机防范和辨识意识,科学应对以维护商业信誉。

(二)品牌塑造的对策建议

一要抓好顶层战略规划,找准定位。首先,信托公司及其实际控制人等利益相关方都要重视品牌建设,将品牌建设纳入并提升至发展战略的核心地位,做到以品牌统揽经营、发展和管理方向。其次,制定高水平的品牌战略规划,梳理和提炼具有自身特点的品牌内涵。该项工作是一项专业性强、实施周期长、研讨过程繁杂的系统工程,需要积极引入外脑、借助专业力量,切忌"自我摸索、自我陶醉"。最后,要找准品牌定位,增强核心品牌的辨识度,理清品牌等级和品牌组合,突出公司品牌的绝对地位,在此基础上可以按业务类型、客户类型、服务特色建立一定的子品牌,但是要统筹考虑公司品牌及其子品牌不同的等级定位,让客户及其他受众清楚品牌归属，避免各品牌定位不清、职责不明造成感知混乱。同时，要定期对品牌战略实施情况进行评估和审视，逐步淘汰弱势品牌，优化资源配置打造强势品牌。

二要抓好产品服务质量，以客为尊。首先，要立足"代客理财"的职责定位，以专业的能力提供安全稳健、符合预期收益的信托产品，不断通过产品的成功获得消费者的信任和忠诚。其次，要了解客户，积极适应客户需求的不断变化，在其对收益性、安全性、便捷性的要求越来越高以及个性化的金融诉求越来越多的情况下，通过提升自身创新能力，持续开发新金融产品、开辟新金融业务、开创新服务手段，以满足客户日益增长的对理财产品和服务的新需求。最后，要坚持"以客为尊"做好服务，梳理并建立起"以客户为中心"的制度体系和业务流程，提高服务的科技含量并增强客户体验，加强员工培训，提升客户服务质量，加强客户投诉及意见建议的处理，通过咨询、活动、访问调查等增强客户黏性，做到既体现服务的专业性、人性化，又充分表达对客户的尊重和彼此关系的极大重视。

三要抓好资源要素投入，高效推广。首先，要加大对品牌建设的资源投入，设置专门部门或配置专门岗位，将品牌建设投入纳入预算并建立持续投入的机制，特别要防止出于当前利益考虑而忽视品牌建设在人财物方面的投入。其次，要掌握全媒体时代品牌推广的互动性、娱乐性、准确性特点和规律，整合媒体资源、把握投放节奏，特别是品牌塑造初期要花费大量资金加大广告投放，而后期要通过赞助、公共关系、策划营销事件等方式推广，还要通过微信公众号、APP、刊物等建立自身的推广媒介，打造多元化、多层次的品牌推广平台。同时，尽管以信托公司的雄厚实力品牌推广费用并不存在问题，但是也要进行推广效果的评估，并有重点、精准地突出权威媒体、突出自身的优势区域、突出自身业务市场指向的行业地域，通过行业性、区域性的强势品牌转换为具有良好口碑的全国性品牌。

四要抓好危机管控评估，专业应对。在信托发展成果巩固期、风险持续暴露期、从严监管适应期、业务转型过渡期的"四期叠加"特殊时期，防控声誉风险和品牌危机是摆在各家信托公司面前的重要课题。一方面，要提高危机意识和危机处理能力，立足品牌危机预防，建立品牌危机预警机制，制订预案、专业应对；要加强与各类媒体、舆情机构合作，加强正面宣传和引导，主动化解品牌危机，甚至转危为机；要进行危机处理后评估，检验危机处理预案是否科学合理，在总结检验中提升危机处理能力。另一方面，要主动出击，在响应国家政策号召、推进企业稳健发展的同时，积极履行企业服务实体经济、依法纳税、合规经营、慈善公益等社会责任，建立良好的社会公共关系和声誉，也能有效缓冲品牌危机带来的负面影响。

信托金融机构的发展就是经营风险、兜售品牌的过程，需要专业运营和精心呵护，唯有系统谋划和推动品牌建设，树立良好的企业品牌形象，才能在市场中立于不败之地，也将成为信托公司高质量发展和转型升级的重要特征。

信托公司强化风险控制
从这三方面入手效果更好

王重明[①]

维护金融稳定、防控金融风险,是习近平新时代中国特色社会主义思想的重要内容。国家成立了国务院金融稳定发展委员会,"一行三会"转变为"一委一行两会",先后密集出台了监管政策,开出了大量罚单,重拳治理金融乱象。对于信托公司而言,能否控制风险、化解风险,是诸多问题中最为迫切的问题,它事关企业生存,是必须抓好的第一位的大事。

第一,要把好入口端的源头防范。风险在很大程度上是前端把控不严产生的。一般来说,过快过猛发展之后,难免会积累一定的风险。从2010年到2016年,我国资管行业规模绝对值增加102.63万亿元,在规模扩张的过程中,业务发展成为主基调,风险控制不自觉地在一定程度上让位于收益。资管新规在资金端和资产端都设定了红线,加大了穿透式监管力度,按"三三四"乱象治理标准指出了新的监管方向。信托公司需要积极调整经营思路,提高准入标准,严格准入政策,将有限资源向优质企业、优质项目倾斜,业务拓展方向逐步向同业市场、内部市场转换;完善风险识别机制和风险量化评价机制,适时引进诸如信用评级体系、集中度管理体系、市场风险的VaR模型、操作风险的内部控制自我评估、关键风险指标等,对新业务,先使用大数据系统进行筛选,再通过数学模型对风险进行量化评估,达不到风险评价基准的,应予放弃;优化风险与收益相匹配的约束机制,探索"高风险、高收益"的定价原则,通过适当的融资成本覆盖风险敞口,实行差异化风控措施,逐步形成与业务结构及业务规模相适应的风险管控体系。

---

① 王重明,中铁信托有限责任公司党群工作部部长、董监办主任。

第二，要把好投贷后的过程管控。

信托项目实施过程中，由于环境变化，项目运行与最初目标会发生偏离，需要及时介入和纠正。在资管新规的影响下，信托业务结构、产品模式将发生深刻变化，这就需要我们进一步增强识别、研判、应对合规风险、市场风险、信用风险、操作风险的能力。积极建立完善流动性监测和舆情监测机制，加大对项目的流动性风险审查力度，增加合作伙伴的舆情监控和应对措施，通过大数据分析判定企业风险情况，做到早发现、早预警、早处置。制订应急预案及措施，对于发现的风险，应立即制订应急预案，采取有力措施，尽量降低风险损失和负面舆情影响；建立过程纠偏机制，定期分析项目状况与决策目标的偏离情况，联系项目融资方一起制定纠偏措施。适时推进全过程深度参与项目管理，积极引进既有产业经验又懂金融的复合型人才，实现对融资项目的全过程深度参与。

第三，要把好风险端的积极处置。信托公司作为专业金融资产管理机构，其本质就是经营和管理风险。风险发生后的处置能力，是信托公司的核心竞争力，决定了是否能够最大限度减少风险事件对公司商誉的影响，最大程度保护投资者资产安全。对于信托公司来说，重点要解决好两个方面问题。一是投资者教育问题。项目发生风险后，面对的主要是流动性风险，特别是在资管新规下，要求打破刚性兑付，不再允许信托公司采取滚动发行使信托计划展期或者信托公司以自有资金偿付等方式来解决风险信托项目的流动性问题，因此，落实投资者适当性要求，引入具有风险承担能力和意愿的投资者，显得格外重要。二是大力培育不良资产处置能力。应加强资产处置、法律等方面专业人才的引进配备，探索与四大资产管理公司或各省的资产管理公司组成战略联盟，借助资产管理公司的力量处置不良资产；也可以根据自身资源禀赋，设立资产管理子公司，通过市场化平台，推动不良资产的处置。

信托公司打造差异化竞争优势的有效途径

王重明①

根据自身资源禀赋，走特色化、差异化发展道路，培育企业核心竞争优势，是信托公司转型升级的必由之路。就信托公司而言，需要在以下三个方面精耕细作并补齐短板，逐步形成行业内的比较优势。

一是产融结合。经济新常态下，供给侧结构性改革，是今后一段时期我国面临的经济环境和改革任务，需要产业和金融共同发力。信托作为天然的产融结合工具，可以优化存量、激活增量，促进"金融+产业"的深度融合。目前，信托公司的产融结合大多处在初级层次，业务大多是机会式结合，缺乏顶层设计和持续性对接机制。需要加强整体谋划与布局，宏观上，充分发掘股东资源，自上而下落实政策与制度安排，打通结合渠道，实现与股东主业金融需求的全方位对接；微观上，着力在项目端下功夫，寻求战略合作伙伴，共同发掘优质项目，通过组建联合体、设立产业基金等方式，提高与实业单位的融合度，以项目收益实实在在回补产融双方。

二是金融控股平台。在综合经营日益深化的情况下，金融服务综合化、多元化成为市场所需，大资产管理时代金融控股平台的价值更加凸显。其平台间各业态的协同效应，不仅能够分散经营风险，还能减少对单一市场的依赖，提升盈利水平，形成强大的竞争能力和良好的业绩表现。而信托凭借独有的跨市场配置和多样化金融工具优势，成为打造金融控股平台的最佳载体。就信托公司今后一个时期来说：

第一个层面，需要通过引进战略投资者，扩充资本金，集聚平台建设

---

① 王重明，中铁信托有限责任公司党群工作部部长、董监办主任。该文发表于"信托百佬汇"公众号，2018年8月。

的实力；第二个层面，基于现有管控能力与业务链条，寻机低价收购金融资产，以控股的方式进入银行、证券与保险行业，与信托主业有机结合，形成全产业链服务能力；第三个层面，深化与股权投资单位间的业务合作，拓宽相互间业务合作通道，重点在资金融通、专户理财、证券投资等方面实现深度协同。

三是低成本资金。低成本资金，一方面保证了利润空间，另一方面也拉低了运营风险，尤其是在服务实体经济的大背景下，成为信托公司抢占市场的重要基础。信托公司一头连着资金端，另一头连着资产端。从实践来看，信托公司往往对资产端给予足够重视，在业务模式、风控管控等方面资源倾斜明显；而资金端建设则较为滞后，日渐成为企业发展的短板。目前还停留在主要面向个人投资者的产品销售阶段，通过营销机构投资者获取低成本资金的能力不强，与新形势下财富管理定位还有很大差距。

第一个层面，横向做好精准对接，重点推进与保险、信保基金、机构投资者在项目源方面的深度合作，形成长期化、规模化、低成本的资金渠道；第二个层面，嫁接股东资源，利用股东的资源优势，深化与银行等各类金融机构的总对总的战略同盟关系，形成稳定的合作伙伴和资金来源；第三个层面，加强财富中心建设，加强客户分类，做好客户维护，推进精准营销，同时着力提高开发和服务高净值客户的能力，建设为高净值客户提供资产配置和财富管理的运营体系，实现从产品导向向客户需求导向的转变。

亟待"推陈出新"的基础产业信托

管百海[①]

按信托资金投向分,基础产业信托是信托公司五大业务之一,对于信托行业的发展壮大也作出了较大贡献。但是,自2014年9月《国务院关于加强地方政府性债务管理的意见》(国发〔2014〕43号)出台后,地方政府融资受到限制;此后,又有不少规范地方政府融资的政策文件陆续出台。受此影响,基础产业信托的增速放缓,在信托资产总额中的占比逐年降低。

但是,总体来看,较长时期内基础设施投资拉动在我国的经济增长中仍将占有重要地位,每年的基础设施投资额总量仍然较大。信托公司应重视这一业务市场,分配必要的资源开拓基础产业信托业务,为国家的基础设施建设提供金融支持,服务实体经济。

一、国家基础设施投资分析

基础设施投资较长时期以来为我国的经济增长作出了较大贡献。从2016年开始,国家有计划地压缩基本建设投资,减少经济增长对投资的依赖。但是,2018年上半年GDP增长乏力,为促使经济增速回升,国家在2018年下半年又出台相关政策加大基础设施投资。

根据统计资料,我国2011—2018年固定资产投资、建筑安装工程投资、房地产投资的相关数据如表1所示。

从表1中可以看出,全社会固定资产投资中建筑安装工程占了较大比例,从几年的情况来看,平均大约占67%。

---

① 管百海,时任中铁信托有限责任公司研究发展部副总经理,主持工作。该文发表于《当代金融家》2019年第3期,内容略有修改。

表1　　　　　　　2011—2018年固定资产投资情况　　　　金额：万亿元

项目	2018Q3	2017年	2016年	2015年	2014年	2013年	2012年	2011年
全社会固定资产投资	48.34	63.17	60.65	56.20	51.20	44.63	37.47	31.15
增长率（%）	5.4	4.2	7.9	9.8	14.7	19.1	20.3	23.8
建筑安装工程		44.18	42.31	38.82	34.98	29.84	24.36	20.02
增长率（%）		4.4	9.0	11.0	17.2	22.5	21.7	28.7
房地产投资		14.86	14.24	13.43	13.13	11.88	9.92	8.17
增长率（%）		4.4	6.0	2.2	10.6	19.8	21.4	32

数据来源：国家统计局。

建筑安装工程扣除房地产投资后，剩余的大部分应为基础设施投资，相关数据如表2所示。

表2　　　　2011—2017年建筑安装工程扣除房地产投资后的情况

金额：万亿元

项目	2017年	2016年	2015年	2014年	2013年	2012年	2011年
建筑安装工程（B）	44.18	42.31	38.82	34.98	29.84	24.36	20.02
房地产投资（C）	14.86	14.24	13.43	13.13	11.88	9.92	8.17
B－C	29.32	28.07	25.39	21.84	17.96	14.45	11.85
（B－C）的增长率（%）	4.4	10.6	16.2	21.6	24.3	21.9	

数据来源：国家统计局。

从表2可见，建筑安装工程投资扣除房地产投资后，其金额依然很大，信托在其中大有可为。

二、基础产业信托的发展情况分析

中国信托业协会在进行统计时，按资金投向将资金信托划分为基础产业信托、房地产信托、证券投资信托、金融机构信托、工商企业信托、其他。自2013年第一季度至2018年第二季度，基础产业信托的总量及其在总体信托业务中的占比情况如图1所示。

从图1可以看出，自2013年第一季度以来，新增基础产业信托规模呈现逐年下降的趋势。但其余额占比一直维持在较高水平，2018年前两个季度仍维持在15%左右。

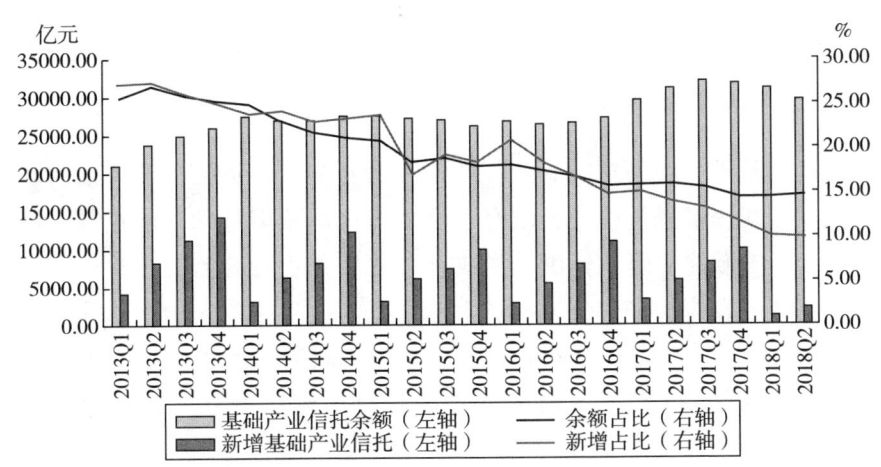

图 1　基础产业信托总量及占比

（数据来源：中国信托业协会）

将图 1 的数据与表 2 进行比较，可以发现，2013—2017 年我国基础设施投资的增长率只有 2017 年为 4% 左右，其余每年均保持在 9% 以上；而新增基础产业信托的增长率却每年为负数，与我国基础设施投资的增长变动成反向关系。

表 3　　　　　　　　　信托资产规模变化情况

项目	2012 年	2013 年	2014 年	2015 年	2016 年	2017 年
信托资产规模（万亿元）	7.47	10.91	13.98	16.3	20.22	26.25
增速（%）	55.30	46.05	28.14	16.60	24.05	29.82

数据来源：中国信托业协会。

从表 3 可以看出，2012—2017 年，信托资产规模呈现快速增长。将图 1 与表 3 的数据进行比较，发现基础产业信托规模的增长率远低于整个信托行业规模的增长率，与信托业前几年整体高速发展的态势不一致。

通过上述将基础产业信托的规模与国家基础设施投资以及信托行业整体的发展相比较，我们认为基础产业信托还有较大的潜力可挖，能为信托公司的发展作出更大的贡献。

三、基础产业信托的业务模式分析

过去几年，各信托公司大力创新、实践，基础产业信托在传统业务模式的基础上发展出了几种新的业务模式。

(一) 传统业务模式

传统的基础产业信托主要是"政信"合作模式,信托公司直接向政府的平台类公司提供融资服务;政府平台公司负责城市基础设施建设、城市开发等,地方政府对还款作出承诺或直接以地方政府的债权收益权作为融资标的,或者政府的平台公司提供土地等抵(质)押物。由于近几年大力规范政府融资行为,信托公司直接向名单内的政府融资平台公司提供融资存在困难,因此,大部分情况下是向名单外的政府融资平台公司提供融资,名单内的平台公司提供担保。

这种"政信"合作的传统业务模式在信托公司的基础产业信托业务中占比较大,对信托公司而言业务管理也比较简单。

(二) 近几年出现的新业务模式

在传统业务模式的基础上,信托公司为应对近几年政策和市场的变化,对于基础产业信托也创新了一些业务模式。

一是 PPP 模式。在规范政府负债的大背景下,2014 年国务院下发了《关于加强地方政府性债务管理的意见》。以前经常以 BT 方式实施的基础设施项目转为 PPP 模式(含 BOT 模式及各种变种),信托公司以股权、股+债、购买基金份额等方式参与 PPP 项目,为基础设施建设项目提供融资。

二是产业投资基金模式。近年来,产业投资基金成为各级地方政府推进基础设施建设的一个方向,各级地方政府成立诸如地方基础设施建设基金、区域城建基金、地方专项产业基金及其他各类产业投资基金。在产业投资基金中,政府出资一部分,大部分资金向社会募集。信托可以作为发起人也可以作为一般投资人参与产业投资基金。

三是棚改模式。棚户区改造是中国政府从 2009 年开始为改造城镇危旧住房、改善困难家庭住房条件而推出的一项民生工程,通过棚改提升城市形象及品质。进行棚改时,既有政府主导,也有企业主导以市场化方式运作。近年来,通过棚改模式介入基础产业也是信托公司的一种业务拓展模式。

四、基础产业信托业务的努力方向

基础设施建设投资是我国经济增长的一个拉动力,每年的投资额大,信托公司对于基础产业信托还应加大开发力度。只是在国家大力规范、清理政府债务的背景下,基础产业信托的侧重点应从政府转移到企业,从以下几个方向进行努力。

(一)继续尝试参与 PPP 项目

对于 PPP 项目,不少信托公司在前几年进行了尝试,但真正为 PPP 项目提供融资、进行主动管理的项目并不多,在已实施的 PPP 项目中,信托公司还经常充当各路资金的通道角色。

信托公司主动参与 PPP 项目少的原因主要是:成本高,基本是银行资金成本的 2 倍,对于 PPP 项目的社会投资人而言较难承受;资金期限不匹配,PPP 项目期限长,最短 10 年,最长 30 年,而信托计划的期限大多为 2~3 年;担心信誉风险,信托公司参与 PPP 项目大多数情况下是为项目解决资本金、以 PPP 项目公司股东身份出现,担心在项目出现安全、质量等问题时会对信托公司品牌形成负面影响。

虽然信托公司参与 PPP 项目存在不少困难和障碍,但是 PPP 建设模式广泛采用的趋势不可阻挡。从 2014 年开始,国家大力推行 PPP,国务院及国家相关部委近年来连续出台了几十个文件,以推动和规范 PPP 运作。因此,信托公司要想继续在基础设施建设领域的融资方面占有一定地位,就必须紧盯 PPP 领域,不能放弃。同时,为降低风险,信托公司可将大型央企(或地方国企)实施的 PPP 项目作为主要目标,加大项目跟踪、论证力度,在基于合作方信用的基础上优选项目,以阶段性持股方式为项目提供资本金融资服务。

(二)积极为棚改、旧改等项目提供融资支持

全国各地的棚改、旧改在今后一段时期内还会继续大力推进,并且,不少地方政府在平台公司融资困难的情况下,有意识地整合小地块,使之形成规模较大的棚改、旧改项目,将区域内的道路、管网及其他市政基础

设施纳入，以棚改、旧改的名义进行融资。为提高运作效率，有不少的棚改、旧改项目，政府通过招标或竞争性谈判方式优选社会资本方来实施。除此之外，政府自己实施的棚改、旧改项目大多以名单外的平台公司为实施主体。

棚改和旧改项目，属于国家大力支持的领域，也鼓励金融机构为这类项目提供金融支持。信托公司可积极参与，为相关企业提供融资服务。尤其对于企业主导、市场化运作的棚改、旧改项目，信托参与更为便捷，可为企业提供所需资金。

（三）为进入运营期的项目提供 ABS、ABN 服务

自 2014 年开始，PPP 模式在我国大范围实施。至 2018 年底，不少 PPP 项目已完成建设，进入运营期。为支持 PPP 发展，使专业的社会投资人具有 PPP 项目的持续投资能力，减轻社会投资人的资金压力，国家发展改革委和证监会于 2016 年 12 月 21 日联合印发了《关于推进传统基础设施领域政府和社会资本合作（PPP）项目资产证券化相关工作的通知》（发改投资〔2016〕2698 号）。该文件支持运营 2 年以上的 PPP 项目进行资产证券化。

并且，根据人民银行等四部门 2018 年 4 月联合发布的《关于规范金融机构资产管理业务的指导意见》（银发〔2018〕106 号文，俗称资管新规）以及后续发布的相关补充文件，资产证券化业务不在资管新规的管理范围。

因此，对于有经营收入的基础设施项目，在进入运营期 2 年后，信托公司可为这些项目提供 ABS、ABN 服务，帮助合作方盘活存量资产。

（四）参与政府的产业投资基金

产业投资基金近年来发展较快，2016 年 12 月国家发展改革委印发了《政府出资产业投资基金管理暂行办法》。政府引导的产业投资基金投资范围较广，用于支持多个行业的发展，而实施重大基础设施建设项目是一个重要方面。政府主导的产业投资基金，大部分采取"母基金+子基金"模式，通常采用平行投资的架构，吸引大型金融机构参与，放大杠杆优势。

在中央大力规范地方政府负债的背景下，尤其是《关于坚决制止地方

以政府购买服务名义违法违规融资的通知》（财预〔2017〕87号）出台后，通过政府购买方式变相融资的路径基本堵死。因此，产业投资基金成为很多地方政府实施基础设施建设融资的替代方式。信托公司在政信业务传统模式的基础上，可以找机会参与政府主导的产业投资基金，探索其中的市场机会。

可以预计，在较长时期内我国基础设施建设投资仍将维持在较高水平。并且，不管实施主体是政府方还是社会投资人，其最终还款来源还是政府财政或者使用者付费，相对于其他信托业务，项目的终极风险较低。2018年10月31日，国务院印发了《国务院办公厅关于保持基础设施领域补短板力度的指导意见》（国办发〔2018〕101号），要求金融机构加大对重大项目和在建项目的支持力度。在资管新规下，通道业务规模日渐萎缩，信托公司可进一步深耕基础产业信托这一传统业务领域，争取获得更多的市场份额。

养老产业发展应充分发挥信托作用

管百海①

2019年10月28日,国家卫生健康委等八部门联合印发《关于建立完善老年健康服务体系的指导意见》(国卫老龄发〔2019〕61号),要求建立完善符合我国国情的老年健康服务体系,满足老年人日益增长的健康服务需求。随着我国老龄化社会的到来,养老产业市场数年之前就被不少企业视为业务蓝海,但一直以来成功的商业模式和盈利模式较少,整个市场发展较为缓慢,甚至出现一些问题。正规的金融机构参与较少是出现问题的原因之一,信托公司也未发挥其应有作用。

一、我国老龄化情况及相关市场情况

国际社会通常认为一个国家65岁及以上人口占比超过7%,即代表该国进入老龄化社会。2001年我国65岁及以上年龄人口数量占总人口的比例达到7.1%,标志着我国从2001年开始步入老龄化社会。

根据国家统计局的统计,2018年底我国65周岁及以上老年人口为16658万人,占总人口的11.9%。如果以60岁退休年龄作为统计标准,则2018年底我国60周岁及以上老年人口为24949万人,占总人口的17.9%。根据有关机构预测,2030年我国老年人口将占总人口的25%左右。

老年人口如此庞大,养老产业市场需求旺盛,理应形成庞大的市场。据赛迪顾问分析,2018年我国养老市场规模为4.6万亿元,预计2021年将达到9.8万亿元。但实际上由于各种原因,我国养老市场的这些需求并未得到充分满足,真正符合老年人需求的产品不多。

---

① 管百海,时任中铁信托有限责任公司研究发展部副总经理,主持工作。该文发表于《上海证券报》2020年第3期,内容略有修改。

二、养老产业市场发展中存在的一些问题

我国养老产业蓬勃发展的过程中也出现了一些问题,其中有些问题负面效应强,在一定程度上也影响了养老产业的发展。

(一)出现"以房养老"骗局,社会影响恶劣

2019年5月,中央电视台揭露中安民生"以房养老"骗局,老人被逼卖房还数百万元高利贷。资管公司中安民生与高利贷公司共同设下"连环骗局",假借国家部委名义诱骗老年人将房屋抵押给小贷公司,再将从小贷公司取得的房屋抵押款进行投资,随后小贷公司以各种暴力手段进行催收。类似的"以房养老"骗局在其他地方也有出现,形成恶劣的社会影响,使原本在国际上较为成熟的"以房养老"模式在我国才刚开始试点(银保监会仅批准了幸福人寿保险公司开展此业务)就遭遇阻碍,后面要进行推广困难重重。

(二)部分养老公寓收费高,引发"仇富"讨论

有些高端养老项目,入住门槛费上百万元,每月缴几万元费用,让绝大部分老年人"望门兴叹"。并且,这些高端养老项目基本都是社会资本投资的,投资收益最大化是其主要目标,为此,采取高调宣传、广告营销,信息传播范围广。在我国脱贫攻坚战的关键时期,社会少量人员尚未脱贫的背景下,这种仅社会"高富"人群才有能力消费的产品也引发社会各界的关注,甚至引发"仇富"的讨论。

(三)市场化运作项目投资回收周期长,盈利难题待解

社会要满足广大的养老需求,光靠政府进行投入远远不够,需要充分调动社会资本参与。而社会资本要以市场化原则和方式运作养老项目,面临几个方面的困难,使得盈利能力不足成为难以解决的突出问题。一是如果以商业用地性质获取项目,则只能以较高的价格对开发出的产品比照商品房进行销售,这种情况下只能面对社会高端人群,且不是"刚需",销售情况不一定好,投资回报率及投资回收期一般要比商品房项目差。二是

如果以工业、养老名义甚至以划拨方式取得项目土地,则项目不能进行销售,需要通过营运慢慢回收资金,形成重资产运营项目,项目前期的多年要实现盈利存在困难,且项目投资回收期较长。三是行业集中度较低,规模效应尚无法显现。目前,我国的养老市场正处于培育、起步阶段,各路资本纷纷进入,正在进行探索,尚未形成较为成功的模式,普遍规模不大,也无法形成规模效应。人口学家、北京大学人口所乔晓春教授经过调研统计后认为,北京市90%的养老机构有大量空床,并且北京市养老机构盈利状况很不乐观,只有4%的养老机构实现盈余,超过60%的养老机构需要10年以上时间才能收回投资。

（四）医疗资源不足,"医养结合"较难

经过前期相关企业的探索,大家基本形成了较一致的共识,养老项目要想获得客户的高度认可,配套完善项目的医疗条件是一个重要因素。养老项目因其目标客户为老年人,老年人的身体状况较弱、发病率较高,决定了其居住地应有较完备的医疗资源,以便及时进行相应的检查与治疗。国家也在大力推进"医养结合",2019年5月,国家卫生健康委等四部门联合发布《关于做好医养结合机构审批登记工作的通知》。但是,由于各种历史原因,我国的医疗资源总体上严重不足;同时,还存在医疗资源区域配置严重不均衡的情况。养老项目都希望能配置好的医疗资源,但实际上较难实现。品牌好、综合实力强的医院不愿意投资入驻,综合实力不强的小型、民营医院想进入,又没有实力进行投资,并且养老项目的开发商也不愿意引进。

（五）项目周期长,金融机构介入少

对于一般的养老项目,不是进行房屋产品销售,而是通过运营来回收投资。通常将养老项目划分为项目建设期和运营期,在建设期需要大量投入以建成项目,在进入运营期后,通过提供康养服务吸引老年人入住、通过收取相关费用来收回投资。可见,养老项目周期长、投资回收期长,投资回报率也不高;且由于周期长,项目还面临各种潜在的不确定性。在我国又是以贷款类间接融资为主,养老项目很难提供满足金融机构贷款所需的流动性强的相关抵押物。因此,目前金融机构为养老项目提供项目融资的较少。缺少了金融的大力支持，养老产业要大力发展就存在资金缺口。

三、充分发挥信托的制度优势和作用

根据民政部公布的数据，2018 年全国共有各类养老床位合计 746.3 万张，每千名老年人拥有养老床位 29.9 张；一些研究机构认为 2018 年我国养老机构床位缺口为 914 万张。如此巨大的养老床位缺口，单纯靠国家投资是难以迅速解决的，必须吸引社会资本进入。在此过程中，可以大力发挥信托的制度优势和作用，推动养老产业的发展。

（一）发挥信托的制度优势，使老年人直接成为养老项目的股东

信托制度灵活，可以横跨资本、证券与实业三大市场。信托公司可以充分利用这一制度优势，从信托的本源出发，将需要养老服务的投资者的资金集中起来，作为项目资本金直接投入项目，出资人以股东身份参与项目，项目建成后出资人可以以一个约定的较优惠价格享受项目的养老服务。这样，既解决了养老项目的建设资金需求，又锁定了项目建成后的客源，消除了一般项目将会面临的市场不确定性。

（二）大力发展服务型养老消费信托

信托公司应响应金融监管部门发展服务信托的号召，大力发展养老消费信托，同时也促进信托公司的业务转型。养老消费信托目前主要有以下两种形式：一是信托公司设立消费信托计划，直接向康养机构采购康养服务，以规模优势取得较优惠的价格并以机构身份督促康养机构提供对应质量的服务，改变单个消费者单独消费时的弱势地位，保障老年消费者权益。二是针对不能像商品房一样按套或床位分割单独进行销售的项目，信托公司可以设计合适的服务信托产品，集合相关有养老需求的老年人，将其资金集中到一起，以信托名义按栋购买项目的物业，不动产权证按栋办理到信托名下，每个出资的老年人占信托（或者说该栋物业）的一定比例，相当于实现了养老物业的销售；并且，当某个老年人想退出时，只要将其信托份额转让即可，并不需要进行物业的实际交易；老年人在享受康养服务的同时，还能享受不动产物业的增值。

（三）以信托作为各方连接纽带，推动"以房养老"规范、快速发展

"以房养老"本是非常好的一种养老方式，在我国却被"念歪了经"，成为某些人欺骗老年人的"幌子"，其中一个重要的原因是强公信力的金融机构缺位。信托行业近些年来一直在倡导回归信托本源，大力发展服务信托。在"以房养老"中，信托公司可以发挥积极作用，为老年人提供房屋代管、房屋出租、账户管理、资金管理、房屋处置等服务，同时相当于为"以房养老"的相关方提供了居间的公信力。信托公司参与后，老年人再不用担心被欺骗，可以安心地以自己的房屋为主要财产规划自己的养老生活，从而推动"以房养老"在我国的规范发展。

（四）推广养老金信托，提高养老金收益

目前，国内已有为数不多的几家信托公司取得了养老金信托业务资格，开展了养老金信托业务。但总体来看，养老金信托业务规模还不大，参与该业务的信托公司数量少。信托公司具有较强的主动资产管理能力，从几大类资产管理机构的业绩来看，信托产品的收益是相对比较高的。因此，应充分发挥信托公司良好的资产管理能力和经验，将更多的养老金及企业年金交由信托公司管理，以实现更高的收益，使老年人以及企业员工更受益。

（五）为老年人提供信托理财服务

老年人大多属于风险规避型，不愿意将用于养老的资金投资于高风险的领域。前期不少 P2P 网贷公司跑路，一些将资金投入其中的老年人深受其害。虽然按照 2018 年 4 月出台的《关于规范金融机构资产管理业务的指导意见》规定，下一步资管产品要打破刚性兑付，但是，总体来看，信托与储蓄、理财、基金等进行比较，属于风险可控、收益较高的资管产品，也较为适合老年人投资。信托公司下一步可以拓宽自己的产品线，开发出更多适合老年人投资的信托产品，为老年人提供更有针对性的理财服务。

"老吾老以及人之老"，为老年人提供一个较好的社会生活环境，使老年人能够安享晚年是社会各方面应尽之责。我国已步入老龄化社会，但养老产业的发展却不尽如人意。信托公司作为制度灵活的专业金融机构，可以从信托的本源出发，为我国养老产业的发展提供更多助力。

以文化建设为引领，推动信托业高质量发展

管百海[①]

2019年12月下旬在广东东莞召开的信托业年会主题是"弘扬信托文化、强化合规建设"。在这个阶段提出信托文化的建设，有其特殊背景和特殊意义。银保监会2019年12月30日印发《关于推动银行业和保险业高质量发展的指导意见》（银保监发〔2019〕52号），就2020—2025年我国银行业和保险业高质量发展提出了要求。在我国经济发展动能转换的背景下，信托行业应以文化建设为引领，推动行业的高质量发展。

一、信托的起源及信托文化

大部分人都认为信托起源于英国的用益制度。用益制度是农民和教徒为了规避封建领主对土地的控制而采取的一种财产转移方式。13世纪至15世纪的英国，用益制度由于具有规避法律的优点，被民间广泛利用。至15世纪中叶，英国在原来专门处理用益案件的大法官的基础上出现了与普通法院相抗衡的衡平法院，衡平法院承认用益制度设计，并把受益人和受托人之间的关系正式确认为法律关系，赋予衡平法效力。至此，用益制度得到法律的初步认可。

从信托的起源来看，其作用主要是对抗当时的法律进行财产转移，受托人应按照委托人的意愿努力采取相关措施以实现委托人的目的。从这个角度来看，信托文化可以概括为"受人之托，忠人之事"。

随着时代的发展，"一重用益"发展成"二重用益"。一般将"一重

[①] 管百海，时任中铁信托有限责任公司研究发展部副总经理，主持工作。该文发表于《当代金融家》2020年第5期，内容略有修改。

用益"的"用益设计"称为"Use",将"二重用益"称为"Trust",即我们现在所称的"信托"。在某些国家的某些历史阶段,出于社会发展对于资金的需求,资金信托成为这些国家信托业务的主流,比如日本和中国。

现在经常说的"受人之托,代客理财"则是资金信托发展到一定阶段以后才形成的理念。

二、我国信托业发展过程中信托文化建设方面存在的问题

改革开放以后,我国信托业迎来大的发展。从1979年我国成立第一家信托公司——中国国际信托投资公司至今,信托业发展迅速,已成为我国第二大金融子行业,最高时2017年底信托资产规模达到26.25万亿元。虽然信托行业发展迅速,但信托文化培育方面做的工作较少,存在一些问题。

(一)因野蛮生长,信托行业被多次整顿

在信托业发展的40余年中,信托公司因行业定位不清、文化不明、野蛮展业等原因,历经了六次清理整顿,信托公司数量从最多时的1000多家减少至68家。六次整顿的时间分别为1982年4月、1985年初、1988年8月、1993年6月、1999年3月、2007年3月。每次整顿表面的理由是信托公司业务方面引发问题,但从深层次来看,还是信托文化缺失,导致自身行业定位不准,无法形成行业自身的发展优势和特点。

(二)刚性兑付致使信托公司服务意识不强

因各种历史原因,信托形成了"刚性兑付"行业潜规则,在这种背景下,信托公司无法形成"代客理财"的观念。由于是刚性兑付,不管信托项目是否出现风险,信托公司都要支付给投资者本息,相当于风险都是信托公司在承担。客观和主观两个方面都无法让信托公司形成"代客理财"的观念。

(三)信托公司诚信意识不强,未体现"信义"责任

虽然《中华人民共和国信托法》和《信托公司集合资金信托计划管理

办法》中均要求信托履行诚实信用、谨慎勤勉的义务，遵循诚实信用原则，但由于行业所处的环境及各种原因，信托公司在业务开展过程中并未形成良好的"诚信"意识，主要体现在信息披露不完全、风险揭示不充分，尤其是当信托项目出现风险时，信托公司为避免影响自己的声誉和品牌，大部分情况下都是自己进行项目风险处置，并不会把项目的真实情况及时、完全告知投资者。

（四）信托公司业务经营模式与信托文化不匹配

从信托的本质出发，信托公司担任受托人角色，进行"代客理财"。从理论上来说，信托公司应该收取管理费；从激励的角度出发，还可以对于实现的超额收益进行一定比例的分成。但是，在此前 40 多年的发展过程中，信托公司的经营、盈利模式都是建立在收取"存贷差"的基础上。甚至社会上有种声音，认为信托也是银行的"信贷文化"。可喜的是，这种现象已从制度设计层面开始扭转。2018 年 4 月中国人民银行等四部门联合印发的《关于规范金融机构资产管理业务的指导意见》的第二条已对金融机构就资产管理业务收取管理费问题进行了规范。

（五）信托公司主要从自己的角度思考、处理问题，形成错位

不管是"受人之托，忠人之事"还是"受人之托，代客理财"，从信托的本质来看，信托公司都是受投资者委托进行信托资产的运用和处置。信托公司在采取相关行动时应基于委托人的利益、从委托人的角度出发，但受"刚性兑付"等因素影响，不少信托公司在实际业务操作中，主要还是基于自身利益和角度来进行决策并采取行动，与受人之托的初衷相去甚远。

（六）信托公司业务开展不够审慎，风险项目频现

从"代客理财"的角度出发，信托公司应审慎展业；同时，《中华人民共和国信托法》及《信托公司管理办法》也要求信托公司应尽谨慎义务。但是，在实际的经营活动中，信托公司管理层迫于经营压力、考核压力，业务人员追求自身薪酬最大化，往往忽视了审慎义务，甚至有意隐瞒项目真实情况，将信托资金投向一些高风险项目，导致近几年信托风险项

目频现。根据中国信托业协会的统计，截至2019年第三季度末，风险信托项目个数为1305个，规模为4611亿元。

信托行业发展过程中存在的这些问题都是与信托文化的建设背道而驰的，也使得社会上一些人员对信托行业存有较为负面的看法和评价。

三、新时代下信托文化的承继与发展

习近平总书记在党的十九大报告中指出，"中国特色社会主义进入了新时代"。在新时代下，信托文化建设应在以前的基础上进行承继，同时要有新的发展。

（一）新时代下信托行业特征分析

在新时代下，信托行业具有以下特征。对此，我们应有清醒的认识。

1. 资金信托为主，服务信托等为辅。虽然近几年社会上不同层面均在呼吁信托回归本源，呼吁大力发展服务信托和慈善信托，但是，我们要实事求是，尊重客观实际，基于我国的社会发展阶段，目前及今后一段时期内资金信托仍是信托公司业务的主要组成部分，服务信托和慈善信托会迎来高速发展期。如果从营业收入、利润贡献等角度来看，服务信托和慈善信托在今后一段时期内，仍无法成为信托公司的主要业务，信托公司的生存仍将依靠资金信托的开展。

2. 委托人与受托人之间的主被动关系转换。从信托的起源来看，委托人处于主动地位，受托人处于被动地位。信托事件一般是由委托人发起，受托人按照委托人的要求行事。但是，在当下，委托人与受托人之间的主被动关系需要分业务进行分析。占比较大的资金信托业务，是由信托公司先找好信托项目，再发起设立信托计划向投资者募资，这种情况下，信托公司居于主动地位，作为委托人的投资者居于被动地位。对于服务信托，则还是委托人居于主动地位，受托人居于被动地位。

3. 国家大力发展直接融资，信托的非标融资业务将减少。我国社会经济发展阶段已发生变化，已由以前的高速度发展阶段转向高质量发展阶段。为适应社会经济高质量发展的需要，金融也要进行供给侧结构性改革，增加直接融资，减少间接融资。2018年印发的《关于规范金融机构资

产管理业务的指导意见》，其出发点也是引导资管行业向标准化、基金化方向发展。信托公司以前主要做的是非标融资，这也是信托公司擅长的领域；为适应新时代发展的要求，信托公司要有"刀刃向内"的勇气，降低非标融资业务的比重，大力发展标准化业务。

（二）新时代下信托文化的要义

1. 坚守"信义"。"信义"是信托的基石、是信托公司的生存之本，不讲"信义"则信托无从谈起。此前几十年信托行业实行的刚性兑付虽然有悖于"卖者尽责，风险自担"的原则，但却对信托行业在高净值人群中建立良好形象和口碑起到了重要作用，使信托获得了高净值人群的认可，也积累了大量的高净值客户，这也是信托相对于其他一些金融子行业具有的优势。委托人基于对信托公司的信任将信托财产交给信托公司打理，信托公司作为受托人要坚守"信义"，主观上诚信、尽责，客观上审慎、勤勉，打造"信义"文化，不辜负委托人的信任，为业务开展打下坚实的社会基础。

2. 勤勉尽责。信托公司作为受托人，在任何时候都需要勤勉尽责，全力做好自己该做的工作。在此方面，中国信托业协会做了较多工作，2018年9月发布了《信托公司受托责任尽职指引》，对于一个信托项目的全过程信托公司如何尽职履责进行详尽的说明，该指引作为行业自律规则，也是对国家法律法规、部门规章及规范性文件、信托公司内部规章制度的有益补充。

3. 以投资人利益为中心。客户是企业生存的基础，也有人说"客户是上帝"。信托公司也要树立以投资人利益为中心的理念，做相关工作都要从投资人的角度来思考问题，改进以前主要从自身利益出发思考问题的惯性，这也是新时代下适应资管新规要求必须进行的观念转变。从另一个角度来看，以投资人利益为中心与信托公司追求自身利益并不矛盾，作为以资产管理为主要业务的信托公司，投资者的利益实现了，信托公司也就能相应地获得自己该得的利益。

4. 依法合规。从信托的起源来看，信托是为了对抗当时既有的法律而产生的，或者说是为了钻既有法律的"空子"。对这一思想，我们应予以抛弃。信托作为我国金融体系的重要组成部分，承担着传导国家货币政策、产业政策的责任,担负着服务实体经济的使命,也对防范系统性金融风险负有责任。在新时代,信托公司要以依法合规作为自己展业的底线。

四、信托公司进行信托文化建设的配套措施

信托公司进行信托文化建设,除了思想上重视、提出口号以外,还需要有具体的行动作为文化建设的配套措施。

(一) 加强主动管理能力建设

按照银保监会关于高质量发展的指导意见,信托公司应建成具有特色优势的非银行金融机构。而信托长期以来深耕非标资产市场,与银行、保险等金融机构相比,对于具体项目具有更强、更专业的主动管理能力。信托公司应继续保持并扩大自己主动管理能力的优势,使之成为信托相对于其他金融子行业的比较优势并转化为竞争力。

(二) 通过内控体系保证依法合规

信托公司的业务部门与中后台部门之间的关系犹如汽车的刹车和油门。业务部门有强烈的做业务冲动,为了做成业务,有时会忽视合规性问题,2018年、2019年不少信托公司受到处罚主要是合规性方面出了问题。为防止因业务冲动而牺牲合规的情况出现,信托公司应通过加强内控体系建设来保证依法合规,通过制度来管人、管事;对于一些不能做的事情,要建立负面清单。同时,要建立监督、检查机制,形成相互制约,避免公司内部不同部门之间发生"串通"行为。

(三) 进行全面风险管理

信托公司作为受托人管理信托财产,要尽量实现委托人的目标。虽然说"卖者尽责,买者自负",理论上投资者应自行承担相关风险,但是,只要信托项目出了风险,投资者的目标就无法实现,投资者对于信托公司的信任度就会降低,要想其以后将财产继续交给该信托公司打理就较为困难。因此,信托公司要加强全面风险管理。首先,要树立全员风险意识,每位员工要绷紧风险管理这根弦,尤其是业务人员,要平衡好业务开发和

风险之间的关系，舍弃高风险项目。其次，要建立覆盖信托项目全过程的风险管理体系，不留死角，并根据环境和市场的变化及时优化和完善风险管理体系。

（四）推进科技手段的运用

我们身处科技大发展的时代，目前信息技术已应用于社会生活的方方面面，正在影响并改变着既有的商业模式、提高社会生产效率。在金融领域，科技运用也越来越多，对传统金融机构及模式正形成巨大冲击。在几大金融子行业中，信托行业的信息化程度较低，信息系统投入和建设相对滞后。为提高效率、提高行业竞争力，信托公司应加大科技投入、加大科技手段的运用，在条件成熟时进行流程再造、业务模式再造甚至商业模式再造。信托文化的建设应在"守初心"的基础上，利用科技手段提升效率和能力；同时，也应借助科技手段推广信托公司的文化，提升影响力。

文化是一个行业长久持续发展的原动力，我国信托行业历经40余年发展，一路走来披荆斩棘。进入新时代以后，社会经济发展对于信托业的需求已发生改变，信托业面临转型升级的巨大压力。在经历规模快速跃升的"奔跑"之后，信托业需要慢下来，建设信托文化，从信托文化中汲取发展动力，实现高质量发展。

新型冠状病毒肺炎疫情
对信托公司基础产业业务的影响分析

王 跃[①]

2020年春节期间,新型冠状病毒肺炎疫情迅速在全国蔓延,举国上下共同抗击疫情,为避免人口大规模流动和聚集,采取了居家隔离、延长春节假期等防控措施。目前看来,疫情虽未结束但已被有效抑制;对我国经济的影响,预计依然属于短期外部冲击,对经济中长期发展趋势影响不大。短期来看,旅游业、餐饮业、酒店业和航空业受影响最大,而电子商务、电子政务、居家办公、虚拟会务/商务、线上教学等新业态和新模式将迎来新一轮快速发展。

2019年,随着金融环境的相对宽松、中央加大基础产业领域补短板力度政策的推进落实,信托公司加快了基础产业业务的布局。那么,2020年疫情的发生对于信托公司基础产业业务会带来哪些影响?本文从城投公司政策定位、城投公司还款意愿及能力、城投公司资金需求三个方面进行简要分析与预测。

一、疫情的发生对城投公司政策定位影响不大

本文所指的信托公司基础产业业务,是信托公司以地方政府城投公司为交易对手的融资类业务,即传统意义的"政信业务",此类业务存在的基本逻辑是地方政府的隐性信用背书。对于城投公司的政策定位,最关键的有三点:(1)城投公司是基于政府不规范融资等历史原因形成的特殊企业,是政府隐性负债的主要承接载体;(2)长期看,城投公司应转型为地

[①] 王跃,中铁信托有限责任公司研究发展部总经理助理。该文发表于"信托百佬汇"公众号,2020年3月。

方国企,最终与政府信用彻底脱钩,但是需要一个渐进的过程;(3)打破"刚兑"是大势所趋,中央对地方债务实行"不救助"原则,城投公司融资并不是无风险套利业务。

受此次疫情影响最大的是中小型制造企业与服务企业;疫情发生后,可以预见的是国家将实施稳健偏宽松的货币政策与更加积极的财政政策;疫情过后,预计政府将加大对人口流入地区都市圈城市群的基础设施建设,加大对交通运输、教育、医疗等行业的投资。这些均不涉及城投公司政策预期的改变,反而是一定程度的利好。

二、疫情的发生对城投公司还款意愿及能力有一定短期影响

随着疫情的暴发和蔓延,近期将到期的部分政信项目可能会受到一定影响,存在无法及时兑付的风险。一是目前到期业务可能无法及时兑付。疫情期间,各级政府部门全力抗击疫情,企业延期复工、弹性工作。若此时信托公司基础产业项目到期,可能会受到工作效率影响,产生一定的时滞,影响按期兑付。二是后续到期业务可能没有能力兑付。据财政部消息,截至2020年2月8日下午6时,按照"县级为主、省级兜底"的原则,各级财政共安排疫情防控资金718.5亿元,实际支出315.5亿元。地方财政需要保障的相关经费支出,对于疫情较重的区域财政产生较大的压力。同时,中央财政后期将根据疫情防控需要,继续出台和完善有关财税支持政策,也会影响地方财政的后续收入。三是疫情较重的地区社会经济秩序受到严重影响,可能也会导致其收入下降,影响区域还款能力。借鉴当年的"非典"疫情,本次疫情可能对房地产销售与投资均带来严重的不利冲击,从而极大地影响地方政府的基金性收入。

三、疫情的发生对城投公司资金的需求影响不大

城投公司的资金需求主要来自两个方面:一是"借新还旧",保持流动性;二是新项目的继续投入。城投公司的资金来源以银行贷款及公开市场发债为主,非标融资仅是其中的补充;在政策导向无明确变化之前,为维持资金有效运转,城投公司依然会有非标融资的需求。疫情发生后,预计政府部门将加大基建投资力度对冲经济下行风险,领域仍将集中在补短板的公路、

铁路、城建、物流、生态环保、社会民生以及5G技术等。这可能给信托公司参与新型基础设施建设提供一定的机遇。但是，2019年颁布的《政府投资条例》、中央对隐性债务的清理、对地方政府违规举债的清理与追责等，将一定程度抑制地方政府通过城投公司进行的过度融资与投资冲动。

四、近期城投企业非标融资多起项目展期或违约

根据媒体披露，近期受疫情影响，至少已有七起城投企业非标融资展期或违约，涉及雪松信托、光大信托、国通信托等多家机构，项目主要位于贵州、云南、甘肃等地。

这些项目的展期究竟是由于疫情导致的无法及时履约，还是项目本身不能正常运营导致的实质违约，还有待观察。可以预见的是，2020年城投企业信用分化将加速：一方面，面临疫情影响下的货币宽松及降准降息政策，各家金融机构对优质融资资源竞相抢占，优质城投企业的融资成本将越来越低；另一方面，城投企业违约事件还将继续增加，特别是贵州、云南等经济较落后、城投企业债务高企且有负面融资新闻传出的区域。

五、主要结论及建议

从短期来看，本次疫情的发生对信托公司基础产业业务带来一定的影响，需重点关注按期兑付风险；从中长期看，疫情对信托公司基础产业业务影响不大，需重点关注中央对城投公司政策定位是否变化。

因此，笔者建议如下：一是信托公司应主动与城投公司及政府相关人员保持交流、沟通，及时掌握公司及当地动态变化，提前做好应对预案；二是信托公司可继续按照自己的业务拓展思路，优选经济发达区域，规避经济欠发达、区域债务率过高、本次疫情影响严重的区域；三是信托公司应密切关注疫情发展对经济发展的影响以及后期政策变化走势，及时调整业务思路。

解析资管新规终极目的，信托公司五大路径通往服务实体经济大目标

朱晓林[①]

2018年4月27日，人民银行联合银保监会、证监会、外汇管理局共同发布了《关于规范金融机构资产管理业务的指导意见》（银发〔2018〕106号，以下简称资管新规），旨在规范金融机构的资产管理业务，统一监管标准，有效防控金融风险。作为以资产管理为主要功能定位的信托机构，资管新规将重塑信托公司的业务结构及业务模式，推动信托公司回归资产管理与财富管理等本源业务。

资管新规的根本目标在于服务实体经济，通过发挥资产管理业务的功能，引导社会资金流向实体经济，更好地支持经济结构调整和转型升级。信托公司作为中国的"实业投行"，一直以服务实体经济为己任，受托资产规模的六成直接投向实体经济领域，为实体经济提供了全方位的金融服务。随着资管新规的实施、我国经济发展动能的转换以及金融业的对外开放，信托公司必须要转换原有的业务模式，探索服务实体经济的新路径。

资管新规的根本目标

资管新规总共三十一条，其中有三条提及服务实体经济的相关内容。资管新规第一条，提出了金融机构资产管理业务的原则之一是坚持服务实体经济的根本目标，要求切实服务实体经济投融资需求。资管新规第十条，鼓励充分运用私募产品支持市场化、法治化债转股。资管新规第十一条，鼓励金融机构在依法合规、商业可持续的前提下，通过发行资产管理

---

① 朱晓林，中铁信托有限责任公司研究发展部总经理助理。该文发表于"信托百佬汇"公众号，2018年7月。

产品募集资金投向符合国家战略和产业政策要求、符合国家供给侧结构性改革要求的领域；鼓励支持经济结构转型，支持市场化、法治化债转股，降低企业杠杆率。

资管新规鼓励投资标准化资产，限制非标投资，旨在让资管业务回归本源，避免沦为变相的信贷业务，并缩短融资链条，降低融资成本。在规范非标投资的同时，我国将大力发展直接融资，建设多层次资本市场体系，以增强金融机构服务实体经济的效率和水平。从我国经济的发展阶段来看，当前我国经济已由高速增长阶段转向高质量发展阶段，作为市场经济核心部门的金融业，也必须要高质量地"进"，才能更好地服务实体经济，助推中国经济转型升级。

外部经营环境大变

在宏观经济方面，最近几年我国坚持以供给侧结构性改革为主线，着力培育壮大新动能，经济结构的优化升级已经取得了一定的成效，新兴产业正成为我国经济社会发展的新动力。根据《"十三五"国家战略性新兴产业发展规划》，到2020年，战略性新兴产业增加值占国内生产总值比重将达到15%。新经济企业在发展早期由于规模小、风险高、现金流不稳定、没有抵押物等因素，不符合传统信贷及发行企业债券所要求的企业盈利、明确的还款来源等条件，因此很难获得传统的信贷资源支持，更多地依靠股权融资。在此背景下，国家也在加大直接融资对新经济企业的支持力度，包括支持金融机构开展科创企业投贷联动业务，证监会对生物科技、云计算、人工智能、高端制造开启IPO绿色通道等，这也是我国直接融资放开，进一步完善多层次资本市场的重要内容。

在金融业发展及监管方面，2018年我国加快了金融业对外开放的步伐，针对银行、证券、保险等多个领域的对外开放政策正在逐步落地；与此同时，包括资管新规在内的一系列监管文件陆续出台，"去杠杆、去嵌套、去通道、破刚兑"的金融监管原则已经形成，长期以来以信贷和类信贷融资为主的金融体系将得到改变，标准化资产和资本市场将得到大力发展。金融业的双向开放，将倒逼我国金融机构加快转型升级的步伐，以开放促改革，直接融资将被放在更重要的位置，这有助于促进我国金融市场规制与国际标准进一步接轨，助推中国金融和经济融入世界。

伴随着我国经济结构的转型升级，相对于以房地产、基础设施、矿产资源等为代表的传统经济部门，以高科技、互联网为代表的新经济企业更加依赖直接融资尤其是股权融资。而我国金融业的对外开放，也将加快多层次资本市场建设的步伐，以银行借贷为主的间接融资的占比将逐步降低，直接融资的比重将不断提高。随着资管新规的落地，信托公司的转型升级必须考虑到实体企业投融资需求的变化，并在此基础上转变业务模式，以更好地服务实体经济。

五大路径探讨

1. 通过资产证券化业务支持实体经济发展。资产证券化业务不受资管新规的限制，具有较大的发展空间，也是信托公司转型的重要方向之一。在信贷资产证券化方面，据统计，2017 年银行间市场共发行 133 单，发行规模总计 5971.83 亿元，较 2016 年分别增长 23.15% 和 52.79%，发行规模显著增加。但相较于 2017 年末银行业贷款余额 977860 亿元，信贷资产证券化的规模仍很小，未来仍有很大的增长空间。商业银行通过信贷资产证券化，可提高资产流转速度，实现表内信贷资产表外化，从而提高服务实体经济的能力。信托公司作为信贷资产证券化的受托机构，可加大该项业务的拓展力度，信贷资产证券化一方面可以成为信托公司的主营业务之一，另一方面也可以间接支持实体经济的发展。

在企业资产证券化方面，在当前非标融资受到限制的情况下，企业通过发行资产证券化产品让渡存量债权或收益权资产，可以将存量资产变现，从而拓宽融资渠道，并改善企业的资产负债结构。信托公司在开展资产证券化业务时，要不断提升主动管理能力和创新服务能力，从仅仅起到隔离作用的通道逐步向资产证券化整体服务商转变。具体而言，信托公司可提供中介选取、产品设计、项目协调等主要金融服务，体现信托公司在资产证券化框架下的核心地位和作用，从而获得资产证券化项目更大的主导权，并提升盈利空间。

2. 加大对新兴产业的投研力度，开发股权融资产品。新兴产业代表着未来经济发展的方向，信托公司要加大对新兴产业的投研力度，了解其发展的内在规律,从而有针对性地提供金融服务。相对于传统的房地产、基建等行业,新经济企业最重要的资产一般为知识产权等无形资产,可用于抵押的房产、土地等资产较少,并且其所处发展阶段一般为初创期或成长期,具有较高的风险,因此,信托公司需要针对新经济企业的特点开发有针对性的产品。

信托公司可以横跨资本、货币和产业三大市场,具备独特的制度优势和灵活的金融工具,因此可以通过产业基金、并购基金、私募股权投资、私募债等多种方式将资金配置到符合产业政策导向的新经济企业。一方面,信托公司可以在资管新规的框架内设计开发相应的股权投资产品以及权益性资产投资产品,实现和新兴产业的有效对接;另一方面,由于创业投资基金和政府出资产业投资基金不受资管新规的限制,并且享有税收优惠,因此信托公司可以加大与相关机构及政府的合作力度,通过发挥政府引导基金的杠杆作用,整合社会资金及金融同业资金来源,共同促进新兴产业的发展。此外,股权和权益性投资属于较高风险投资领域,信托公司还需加强投资者教育及投资者适当性管理工作。

3. 通过债转股支持经济结构的优化升级。2016年10月,国务院下发了《关于积极稳妥降低企业杠杆率的意见》(国发〔2016〕54号),由此拉开了新一轮债转股的序幕。作为去杠杆的有效工具,债转股可以实现金融资本对产业资本的深度融合,借助银行或第三方实施机构的资源,进行产能整合,推动同类企业间的兼并重组,从而助推我国经济结构的转型升级。此次债转股要求市场化操作,也给信托公司带来了业务机会,可以充分发挥信托公司在实体经济投资方面的专业优势。

现阶段,信托公司参与债转股业务的顾虑主要集中在前期的项目选择困难、盈利的不确定以及退出方式的不确定三个方面。建信信托介入武钢集团、云南锡业债转股业务,开创了由信托公司主导债转股项目的先河。信托公司可以直接持有企业股权,也可同时承接企业股权和债权,因此,信托公司可以作为实施机构直接参与债转股,也可以作为社会资本或是基金管理人参与债转股,或是参股银行系的实施机构。

4. 积极参与多层次资本市场建设。多层次资本市场是经济要素市场化配置的重要平台,也是直接融资最核心的市场基础设施,目前我国已初步形成由主板、中小板、创业板、新三板、区域性股权市场组成的多层次市场体系。当前我国正推行供给侧结构性改革和大力发展战略性新兴产业，多层次资本市场建设的需求更加强烈，直接融资比例提升不能简单依靠IPO和再融资发行节奏的加快，需要整个资本市场体系和制度的完善作为基础。

多层次资本市场的不断完善也给信托公司带来重大发展机遇，信托公司要积极拥抱资本市场，深入分析资本市场中各类客户的需求，为不同风险偏好的客户提供多样化、定制化的金融服务。围绕着上市公司、上市公司大股东，以及非上市公司、投资者，信托公司可以开展二级市场投资、MOM/FOF、定向增发、并购重组、私募债等相关业务。

资管新规鼓励投资标准化资产，资管产品的资金端净值化管理，因此资产端的主动管理能力尤为重要。在多层次资本市场体系日益完善的背景下，标准化资产的产品创设能力和主动管理能力将成为信托公司的核心竞争力之一，信托公司的盈利模式将从过去的利差驱动模式变为追求管理费收入、资产增值收益以及超额收益分成。

5. 开展国际业务，增强跨境金融服务能力。随着"一带一路"的推进以及我国金融业的对外开放，我国企业的跨境金融服务需求日益增加，高净值客户的跨境资产配置需求也日益强烈，对信托公司而言，开展国际业务正当其时。在资管新规落地、信托回归本源的大背景下，发展国际业务，尤其是境外理财业务，也是信托公司重点布局的方向之一，既可以丰富信托公司的产品线，也可以提高信托公司开展财富管理业务的竞争力。

信托公司通过开展国际化业务，可以为客户提供综合金融服务：一是配合国内企业"走出去"的需要，提供服务于国内企业的境外IPO、定增、跨境并购等跨境业务；二是提供境外融资服务，通过信托公司跨境直融、境外子公司融资等方式引进境外低成本资金服务于国内经济发展；三是开展跨境资产配置业务，满足国内高净值客户对资产全球化配置的需求，并在此基础上开展跨境财富管理、境外家族信托等业务。

相较于其他金融机构，信托公司开展国际业务起步较晚且由于相关法律法规政策影响，市场规模未能取得较大突破。未来，信托公司在国际业务的开展过程中，应立足于核心竞争力的培养，加强对金融机构、国际市场、大类资产的研判能力，形成差异化的竞争优势。

刍议提高信托公司内部控制有效性的建设路径

王环环[①]

"信托"这个舶来品自进入中国市场以来，就因其特殊的委托代理关系、灵活的交易结构设计及频繁的业务创新不断引发金融市场以及监管机构的关注。随着近年来信托行业上下求索转型、信托公司继续创新业务类型，内部控制对于信托公司和行业持续健康发展的作用日益凸显。截至2016年末，全国68家信托公司管理的信托资产总规模正式迈入20万亿元大关，同比增长24%；从营业收入来看，整个行业2016年总计实现1127.52亿元营业收入，同比下降6.98%[②]。这种信托规模与营业收入增速之间的背离放缓，使得行业发展的拐点进一步明确，"躺着赚钱的时代"已经远去，对信托公司修炼内功、加强内部控制建设提出更加迫切的需求。

一、当前信托公司内部控制存在的主要问题

（一）内部控制的企业文化缺失

相比欧美国家，我国信托公司发展起步较晚，信托行业发展还不均衡。信托公司主要是以委托人的中介提成为主要收入来源，以委托人利益为先，履行好受托义务。我国的信托公司从1979年至今经历了五次整顿、一次重新登记，股东经数次易手变换，股权结构也较为复杂。从股东背景

[①] 王环环，中铁信托有限责任公司内控审计部总经理助理。该文发表于《会计师》2018年第2期，内容略有修改。

[②] 来源于中国信托业协会2016年行业统计数据。

看,目前有央企系、地方政府系、金融系、民企系等,由于股东背景的差异以及发展不均衡,各信托公司对于内部控制的重视程度与建设情况不一,内部控制能力差距较大。部分民营信托公司治理结构尚不健全,缺乏内部控制相关的企业文化。即使部分央企控股的信托公司参照国家法律制度制定内部控制体系,其内部控制制度的内容也大多为原则性的规定,未能针对信托公司的业务流程与管理实践进行专门研究,操作性并不强。

(二) 内部控制实施环境不理想,控制活动不规范

作为受托方,我国信托公司企业管理者往往只围绕怎样增加业务规模,提高顾客信誉度,最终达到盈利目的,企业的管理也大都强调"灵活高效",而对于内部控制对企业长久发展重要性的认识较浅,认为内部控制不仅会增加企业各项管理成本,而且会使公司的各项信托业务处理流程以及决策环节变得冗长,致使信托公司顾客流失,对企业的长远发展并不能起到更大的作用。特别是中小型民营信托公司,内部控制可能直接体现为实际存在的各种各样的内部控制活动,对内部控制框架和理论较为陌生。实践中,不乏有些公司片面强调信托业务拓展,忽视风险管理、法律合规、内部控制能力;也不乏有些公司绩效考核向业务部门过分倾斜,导致相关职能部门弱化,无法实现有效管理。基于此,部分信托公司内部控制活动很难实施,或者实施很不规范。例如,部分信托公司的业务机构与职能机构的设置不科学,致使公司经营管理的各环节未能形成相互联系与制约体系,职务或岗位的设置未能起到相互分离和监督的作用;重要业务的审批权限制度随意性大,缺乏相应的审计监督机制,内部控制制度不健全或修订不及时等,导致信托公司的内部控制活动实施不规范。

(三) 信托公司的内部监督不到位

对于我国信托公司来说,缺乏独立有效的内部审计或监督,内部控制的监督不到位,是信托公司内部控制管理实施不理想、内部控制活动不规范的重要原因。尤其是股份制性质的信托公司,股东往往都想要获取其最大的个人利益,他们认为建立公司的内部控制不仅会损害其手中的决策权和个人利益,更是占用其个人投入的资本与资源。受限于此,信托公司的内部审计或监督机构设置往往不完整,或形同虚设,管理考核随意性较

大,内部控制的实施和监督受到企业内部一定的限制。有些企业虽然意识到了内部控制以及内部控制监督对于企业长久发展的重要意义,并成立了相关的监督部门,但受到各方面因素的制约,其客观独立性缺失,致使企业内部控制的监督不到位。

二、信托公司提高内部控制有效性的建设路径

(一)创造良好的内部控制环境,将内部控制管理意识内化为企业文化

我国信托应转变原有传统观念,在积极开展业务的同时,重视企业内部管理,内部控制可以优化和整合企业业务流程,最大化利用企业资源。首先,我国信托公司应优化企业内部控制的发展环境,例如,信托公司应完善企业章程,健全公司治理结构,完善股东(大)会、董事会、监事会、经理层的职责分工和制衡机制。其次,在内部控制的实施有制度层面支持的基础上,信托公司应全面提高员工的内部控制意识,构建基于内部控制的企业文化。例如,通过培训与宣传,编制企业内部控制管理手册,提高员工对内部控制的概念、内部控制对于规范企业管理的重要性、内部控制各项活动的实施程序的认识,使员工树立内部控制活动有利于提高个人职业素质的意识,打牢企业内部控制有效实施的基础。与此同时,信托公司也应建立员工内部控制监督与考核评价制度,针对公司内部控制涉及的各责任单位、具体责任人,定期进行客观评价,并将结果与单位或个人的奖惩挂钩,逐渐将内部控制内化为企业文化。

(二)实施全面有效的内部控制活动,提高内部控制执行有效性

1. 完善风险评估,全方位实施全面风险管理。风险管理能力是信托公司赖以生存的核心竞争力,内部控制需要以风险为导向才能具有普适性。信托公司应当根据自身业务特点、阶段性的经营管理目标,加强风险控制与法律合规管理,建立一整套科学合理的风险评估指标体系以及风险、合规管理操作指引。信托公司通过全面梳理信托项目的尽职调查阶段、立项审批阶段、放款稽核阶段、后期管理阶段、到期前风险预判以及结束清算等信托项目实施全流程中的风险点,根据重要性原则,确立各类业务和各业务环节可承受

风险的范围，建立与之相对应的风险应对措施和方案，及时识别与控制，通过实施内部控制活动，将风险控制在公司可接受的范围内。

2. 建立科学合理的授权审批与岗位职责体系。信托公司在日常资产管理与经营过程中，经常会发生各项资金业务的审批与支付转存，在此过程中，容易存在不同程度的职业操守和业务漏洞。例如，重大业务和资金的审批流程不够清晰合理，存在审批随意性大，或审批权力过度集中等情况，从而可能造成企业资产的不安全。基于此，我国信托公司应建立科学合理的授权审批与岗位体系：在业务机构上，职能管理部门与业务部门要形成互相联系、相互制约监督的关系；在岗位上，岗位的设置要起到相互分离和监督的作用。信托业务的审批，尤其是重大业务审批的权限流程要考虑全面，既要覆盖信托公司各项业务的审批，也要重点对关系企业生存的重大事项制定对应的业务审批流程，例如重大事项必须经过股东大会的一致通过，而不以管理层和决策层的意志随意改变。

3. 区分固有业务与信托业务，规范会计系统控制。根据《信托法》规定，信托公司须对信托财产与受托人所有的财产（即固有财产）相区别。信托公司应根据行业要求和业务特点，对固有业务和信托业务分开进行会计核算。除满足一般企业自营业务会计控制的要求外，信托公司还需要在信托业务方面，以每笔成立的信托计划为会计核算主体，独立建账，独立核算；不同委托人的信托财产分别管理、分别记账；由于信托业务专户保管的要求，信托公司存续的信托保管专户可能多达成百上千个，须强化账户管理，确保资金安全，从而更好地为客户提供高质量的资产管理服务。

（三）注重内部控制监督，促进审计成果运用

无论是哪种业务或管理活动，如果仅依靠规范的制度和流程来执行，而没有有效监督，活动的实施效果就会打折扣。对于内部控制来说，也是如此。我国信托公司加强对内部控制活动的监督，一是建立独立、有效的审计或监督机构，负责监督信托公司内部控制活动的有效实施。对企业内部控制制度中规定的各项日常活动实施情况进行监督检查，对企业的重要经营决策、重大业务事项进行针对性的专项监督。二是在监督基础上，制定内部控制的结果评价办法，分析内部控制实施效果与预期目标差异产生的原因，及时进行整改。

三、结论

信托行业自身的灵活性给予信托公司更大的多元展业空间,因而信托公司在做好主营业务的同时,应积极探索符合自身企业的规模和特点的内部控制建设路径,在规模和效率、资源禀赋、增长方式、创新业务选择等协调发展的基础上,不断深入地提高自身内部控制的有效性。信托公司应针对行业特点,全面提高企业管理层和员工内部控制的管理意识,形成相应企业文化,并积极完善与内部控制有关的治理结构、组织管理制度等,在此基础上,完善信托公司的风险评价与控制机制,有效降低信托公司在市场中的各类风险,有效规范和实施内部控制活动,并建立与之对应的监督和评价体系,切实提高内部控制有效性,促进信托行业稳健发展。

参考文献

[1] 林斌,舒伟,李万福. COSO 框架的新发展及其评述——基于 IC – IF 征求意见稿的讨论 [J]. 会计研究,2012(11).

[2] 徐琨. 浅析信托公司内部控制 [J]. 财经界(学术版),2013(1).

[3] 何忠明. 我国信托公司内部控制体系研究 [J]. 现代经济信息,2013(16).

[4] 王栩. 基于控制视角的信托公司内部控制要素分析 [J]. 财经界(学术版),2015(12).

[5] 陈扬. 浅析信托公司内部控制与风险管理 [J]. 时代金融,2017(2).

资管新规下的信托业发展

王玉国[①]

2017年11月17日，《关于规范金融机构资产管理业务的指导意见（征求意见稿）》（以下简称《指导意见》）正式发布。《指导意见》是国务院金融稳定发展委员会成立以来，多部门联合酝酿发布的首个重量级的金融监管政策，预计正式出台已经不远。资管统一监管格局将加快形成，信托公司作为我国资管行业的一员，需要尽早做好政策和市场研判，采取积极的应对策略。

一、资管统一监管政策的酝酿和脉络

我国资产管理市场伴随着证券市场的建立而发展起来，参与金融机构类型不断丰富，在政策、市场影响下，呈现出不同的发展周期特点。特别是2012年证券、保险等对券商、基金、保险、期货等所辖机构资管业务大松绑后，我国资产管理行业进入"大资管"时代。在分类监管、分业经营整体金融架构下，各类资管机构开展功能类似、高度同质化的资产管理业务，呈现出监管标准不统一、资管产品相互嵌套、杠杆风险底数不清、刚性兑付、监管规避和套利、影响金融稳定等突出问题。

从2013年开始，资产管理市场统一监管问题已经受到关注，政策开始逐步调整。2015年股市异常波动以后，各监管部门对资管业务的政策总基调由鼓励创新发展逐步向强调规范与风险控制转变，银、证、保监管部门先后出台针对所辖机构资产管理业务的严格规范。各监管部门新出台的资管政策已经开始呈现更强的同步性。此次《指导意见》是在前期工作的基

[①] 王玉国，时为中铁信托有限责任公司博士后。该文发表于《中国金融》2018年第1期，内容略有修改。

础上，从体制机制上重塑各类机构的资产管理业务整体框架，坚持有的放矢问题导向，以打破刚性兑付为核心目标，引导资管业务回归服务实体经济的本源，防范其成为系统性金融风险的源头。预计《指导意见》出台后，银、证、保监管部门等将以此为基础，进一步加紧修订完善各类金融机构资产管理业务的具体要求。

二、资管统一监管政策对信托业影响分析

（一）资金端维度

《指导意见》较大幅度提高了合格投资者的标准，强调私募产品只能面向合格投资者通过非公开方式发行。信托公司现有投资者客户群体中有较大部分客户难以达到合格投资者标准，预计在私募业务中需要面临重新开拓新客群的挑战。同时，如果不能突破现有监管框架，信托公司仍无法开展公募业务，资金渠道和市场竞争力将受到明显制约。

（二）资产端维度

净值化管理与信托公司现有资金投向差异较大，标准化投资转型难度较大。目前信托公司的信托计划主要以债权、股权等方式投资运用于工商企业、基础设施等实业领域，标的资产缺乏公开、公允的市场估值，产品也普遍采取预期收益率模式，未来产品由预期收益率产品向净值型产品转型，信托公司的主要业务模式和盈利模式都面临重构。假如信托公司允许开展公募业务，投资于公开交易的股票、债券市场，那么将既面临证券、基金等传统机构的激烈竞争，而且还需要加紧培育建立在标准化金融产品投资领域的专业能力。

（三）业务模式维度

银行理财业务模式将重构，银信合作等传统业务模式存在很大不确定性。近年来，信托以其良好的资产隔离、权利重构功能优势，能够发挥重要的通道和载体功能，在促进金融功能优化、交易便利等方面发挥了积极作用，但是也由于存在监管套利、规避监管等问题而受到诟病。《指导意

见》禁止"资金池"资产管理业务,而且强调资产管理产品只可以投资一层资产管理产品,但所投资的资产管理产品不得再投资其他资产管理产品(公募证券投资基金除外)等,加之对非标债权资产投资的限制,而且银行理财可能通过独立法人地位的资产管理子公司开展,传统银信理财合作业务模式面临较大冲击。

(四)资本和准备金计提维度

《指导意见》提出金融机构按照资产管理产品管理费收入的10%计提风险准备金,或者按照规定计提操作风险资本或相应风险资本准备。目前信托公司实行净资本管理,要求每年从税后利润中提取5%作为信托赔偿准备金,2015年开始按净资产1%、资金信托项目按规模1%缴纳信托业保障基金,大量自有资金垫付缴纳保障基金。同时,当前信托公司的资本补充渠道又十分有限,公开上市迟迟未能突破,也不允许发行次级债或进行负债经营。如果资管新规实施后,信托公司资本约束政策不作相应调整,未来信托公司资本和流动性压力更大。

此外,《指导意见》也为资产管理产品设定了统一的负债比例(总资产/净资产)上限,同类产品适用统一的负债比例上限。目前信托产品还不允许进行负债,信托公司监管政策也需相应调整,才能确保市场公平竞争。

三、资管统一监管新形势下信托业应对策略

资管统一监管将带来我国资产管理市场重塑和业务格局重构,信托公司必须重新审视所处的宏观经济、金融监管、科学技术、市场竞争、自身资源禀赋等内外部条件,以更加主动的态度,积极谋划和适应资管市场转型变化,争取能够在新一轮的市场发展中巩固和提升行业地位。

(一)坚持信托公司的差异化发展定位

在大资管市场格局已经形成的当下,继续依靠制度、政策的重新设计来谋求发展红利的机会很难再现,信托公司需要顺应市场趋势,把握提升直接融资比例、完善多层次资本市场、优化金融结构的改革发展大方向,

在服务实体经济、扩展金融功能方面巩固行业定位。《信托法》颁布实施近二十年来，信托公司以市场化金融为特征，发挥着为市场提供项目专业化评估、实施控制、管理风险、动员储蓄资金等金融服务功能，在产品和服务架构中，提供了区别于银行等传统金融中介的金融服务，也不同于证券公司等市场中介直接参与金融市场，而是更多地介于金融中介与金融市场之间，类似于日本金融领域的"市场型间接金融"角色。短期来看，信托公司仍将是资管市场中非标准化资产的重要创设者和提供者，而且随着信托登记公司的落地，信托公司有望成为另类标准化资产或产品的提供商，形成差异化竞争优势。

（二）实施信托业务的"双轨"发展策略

一方面，从信托功能的运用角度看，信托与一国经济发展的阶段、人口结构变化具有明显的跟随性、适应性。我国目前处于信托融资服务功能仍占据重要位置，同时信托财产投资管理功能开始兴起的发展阶段。因此，从信托功能角度看，信托公司要坚持"融资+投资"混合策略，既要继续发挥现有在非标债权融资等领域的基础优势，又要积极培育投资业务能力。另一方面，近年来信托公司初步明确了私募投行、资产管理和财富管理三大转型方向，并在理财产业链上初步形成由产品创设的投行角色，向组合管理为主的资产管理机构、以客户为中心的财富管理机构转型发展的趋势，部分机构还提出了金融综合服务商的发展目标。面对资管统一监管新形势和新变化，信托公司从业务结构调整升级看，要坚持"转型+创新"的业务策略，从现有以私募投行、项目融资为主的业务模式向组合投资、股权投资等方面转型。针对传统业务，信托公司要逐步削减或退出非核心业务，集中资源发展优势业务或区域，实施聚焦策略；加强内部资源、业务条线间的充分协同，形成合力，实施协调策略；加强全面风险管理，坚持战略导向，精细化管理工具，构建差别化风控模式，进行风控整体转型，努力推动商业模式变革。针对创新业务，信托公司要坚持数字化策略，尽早谋划布局金融科技创新，利用大数据、云计算等新技术支持和变革传统业务；搭建创新导向的敏捷型组织和专业子公司平台，以合伙人制度、利益分享等新的激励机制激发人才创新活力（见图1）。

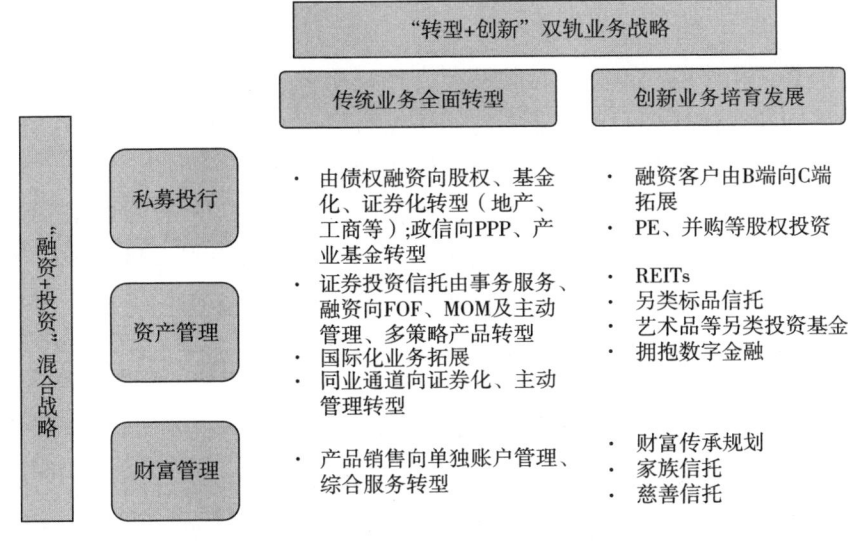

图 1 信托业务"双轨"策略

(三) 加快重构信托公司核心能力体系

《指导意见》提高了私募产品的合格投资者标准，同时降低了投资者认购单只固定收益类、单只混合类产品的最低认购金额，有利于投资者采取投资多只产品、多样化投资的方式分散风险，以资产配置能力为核心的客户财富管理服务将成为信托公司客户和业务转型的重点。信托公司应加紧由目前单体项目投融资为主逐步建立形成整体化的、更具协同性的专业资产管理核心能力体系，包括战略管理能力、专业受托服务能力、资产管理能力、风险管理能力、财富营销能力、固有业务协同能力、信息科技能力等多个维度。随着资产管理市场"刚性兑付"的破除，信托公司管理运营的核心将回归尽责管理和投资管理，风险责任应由目前异化的偿付性风险逐步回归到管理性风险、操作风险，实现"尽责免责"；未来竞争能力的核心就在于优越的投资能力，为客户提供更具吸引力的投资组合、策略，以及更加个性化的资产配置和财富服务方案。

(四) 加强信托金融风险防范与化解

目前信托行业整体风险资产和不良资产率仍处于较低水平，2017 年第二季度末信托不良资产规模1381亿元,相较于23万亿元的信托总规模不良率约0.6%;固有资产不良率3.4%,净资本相较业务规模来讲仍较为充足。但是,由于信托业务涉足领域和合作机构范围较广,且存在产品刚性兑付等问题,信托公司现有业务与影子银行风险、房地产泡沫风险、地方政府债务风险、交叉金融风险、流动性风险、互联网金融风险等潜在的系统性风险都有着密不可分的联系。因此,面对资管统一监管政策引发的市场格局调整,信托公司在加快主动转型的同时,仍需警惕存量业务可能引发的风险暴露,继续加大不良项目的处置力度,同时加强压力测试和实时监控,提前做好应急预案,避免风险暴露引发连锁反应。

(五) 继续创新信托基础体制机制

信托制度的核心功能还是财产管理,在多品类资产管理和财富的传承中有独特优势,对于避免国民财富在传承中的损失和外流、维护经济社会稳定有着深远意义。但是,这些制度功能的发挥离不开相配套的信托财产登记、税收基础制度和政策的支持。目前,中国信托登记公司已经设立并投入运转,信托产品登记系统已经上线,实现了信托产品的统一编号和信息披露的规范,且正在积极推动信托产品发行与交易流通机制建设,不仅能够改善信托产品的流动性,而且可以创设出新的标准化的信托交易品种,以及衍生出新的市场性金融业务。未来信托行业还需要继续呼吁和推动信托财产登记、税收等基础制度和平台建设,进一步激发信托的独特功能价值。

创新篇

具有中国特色的信托制度创新

陈 赤[①]

中国银监会继 2016 年年底批准中国信托登记有限责任公司开业后，于 2017 年 8 月 30 日正式颁布实施《信托登记管理办法》（以下简称《办法》）。这是具有中国特色信托制度基础设施建设的一项创新成果，是按照全国金融工作会议精神指引，服从服务经济社会、防范金融风险、完善信托产品体系、推进市场化改革的一项重大举措，将对信托业的稳定健康发展产生积极而深远的促进作用。

信托制度的一项重大创新

信托作为一项法律安排，始于中世纪英国人民抗争封建权力尤其是土地制度的禁锢而追求自由的努力。信托的最初目的主要是实现财产的自由转移，当然也包括实现财产安全的诉求。随着封建制度的消亡，财产转移的人为障碍被消除了，信托用于财产转移时，发挥的作用就不是实现行为自由，而主要是实现委托人意志的自由和延伸，同时保障财产的安全，以及抵御包括通货膨胀在内的使财产削减的风险因素。在信托历史悠久的国家和地区，随着时代的发展，信托受托人的身份日益丰富，拥有一个由不以营利为目的的自然人，扩展到以营利为目的的商业机构，再扩展到金融机构的完整发展路径，引致信托由最初以民事信托一统天下的局面，发展为兼有民事信托、营业信托（商事信托）、金融信托的宏大格局；与此同时，信托的功能也得到了极大的扩展，包括在金融领域的资产管理、财富管理、投融资、资产证券化，在社会保障领域的年金信托，在政治领域的

[①] 陈赤，西南财经大学兼职教授，中铁信托有限责任公司总经理。该文发表于《中国金融》2017 年第 18 期，内容略有修改。

盲目信托，在公益领域的慈善信托，等等。

与信托发达的国家和地区相比，信托在新中国的发展路径具有鲜明的特色。改革开放后，我国重新恢复设立信托业，一开始就越过了民事信托和普通营业信托的发展过程，直接进入了金融信托阶段，并且长期以为企业部门提供融资服务为主营业务模式，这样，信托财产也就以货币资金的形态为主。

我国《信托法》规定："设立信托，对于信托财产，有关法律、行政法规规定应当办理登记手续的，应当依法办理信托登记。未依照前款规定办理信托登记的，应当补办登记手续；不补办的，该信托不产生效力。"但是，办理信托登记涉及多个行政主管部门之间的协调以及税收政策的适应性调整，协调的层级很高，沟通的过程漫长，导致信托财产登记制度在我国至今尚未得以建立。截至2017年6月底，全国68家信托公司受托管理信托资产规模已突破23万亿元，在这种情形下，中国银监会审时度势，基于目前信托财产主要为货币资金的现状，从实际出发，进行制度创新，制定和发布了《办法》，以构建全国统一的信托业务和信托产品登记为突破口，既能更好地保护日益增加的信托当事人的合法权益，促进信托业规范健康发展，又可为下一步建立信托财产登记制度打下坚实基础、积累实践经验。信托产品登记制度的推出，可以说是我国对世界信托业的发展作出的一项独特而有益的贡献。

提高信托业务的公信力

首先，《办法》有助于满足经济社会对不断提高信托业务信用等级的迫切需求。人无信不立，信托更是以信任关系为基石。随着信托在我国的普及，信托当事人和利益相关者越来越多，信托业务的规模越来越大，周期越来越长，从而对信托业务的信用等级提出了新的要求。各家信托机构开展信托业务，集中在经国务院同意、由中国银监会批准设立并实施监督管理、提供信托业基础服务的会管非银行金融机构——中国信托登记有限责任公司（以下简称信托登记公司）办理信托登记，强化了高层次的独立第三方金融机构对信托机构办理各项信托业务的监督和制约，将极大地提升信托业务的公信力，提高人们对于接受信托服务的信心，尤其是有利于信托机构开展家族信托等长周期业务和吸纳机构投资的大规模业务。

防范风险，维护金融消费者权益

据《经济日报》报道，近期一个冒牌信托公司被监管部门及时发现，并被撤销相关工商登记，从而有效避免了投资者财产损失。这家冒牌信托公司名叫"国资信托有限公司"，注册地在贵州省黔南布依族苗族自治州惠水县，已于2017年5月在县级相关部门登记并取得营业执照，经营范围包括资金信托、动产信托、不动产信托、有价证券信托、并购及项目融资、财务顾问等。乍一看似乎并无异样，但是，合格的信托公司必须先持有金融牌照，才能进行工商登记，领取营业执照，而这家"国资信托有限公司"此前却从未取得监管部门颁发的金融许可证。为避免给投资者造成资金损失，在中国银监会指导下，贵州银监局协调当地工商管理部门，于6月22日正式撤销了该公司有关工商登记。由于处置及时，这家冒牌信托公司尚未募集到社会资金开办具体业务。《办法》实施后，有助于保护信托业正常的经营秩序，防范类似的欺诈风险。信托公司在发行信托计划或者设立单一资金信托、财产权信托之前，应向信托登记公司办理信托预登记，并取得唯一产品编码，这将方便投资者清晰辨认合法的信托机构及其业务，让那些假冒信托公司的不法机构无处遁形，难以鱼目混珠。

其次，《办法》有助于维护金融消费者的合法权益。在自愿的前提下，信托登记公司可为信托受益人开立信托受益权账户，并配发具有唯一性的账户编码，为受益人提供信托受益权份额信息查询等相关服务，从源头上保障信托受益人的合法权益，同时，这也有利于信托机构有效甄别合格投资者，落实反洗钱的要求。例如，据媒体报道，某信托公司曾经发生过一起风险事件，它的一个员工通过为客户办理虚假的信托受益权转让手续骗取客户的大额资金。今后，信托受益权账户开立，投资者可以从该账户上直接查询受益权份额的信息，可以充分掌握和维护自己的权益。

提高信托监管的有效性

通过信托产品登记，建立实时、全面、准确、翔实的信托产品数据库，有助于监管部门运用大数据加强行业的监管分析，及时把握行业发展动向，引导信托业更好地为实体经济服务，督促信托机构对风险苗头早识别、早预警、早发现、早处置，杜绝监管套利和多重嵌套，不乱加杠杆，不空转营利，从而强化风险预警与风险防范，确保信托业健康可持续发展。

构建统一的产品市场，深化推进市场化改革

目前，各家信托公司销售信托产品，一般采取两种方式，一种是通过自己的销售柜台向社会投资者直销，另一种是借助其他金融机构的渠道代理销售。总体而言，信托产品市场呈现出地域的分割，尚未形成全国统一市场。《办法》的实施，将有力地促成全国统一的信托产品市场尽快建立，有助于进一步推进信托业的市场化改革。今后，各信托公司发行集合资金信托计划，必须按照一定的要求，将每一个信托产品的基本信息全部集中在信托登记公司官方网站向社会公示，通过中介机构的评估、研究机构的评价、信托产品之间的比较、投资者的选择等约束机制的建立，将还权于市场，强化市场对信托业务的监督力量，激励信托公司不断提高信托产品的质量，从而达到良币驱除劣币的效果。

从未来发展的方向来看，《办法》有助于推进信托产品的流通与发行，提高信托产品的竞争力。业界十分期待，在信托产品登记制度建立的基础上，适时推出信托产品发行交易平台，以在更大程度上、更大范围内发挥市场配置资源的作用，引领信托业深化改革、转变发展方式。建立信托产品的流通市场具有十分重要的意义。首先，建立流通市场是信托业务转型的需要。从类信贷的融资类业务转型升级为收费型的投资类业务，是目前信托业所致力的改革着力点。但是，一般来说，项目投资的周期普遍长于贷款，这一类期限较长的信托产品为了吸引投资者，往往需要增加流动性安排。目前业内的做法是设定定期开放的承诺，在产品开放时，通过申购份额对冲赎回份额。但是，为满足产品开放，一个信托产品在存续期间需要进行多次销售，增大了信托公司的销售负荷，这是阻碍信托公司开发投资类产品的一个难以忽视的因素。如果建立起信托产品流通市场，增强信托产品的流动性，必将有助于投资类信托产品的开发和发行，从而提高收费型投资类业务在信托业务结构中的占比。其次，建立流通市场也是化解风险的需要。如果建立起信托产品的流通市场，就可将风险置于市场之中，让市场不仅发挥配置资源的决定作用，也进一步发挥其风险释放和风险配置的决定作用，从而形成风险分担机制，有利于通过市场释放信托产品的风险，打破刚性兑付的隐性承诺。当然，信托产品流通市场的建立，是一项复杂的系统工程，包括信托产品的标准化、上市条件、流通场所、流通范围、交易数量、交易方式等在内的诸多要素，都值得业界进行深入细致的调查研究、科学周密的设计论证。

财富成都与信托公司客户服务构想

王 兴①

本文以新一线城市成都的财富状况及区位为例,对信托公司营销管理、拓展客户进行思考,拟启发信托公司结合不同的区域情况进行相适应的营销管理。

一、财富成都

(一)成都的财富状况

1. 经济稳步发展,居民收入增加。成都市经济总量再上新台阶。2018年实现地区生产总值15342.77亿元,按可比价格计算,比上年增长8.0%。其中,第一产业增加值522.59亿元,增长3.6%;第二产业增加值6516.19亿元,增长7.0%;第三产业增加值8303.99亿元,增长9.0%。

人才新政成效明显,新引进国家"千人计划"专家34人,人才新政累计吸引25.4万名大学本科及以上学历毕业生落户。

2. 对外交流频繁,外贸持续繁荣。国际大通道持续提能。2018年成都市加快构建"陆上丝绸之路+空中丝绸之路"立体大通道体系,高水平建设国际门户枢纽城市,开通国际(地区)航线114条、定期直飞航线61条,双流国际机场旅客吞吐量5295.1万人次,比2017年增长6.3%,成为中西部首个跻身全球"5000万级机场俱乐部"的成员;国际班列境外站点数拓展至24个,2018年累计开行2619列,比2017年增长158.8%;综合重载率77.4%,比上年提升10.7个百分点,其中中欧班列1591列,比

---

① 王兴,中铁信托有限责任公司副总经理。

上年增长 85.4%。

3. 从文化生活看成都地区高净值人群。《中国城市书店数量排行榜》《城市阅读指数》发布，2017 年成都书店数量达 3463 家，继北京之后居全国第二位。与从前大型书店多开在市中心相比，书店的触角正往更广范围延伸，与商业形态融合更密切，与市民生活紧密相连。除文轩集团外，言几又、方所、钟书阁等极具品牌特色的实体书店在成都大量崛起，实体书店纷纷打造出小资化的消费场景，促进成都文化消费升级。2018 年，成都的书店超过 3500 家，面积 1000 平方米以上的就有 31 家，是全国品牌书店集聚度特别高的城市，成都居民文化消费占消费支出比重已超过 20%。

作为历史文化名城，成都的文化体验消费也是城市亮点。文博场馆、名胜古迹、非遗文化都是成都文化名片，成都目前有 150 多个博物馆、22 个图书馆、22 个文化馆，从数据中就可看出成都打造世界级产业的现实状况和努力方向。当前，文创产业已然成为成都的支柱产业，文创产业产值占 GDP 比重已进入全国"第一方阵"。

此外，据中国电影白皮书数据，成都常年稳居"新一线"票房榜首。在 2018 年电影票房排行榜中，成都票房收入 17.69 亿元，高居全国前五，仅次于北京、上海、广州、深圳，这也是成都连续 6 年挤进前五。成都戏剧市场也同样发展迅速，戏剧类演出场次高速增长，2018 年增速达 74%，票房收入超 5600 万元，仅次于北京、上海、杭州，全国排名第四。

在 2017 年的黄金周期间，同程旅游数据显示，国内居民用于购买出境游产品的人均支出突破了 5000 元，人均支出最高的前十个城市均在 8000 元以上，其中人均支出最高的城市就是成都，成都的人均支出金额甚至突破了 3 万元，远超其他城市。

4. 汽车与奢侈品消费。2014—2018 年，成都市小型汽车以年均 45.6 万余辆的速度增长，年均增长率保持在 13% 左右。新能源汽车消费呈现加速态势，2018 年 1~11 月，成都市规模以上新能源汽车企业实现主营业务收入 339.5 亿元，同比增长 30.1%，完成新能源整车生产 9200 辆。

截至 2018 年末，在成都的国际一线品牌数有 155 个，门店数量 200 个，国际一线品牌入驻数量全国第三。在奢侈品网购总订单量和消费人数排名中，成都位居北京、上海之后，排名全国第三。

2018 年，在《2018 中国城市时尚指数报告》中，成都更是被命名为"中国时尚一线城市"。Chloé、Stella McCartney、Sportmax 等众多国际时尚一线品牌，在 2018 成都国际时尚周，放出 2019 早春系列全球首发。如果没有强大的时尚消费能力，怎会有成都"中国时尚一线城市"的头衔。

(二) 成都市区位分析

在最新的《成都市城市总体规划》中，成都市域范围内将形成"一心两翼一区三轴多中心"的城市空间结构，引导发展重心向东、向南转移。

1. 成都东门——攀成钢+万象城商圈。攀成钢位于成都"中优"核心位置东二环，不仅区域自身高配，还扼守成都东进门户位置，地理位置优越，可辐射东大街商圈、万象城商圈。

攀成钢住宅林立、人口密集，是成都最高端的国际社区之一，二手房房价已经站上 3 万元/平方米。攀成钢和金融城一样，已经成为成都最具"含金量"的住宅区域之一。

攀成钢周围商圈共入驻各类金融机构及配套服务机构 510 余家，其中，银行类金融机构 68 家，保险类金融机构 52 家，证券期货机构 47 家，各类基金及基金管理机构 23 家，第三方支付企业 2 家，融资租赁机构 7 家，小额贷款、融资担保金融机构 32 家。

2. 成都西门——光华+金沙+外双楠商圈。该板块目前已经成为成都人口最密集的区域之一，据统计，该板块常住人口达到 30 万人，而整个板块倚靠多个高档社区辐射至少上百万人群。

金沙·光华片区是由政府高起点、快节奏规划的中高档生态社区，二手房房价在 2 万~2.5 万元/平方米。金沙·光华片区和金融城一样，已经成为成都最具"含金量"的住宅区域之一。

金融业一直是青羊区的传统优势。青羊区 2016 年金融业增加值达 260 亿元，约占成都市金融增加值的 20%，青羊区聚集成都市 40% 的金融机构总部。无论是在金融机构数量上，还是在地区生产总值占比上，青羊区在成都市都排名第一。

3. 成都南门——大源商圈。国际城南商业标杆：以伊藤为原点，天府二街为横轴，荣华北路为纵轴，构建城南新地标。川大软件园、国际西部信息产业园、银行总部基地、350 亩大源中央公园，以及多达十余个商务办公写字楼分布两侧。

恒丰银行、平安银行、中国建设银行、中信银行、华西证券等数十家金融机构总部基地设置于此；大金空调、三菱电机中央空调、中国移动等世界 500 强企业也选址此处。

该板块是中高端写字楼云集的地方，有 20 余座中高端写字楼，已有超过 20 万的精英、国际化人士在此办公。

二、信托公司服务高净值客户的建议

（一）打磨客户关系

1. 分类管理，分类营销：构建客户分层管理模式，加强重点客户管理及精准营销。
2. 守住存量：拓增量难，守住存量也难；拓增量重要，守住存量更重要。
3. 回馈有礼，高端定制：更新客户礼品，助力精准营销。
4. 精心策划，提升心智：针对客户偏好，策划客户活动。
5. 品宣梳理，挖掘特质，伙伴营销，合纵连横，开发新媒。

（二）打造信托财富管理文化

1. 推介信托业的受托文化。
2. 推介信托公司的风控文化。
3. 推介信托业的社会责任文化。
4. 推介信托业的创新研究文化。
5. 打造信托公司的财富文化载体，并逐步系列化、多媒化、品牌化。

（三）改进信息系统

改进信息系统有利于提升服务能力，以客户为中心，满足委托人意愿，在场景中刻画用户画像，在体验中增强用户黏性，在互动中开拓增值服务。在实践中，比较典型的是信托公司在财富管理领域开展的客户服务线上系统和基于智能投顾优化的资产配置服务，例如中航信托与万维资产合作探索智能投顾服务，助力资管团队提高服务水平，帮助财富端客户优化资产配置及组合。

(四) 谋划财富公司，展望财富传承

近年来，我国居民家庭财富快速增长，但中产阶级对财富传承普遍认识不足。当前国内家族信托处于空白，家族信托或将成为解决财富传承问题的切入点。同时，从最常见的信托产品来看，面向高净值客户的家族信托种类繁多，但面向中产家庭的具有理财及代际传承功能的家族信托却较少。事实上，以家族信托为切入点，逐步提供全面的金融产品和服务，既是金融业的重要组成部分，也是普惠金融的应有之义。

预付式消费应引进信托机制来保障消费者权益

管百海①

预付式消费近年来在我国发展迅速,但也出现了不少问题,引发大量投诉,需要引起社会各界的高度重视。

一、预付式消费的发展概况

近年来,我国预付式消费在老百姓生活相关的众多领域得到广泛应用,越来越多的人加入预付式消费的行列。预付式消费涉及的产品或服务小至理发、皮鞋保养、衣物干洗,大至养老、教育培训、旅游,金额从几元至几十元、上百万元。并且,近年来出现了新现象,将预付式消费与金融消费信贷捆绑到一起,使监管难度更大,增加了老百姓的风险。

在预付式消费规模日益增长的同时,老百姓的投诉也日渐增多。在中国消费者协会发布的2017年、2018年"十大消费维权舆情热点"报告中,预付式消费均入榜。中国消费者协会2019年1月23日发布《2018年全国消协组织受理投诉情况分析》,称"预付式+消费贷"缠绕叠加的新的侵害消费者权益问题成为投诉热点。

在预付式消费领域经常发生问题有各种客观或主观原因,商家在预收消费者的款项后,发生经营困难,提供的产品或服务达不到预先约定的标准甚至"关店、跑路",消费者无法退还未消费的金额,遭受金钱损失,且维权困难。

---

① 管百海,时任中铁信托有限责任公司研究发展部副总经理,主持工作。该文发表于《上海证券报》2019年第2期,内容略有修改。

二、目前我国对预付式消费相关的管理办法

目前,在我国只针对预付卡消费有一些相关的管理办法,但对于预付式消费没有系统性地进行管理制度设计。在预付卡方面,国家层面的管理办法主要有 2011 年 5 月出台的《关于规范商业预付卡管理的意见》、2012 年 9 月出台的《单用途商业预付卡管理办法（试行）》及 2012 年 9 月出台的《支付机构预付卡业务管理办法》。

目前相关管理办法和规定存在以下问题：

（1）涵盖的范围不够广。只针对预付卡有管理办法,但预付式消费不仅限于预付卡消费,范围更广。如果不是以预付卡名义而是以其他名义从事预付式消费的相关经济活动,则"无法可依"。

（2）管理的商家只针对规模企业。现有相关规定的管理对象只针对进行工商注册登记且具备一定规模的企业,而实际生活中预付式消费的提供商中不少是未进行工商登记的个体户及规模较小的企业,实际发生纠纷较多的也主要是这些商家,而这些商家并不在现有相关规定的管理之列。

（3）管理的有效性建立在商家诚信、自觉的基础上。现有的相关管理办法要求商家发行预付卡应向金融机构报批并向相关部门备案,同时主动与银行签订资金存管协议。但实际上不少商家并未按此办理,出现商家"跑路"后,工商等相关部门才进行追溯和处罚；由于此时商家已在表面上濒临"破产"（有些已进行了恶意的财产转移）,事后再来追究其责任、进行处罚为时已晚。

（4）在消费者权益保护方面措施不够。现有的相关管理办法及规定,不少条文是针对反洗钱、预防腐败而制定的,对于保护消费者权益没有足够的可行、有效措施。

三、可借鉴的先进经验

对于预付式消费,国际上一些先进国家和地区的做法值得我们借鉴。它们的主要思路是引入"信托"来进行相关制度设计和安排。美国部分州根据信托原理,将消费者预付后未消费的余额视为无主财产,要求商家上

交州政府保管，限制商家随意使用。日本 1989 年制定了《预付式票证规制法》，随后陆续制定了诸多相关配套规定，要求将消费者预付余额的一半作为发行保证金，并交由"托管所"保管。我国台湾地区在预付式消费方面制定的相关管理办法和规定较多，从信托法、信托业法到电子票据发行管理条例，到商品（服务）礼券预收款信托契约范本，到商品（服务）礼券预收款信托契约范本之效力及适用疑义等，有近百个规定，使用信托原理来保护消费者权益。

从美国、日本以及我国台湾地区对预付式消费管理的情况来看，其均利用信托原理，通过第三方"受托人"来保管消费者的预付款，商家不能随意使用，以保证消费者预付资金的安全。这些做法值得我们借鉴学习。

四、保护预付式消费者权益的建议

为保护老百姓权益，避免商家利用预付式消费模式行"融资"之实或者收款后"跑路"，建议从以下几方面加强管理。

一是基于信托原理系统制定预付式消费的相关管理办法。可以借鉴美国、日本及我国台湾地区的做法，基于信托原理来制定预付式消费的相关管理办法，以消费者预付未消费的资金作为信托财产，以商家作为委托人，以信托公司作为受托人，监督未消费资金的使用，保护消费者权益。按此思路制定系统的管理办法，并且管理对象应把规模以下企业甚至个体户纳入，不然就存在空白地带。

二是充分发挥信托公司作用。信托公司是信托原理的最主要实践者，我国目前有 68 家信托公司，信托从业人员超过两万人，具有较强的主动管理能力。对预付式消费的规范管理应充分发挥信托公司的作用，通过信托公司作为"受托人"介入，使未消费的余额处于有效托管之下。信托公司为消费者建立虚拟的权益账户，根据消费者的权益消费情况，将相应资金划付给商家。

三是通过宣传提高老百姓的权益保护意识。在相关管理办法完善后，可利用各种媒体进行公益宣传，告知老百姓凡预付式消费应有信托公司作为受托人介入；如此，引导消费者选择诚信商家进行预付式消费，使那些不愿将消费者的预付资金进行第三方"托管"的商家失去市场空间，从而保障消费者权益。

四是限制预付式消费中金融消费信贷的比例。由于此前预付式消费领域问题频发，如再加上金融消费信贷，则老百姓更容易冲动消费。出现问题后，消费者一方面消费权益受损，另一方面还需承担信贷还款压力。为降低预付式消费与金融消费信贷捆绑叠加的不良影响，可参照我国住房按揭贷款的方式，限制预付式消费的消费资金中金融消费信贷比例，比如不超过50%。

五是利用信息科技手段，加强过程管理。虽然将信托公司以"受托人"身份作为第三方纳入预付式消费链条可降低风险，但核实消费者的消费行为、资金对账等相关工作量大，容易出错。因此，应大力推进信息科技手段在预付式消费中的应用，对于消费者实际消费行为确认、资金划转等，应尽量按照事先设定的条件实行自动化操作，提高效率，减少失误。

一方面，预付式消费契合"订单化"生产的趋势，便于厂商"以销定产"，提高生产的计划性。另一方面，预付式消费通过预先付款，也使消费者享受到更高的折扣，以合理的价格锁定今后一段时期的消费权益。这种消费方式对厂商和消费者均有利，且优化了社会资源的配置，是社会的一个发展方向。在正视现有问题的情况下，引入信托原理可较好地解决相关矛盾，保护消费者权益，使预付式消费健康、持续发展。

PPP 项目资产证券化决策研究

管百海　胡本勇[①]

一、引言

PPP（Public – Private – Partnership）作为一种基础设施或公共服务的提供方式，从 2014 年开始在我国从国家层面大力推行。国务院及相关部委近年来连续出台了几十个文件，大力推动 PPP 模式在公共产品尤其是基础设施建设领域的运用。随后，PPP 模式在全国各地得到大量运用，尤其在中西部地区，由于相关地方政府财政收入不高、基础设施建设相对不完善，建设资金需求大，从 2015 年开始基础设施建设广泛采用 PPP 模式。

采用 PPP 模式进行基础设施建设，有多方面的优势。第一，可以提高社会公共产品的质量及运行效率，减少资源的浪费。第二，可以吸引社会资本参与基础设施的建设，解决政府资金不足的问题。第三，可以促使政府进行职能改革，减少政府管理的工作量以及机构和人员。

但是，从企业或者说社会投资人的角度而言，实施 PPP 也存在不少问题。首先，长期限占用社会投资人的资金。PPP 项目周期长，根据相关规定，最短的为 10 年，长的达到 30 年。不管以何种方式筹集资金，名义上都是社会投资人进行项目资金投入。资金占用如此长时间，对社会投资人而言压力巨大。其次，社会投资人在 PPP 项目公司中占大股份，则项目公司的报表需要合并到社会投资人的报表中。由于 PPP 项目（尤其是大型的基础设施建设项目）总投资量大，合并报表后，社会投资人的相关财务指

---

① 管百海，时任中铁信托有限责任公司研究发展部副总经理，主持工作；胡本勇，电子科技大学副教授。该文发表于《金融理论与实践》2018 年第 2 期，内容略有修改。

标必然受到影响，特别是资产负债率会极快上升，导致社会投资人其他融资受到影响，从而影响社会投资人企业的生产经营。

因此，为加快 PPP 项目社会投资人的资金回收，盘活存量的项目资产，使专业的社会投资人具有 PPP 项目的持续投资能力，国家发展改革委和证监会于 2016 年 12 月 21 日联合印发了《关于推进传统基础设施领域政府和社会资本合作（PPP）项目资产证券化相关工作的通知》（发改投资〔2016〕2698 号），从国家层面出台政策，支持、促使 PPP 项目资产证券化。国家出台文件拟推动 PPP 项目的资产证券化，初衷是美好的。但是，作为 PPP 项目的社会投资人是否应该将相关的 PPP 项目实施资产证券化，还需要视具体 PPP 项目的情况来决策。

资产证券化是 20 世纪 70 年代就已出现的一种金融衍生工具，该领域已有不少研究成果。关于企业进行资产证券化的目的，主要有三种代表性理论。第一种是成本导向的资产证券化理论。Schwarcz 指出，资产证券化是一种"炼金术"，当资产证券化的成本低于企业向银行借款等其他融资成本时，企业均有资产证券化的动力[1]。第二种是优化企业资本结构的资产证券化理论。Jure Skarabot 建立了一个多资产公司模型，证实资产证券化是优化公司资本结构的有效手段之一[2]。第三种是风险隔离的资产证券化理论。Christopher W. Frost 认为资产证券化的贡献在于隔离了破产和重组的风险，进而保证了企业破产和重组工作的效率[3]。除上述观点外，国内学者梁志峰认为企业进行资产证券化的目的还有以下几个方面：减少信息不对称、信用体制创新、资产价值形态转换[4]。

对于 PPP 项目的资产证券化，由于 PPP 模式在我国推行的时间还不长，对此进行的研究不多，相关研究成果多出现在 2016 年以后。对于 PPP 项目资产证券化的研究，不少将其作为 PPP 项目的融资方式[5-6]，王明吉等 2017 年研究了 PPP 资产证券化的会计处理和税务问题[7]。在定价方面，褚晓凌等 2016 年建立线性回归模型实证研究了影响 PPP - ABS 利差定价的关键因素[8]。郭宁等建立期权调整利差模型研究了 PPP 项目资产证券化的定价问题[9]。翁燕珍等研究了收费公路 PPP 项目的资产证券化问题，通过定性分析得出的结论是短期内收费公路 PPP 项目资产证券化的动力不足[10]。

一方面，国家层面出台政策，推动 PPP 项目资产证券化；另一方面，学者的定性研究认为PPP项目资产证券化缺乏动力。那么，实际情况到底如何？为揭示这一决策问题的内在规律，本文以PPP项目社会投资人的资金成本、现金流为决策目标，建立数学模型，通过定量研究来揭示PPP项目社会投资人资产证券化需求的内在机理，为PPP项目资产证券化提供量化的决策依据。本研究从社会投资人角度，以资金成本和现金流为双目标建立定量决策模型，可以帮助社会投资人对是否进行PPP项目资产证券化的决策更理性、更科学，推动我国PPP项目的发展。

二、模型建立的相关定义与假设

为方便研究，作如下基本定义和假设：

（1）PPP项目的总投资为Q，且在建设期内均匀发生，发生时点为当年年初；

（2）PPP项目的总周期为T，其中建设期为$T_1(T_1 > 1)$，运营期为$T_2(T_2 > 1)$，$T = T_1 + T_2$；

（3）PPP项目运营期结束时，无偿移交给政府；

（4）在运营期内每年的营业收入扣除运营费用后的净现金流为A_1，且每年的数值一致；

（5）PPP项目除资本金以外的资金均通过项目的运营收益权向金融机构抵押融资，且在项目进入运营期时按每年等额还本付息方式还款；

（6）PPP项目公司由社会投资人和政府方两家组成，股份比例为δ：$(1-\delta)$（其中，$0 < \delta < 1$）。

（7）按照相关规定，PPP项目在进入运营期2年后才可开始实施资产证券化。但为分析方便，假设资产证券化的时点为T_1。

（8）假设PPP项目实施资产证券化的年化成本为$I_1(0 < I_1 < 1)$，假设向银行进行项目融资的年利率为$I_2(0 < I_2 < 1)$。

由于我国实行项目资本金制度，对于不同行业，国家对资本金的比例有不同要求。假设PPP项目资本金占项目总投资的比例为$\alpha(20\% \leqslant \alpha \leqslant 40\%)$，则PPP项目资本金为：

$$Q_1 = \alpha Q \tag{1}$$

项目向金融机构融资为：

$$Q_2 = (1 - \alpha)Q \tag{2}$$

由于PPP项目均注册成立项目公司，项目公司的注册资本金一般比项目资本金低，假设项目公司的注册资本金 Q_3 为项目资本金 Q_1 的一定比例 $\beta(0 < \beta \leq 1)$，则：

$$Q_3 = \beta Q_1 = \alpha\beta Q \tag{3}$$

项目公司注册资本金 Q_3 由政府和社会投资人的真正自有资金出资到位。

项目资本金中扣除项目公司注册资本金 Q_3 后的金额为：

$$Q_4 = Q_1 - Q_3 = \alpha(1 - \beta)Q \tag{4}$$

Q_4 由社会投资人通过非项目融资方式筹集，年资金成本为 $I_3(0 < I_3 < 1)$。

PPP项目进入运营期后，每年有经营收入，假设每年的经营收入扣除运营费用以及税费等以后的金额为 A_1。在表现形式上主要由两部分构成：首先是项目投资的本金回收，或者称为折旧提取，假设在运营期内均匀折旧；其次是扣除每年运营成本后的投资回报，假设该项目的年投资回报率为 $I_4(0 < I_4 < 1)$，则每年的投资回报为 I_4Q。则PPP项目公司运营期每年的现金流入为：

$$A_1 = \frac{Q}{T_2} + I_4 Q \tag{5}$$

PPP项目公司每年的现金流出 A_2 主要为向银行还本付息，银行贷款的年利率为 $I_2(I_2 \leq I_3, I_2 \leq I_4)$。

同时，假设社会平均利润率（社会折现率）为 $I_5(I_5 > I_2)$。

三、PPP项目资产证券化的相关决策模型建立及求解

对于PPP项目是否应实施资产证券化，可以从项目净现值、现金流量两方面建立决策模型进行分析。

（一）项目净现值决策模型建立及分析

项目的净现值计算采用年值变换为现值公式[11]，将以后每年的收入及支出分别折现到基准年份，求两者的差。

根据相关定义及假设,在不实行资产证券化的情况下,PPP 项目在 T_1 时点的净现值 NPV_1 为:

$$NPV_1 = A_1 \frac{(1+I_5)^{T_2} - 1}{I_2(1+I_5)^{T_2}} - A_2 \frac{(1+I_2)^{T_2} - 1}{I_2(1+I_2)^{T_2}} \tag{6}$$

在实行资产证券化的情况下,PPP 项目在 T_1 时点的净现值 NPV_2 为:

$$NPV_2 = A_1 \frac{(1+I_1)^{T_2} - 1}{I_1(1+I_1)^{T_2}} - A_2 \frac{(1+I_2)^{T_2} - 1}{I_2(1+I_2)^{T_2}} \tag{7}$$

两种情况下项目净现值的差额为:

$$\Delta NPV = NPV_2 - NPV_1 \tag{8}$$

比较式(7)和式(8),两者的后面一部分都是一样的,主要是比较 PPP 项目公司以后年度每年现金流入 A_1 在不同折现率下的现值大小。

如果 PPP 项目实施资产证券化的年化成本 I_1 高于社会平均利润率(社会折现率)I_5,则 $\Delta NPV < 0$。

因此,可得到以下推论:

推论 1. 在以净现值作为决策目标的情况下,如 PPP 项目资产证券化年化成本 I_1 高于社会平均利润率 I_5,社会投资人不宜选择资产证券化;反之,应选择资产证券化。

(二) 项目现金流量决策模型建立及分析

分实施和不实施资产证券化两种情况,建立 PPP 项目的现金流量决策模型。

不实施资产证券化的情况下,在 T_1 时点,对于社会投资人而言,此时所有资金全部用完,没有资金流入。因此,此时的净现金流量为:

$$S_1 = 0 \tag{9}$$

在实施资产证券化的情况下,对于筹集回来的资金,社会投资人首先要归还银行项目融资部分的本息 R_1,其次要归还项目资本金中扣除项目公司注册资本金后的金额 Q_4 的本息 R_2,最后要把项目公司的注册资本金 Q_3 及其合理回报 R_3 置换出来。

$$R_1 = \frac{Q_2}{T_1} \times \frac{(1+I_2)^{T_1} - 1}{I_2} \tag{10}$$

$$R_2 = \frac{Q_4}{T_1} \times \frac{(1+I_3)^{T_1} - 1}{I_3} \tag{11}$$

$$R_3 = Q_3 (1 + I_5)^{T_1} \tag{12}$$

因此，PPP 项目实施资产证券化的情况下，在 T_1 时点的净现金流量为：

$$S_2 = A_1 \frac{(1 + I_1)^{T_2} - 1}{I_1 (1 + I_1)^{T_2}} - R_1 - R_2 - R_3 \tag{13}$$

将式（2）、式（3）、式（4）代入式（10）、式（11）、式（12），再代入式（13），整理得到：

$$\begin{aligned}S_2 = Q\Big[& \Big(\frac{1}{T_2} + I_4\Big) \frac{(1 + I_1)^{T_2} - 1}{I_1 (1 + I_1)^{T_2}} - \frac{1 - \alpha}{T_1} \times \\ & \frac{(1 + I_2)^{T_1} - 1}{I_2} - \frac{\alpha(1 - \beta)}{T_1} \times \frac{(1 + I_3)^{T_1} - 1}{I_3} - \\ & \alpha\beta (1 + I_5)^{T_1} \Big] \end{aligned} \tag{14}$$

由于 $S_1 = 0$，则只要 $S_2 > 0$，社会投资人就应该选择 PPP 项目资产证券化。令 $S_2 > 0$，可得到：

$$\begin{aligned}\Big(\frac{1}{T_2} + I_4\Big)\frac{(1 + I_1)^{T_2} - 1}{I_1 (1 + I_1)^{T_2}} > & \frac{1 - \alpha}{T_1} \times \frac{(1 + I_2)^{T_1} - 1}{I_2} + \\ & \frac{\alpha(1 - \beta)}{T_1} \times \frac{(1 + I_3)^{T_1} - 1}{I_3} + \alpha\beta (1 + I_5)^{T_1}\end{aligned} \tag{15}$$

推论 2. 以净现金流量作为决策目标的情况下，在各种利率、项目周期以及 PPP 项目总投资中各部分投资的比例等相关变量满足式（15）的情况下，社会投资人实施资产证券化的现金流大于不实施资产证券化的现金流，应选择资产证券化。否则，应选择不实施资产证券化。

式（14）中，S_2 对 I_1 求偏导，整理得到：

$$\frac{\partial S_2}{\partial I_1} = -\Big(\frac{1}{T_2} + I_4\Big)(1 + I_1)^{T_2}\Big[(1 + I_1)^{T_2} - 1 - \frac{I_1 T_2}{1 + I_1}\Big] \tag{16}$$

式（16）中，令 $a = (1 + I_1)^{T_2} - 1 - \frac{I_1 T_2}{1 + I_1}$，由于 T_2 表示 PPP 的运营期，有 $T_2 > 1$。同时，由假设可知 $0 < I_1 < 1$，$(1 + I_1)^{T_2} > 1 + T_2 I_1 > 1 + \frac{T_2 I_1}{1 + I_1}$，因此 $a > 0$。当 $a > 0$，则有：

$$\frac{\partial S_2}{\partial I_1} < 0 \tag{17}$$

表明 S_2 是 I_1 的单调递减函数。

式（14）中，S_2 对 I_2 求偏导，整理得到：

$$\frac{\partial S_2}{\partial I_2} = -\frac{Q(1-\alpha)(1+I_2)^{T_1-1}}{I_2^{\ 2} T_1} \times \left[I_2 T_1 - 1 - I_2 + \frac{1}{(1+I_2)^{T_1-1}} \right] \quad (18)$$

令 $b = I_2 T_1 - 1 - I_2 + \dfrac{1}{(1+I_2)^{T_1-1}}$，可求得：

$$\frac{\partial b}{\partial T_1} = I_2 + \frac{\operatorname{Ln}(1+I_2)}{(1+I_2)^{T_1-1}} \quad (19)$$

由于 $I_2 > 0$，可知 $\dfrac{\partial b}{\partial T_1} > 0$，即 b 为 T_1 的单调递增函数。当取 $T_1 = 1$ 时，$b = 0$。由基本定义及假设（2）可得到：$b > 0$。

式（18）中 $Q > 0$，$20\% \leqslant \alpha \leqslant 40\%$，$I_2 > 0$，$b = \left[I_2 T_1 - 1 - I_2 + \dfrac{1}{(1+I_2)^{T_1-1}} \right] > 0$，因此可得到：

$$\frac{\partial S_2}{\partial I_2} < 0 \quad (20)$$

表明 S_2 是 I_2 的单调递减函数。

式（14）中，S_2 对 I_3 求偏导，整理得到：

$$\frac{\partial S_2}{\partial I_3} = -\frac{Q(1-\beta)(1+I_3)^{T_1-1}}{I_3^{\ 2} T_1} \times \left[I_3 T_1 - 1 - I_3 + \frac{1}{(1+I_3)^{T_1-1}} \right] \quad (21)$$

式（21）中，$0 < \beta \leqslant 1$，$I_3 > 0$，同理可得到：

$$\frac{\partial S_2}{\partial I_3} < 0 \quad (22)$$

表明 S_2 是 I_3 的单调递减函数。

式（14）中，S_2 对 I_4 求偏导，整理得到：

$$\frac{\partial S_2}{\partial I_4} = Q \frac{(1+I_1)^{T_2} - 1}{I_1 (1+I_1)^{T_2}} \quad (23)$$

式（23）中，$\dfrac{(1+I_1)^{T_2} - 1}{I_1 (1+I_1)^{T_2}}$ 为年金现值系数，可知其大于 0，Q 为 PPP 项目的总投资，也大于 0，因此有：

$$\frac{\partial S_2}{\partial I_4} > 0 \quad (24)$$

表明 S_2 是 I_4 的单调递增函数。

式（14）中，S_2 对 I_5 求偏导，整理得到：

$$\frac{\partial S_2}{\partial I_5} = -\alpha\beta Q T_1 (1+I_5)^{T_1-1} \qquad (25)$$

由相关定义和假设可知，相关参数取值均为正数，得到：

$$\frac{\partial S_2}{\partial I_5} < 0 \qquad (26)$$

表明 S_2 是 I_5 的单调递减函数。

在前述分析的基础上，可以得到推论3：

推论3. 对于不同的利率水平，PPP项目社会投资人有不同的进行资产证券化的欲望。社会投资人进行PPP项目资产证券化的欲望与资产证券化的年化成本 I_1 成负相关，与项目向银行融资的利率 I_2 成负相关，与项目资本金筹集的年化成本 I_3 成负相关，与项目年投资回报率 I_4 成正相关，与社会平均利润率 I_5 成负相关。

式（14）中，S_2 对 α 求偏导，整理得到：

$$\frac{\partial S_2}{\partial \alpha} = \frac{Q}{T_1 I_2 I_3}\{[(1+I_2)^{T_1}-1]I_3 - (1-\beta)\times [(1+I_3)^{T_1}-1]I_2 - \beta I_2 I_3 (1+I_5)^{T_1}\} \qquad (27)$$

令 $d = [(1+I_2)^{T_1}-1]I_3 - (1-\beta)[(1+I_3)^{T_1}-1]I_2 - \beta I_2 I_3 (1+I_5)^{T_1}$，当 $d > 0$ 时，$\frac{\partial S_2}{\partial \alpha} > 0$，即：

$$\frac{I_3}{I_2} > \frac{(1-\beta)[(1+I_3)^{T_1}-1] + \beta I_3 (1+I_5)^{T_1}}{[(1+I_2)^{T_1}-1]} \qquad (28)$$

当 $d < 0$ 时，$\frac{\partial S_2}{\partial \alpha} < 0$，即：

$$\frac{I_3}{I_2} < \frac{(1-\beta)[(1+I_3)^{T_1}-1] + \beta I_3 (1+I_5)^{T_1}}{[(1+I_2)^{T_1}-1]} \qquad (29)$$

推论4. 社会投资人对于PPP项目资产证券化的欲望与资本结构相关。进行资产证券化的欲望与项目资本金占项目总投资比例 α 的关系如下：与PPP项目向银行融资的利率 I_2、项目资本金筹集的年化成本 I_3、项目建设期 T_1、项目公司注册资本金占项目资本金的比例 β 等参数相关。当这些参数之间的关系满足式（28）时，社会投资人进行PPP项目资产证券化的欲望与项目资本金比例 α 成正相关；当这些参数之间的关系满足式（29）时，进行资产证券化的欲望与项目资本金比例 α 成负相关。

式（14）中，S_2 对 β 求偏导，整理得到：

$$\frac{\partial S_2}{\partial \beta} = \alpha Q \left[\frac{(1+I_3)^{T_1} - 1}{I_3 T_1} - (1+I_5)^{T_1} \right] \tag{30}$$

令 $e = \frac{(1+I_3)^{T_1} - 1}{I_3 T_1} - (1+I_5)^{T_1}$，当 $e > 0$ 时，$\frac{\partial S_2}{\partial \beta} > 0$，此时有：

$$(1+I_3)^{T_1} - 1 > T_1 I_3 (1+I_5)^{T_1} \tag{31}$$

当 $e < 0$ 时，$\frac{\partial S_2}{\partial \beta} < 0$，此时有：

$$(1+I_3)^{T_1} - 1 < T_1 I_3 (1+I_5)^{T_1} \tag{32}$$

推论 5. 社会投资人对于 PPP 项目资产证券化的欲望与资本结构相关。进行资产证券化的欲望与项目公司注册资本金占项目资本金比例 β 的关系如下：与 PPP 项目资本金筹集的年成本 I_3、社会平均利润率 I_5、项目建设期 T_1 等参数相关。当这些参数之间的关系满足式（31）时，社会投资人进行 PPP 项目资产证券化的欲望与项目资本金比例 β 成正相关；当这些参数之间的关系满足式（32）时，进行资产证券化的欲望与 β 成负相关。

四、算例检验及分析

设一个 PPP 项目总周期 $T = 30$ 年，其中建设期 $T_1 = 2$ 年，运营期 $T_2 = 28$ 年。项目总投资 $Q = 100$ 亿元，项目公司中政府与社会投资人的股权比例为 10:90。

（一）净现值决策模型的算例检验及分析

在净现值决策模型情况下，假设项目资本金比例 $\alpha = 30\%$，则向银行进行项目融资的金额 $Q_2 = 70$ 亿元；假设项目的年投资回报率 $I_4 = 8\%$。

项目 I_1 和 I_5 的取值变化情况如表 1 所示。各种情况下的净现值计算结果如表 1 所示。

表1　　　　净现值决策模型下相关参数取值及计算结果

I_1	I_5	NPV_1	NPV_2	ΔNPV
0.05	0.07	67.99	99.94	31.95
0.06	0.07	67.99	82.68	14.68
0.08	0.07	67.99	55.43	-12.56
0.1	0.07	67.99	35.24	-32.75
0.12	0.07	67.99	19.94	-48.05

由表1可知，PPP项目如以净现值作为决策目标，则只有在项目资产证券化年化成本 I_1 低于社会平均利润率 I_5 时，社会投资人实施资产证券化才是合理的选择。

（二）现金流量决策模型的算例检验及分析

在现金流量决策模型情况下，对各种参数取不同的值，α、β、$I_i(i=1,2,3,4)$ 在各种情况下的取值如表2所示。

根据各参数的取值，各种情况下的相关指标计算结果如表2所示。

从表2可以看出，经过数据的检验，推论3和推论5均成立。

表2　　　　现金流量决策模型下相关参数取值及指标计算

α	β	I_1	I_2	I_3	I_4	I_5	S_2
0.2	0.1	0.04	0.05	0.055	0.08	0.07	90.03
0.2	0.1	0.03	0.05	0.055	0.08	0.07	114.34
0.2	0.1	0.04	0.045	0.055	0.08	0.07	90.23
0.2	0.1	0.04	0.045	0.065	0.08	0.07	90.14
0.2	0.1	0.04	0.05	0.055	0.065	0.07	65.04
0.2	0.1	0.04	0.05	0.055	0.08	0.08	89.99
0.2	0.2	0.04	0.05	0.055	0.08	0.07	89.8
0.2	0.5	0.04	0.05	0.055	0.08	0.07	89.09
0.25	0.1	0.04	0.05	0.055	0.08	0.07	89.96
0.25	0.2	0.04	0.05	0.055	0.08	0.07	89.67
0.25	0.5	0.04	0.05	0.055	0.08	0.07	88.79
0.3	0.1	0.04	0.05	0.055	0.08	0.07	89.89
0.3	0.2	0.04	0.05	0.055	0.08	0.07	89.54

续表

α	β	I_1	I_2	I_3	I_4	I_5	S_2
0.3	0.5	0.04	0.05	0.055	0.08	0.07	88.48
0.35	0.1	0.04	0.05	0.055	0.08	0.07	89.82
0.35	0.2	0.04	0.05	0.055	0.08	0.07	89.41
0.35	0.5	0.04	0.05	0.055	0.08	0.07	88.17

对于式（15）而言，此时 $T_1 = 2$ 和 $T_2 = 28$ 均为常数。将之代入，可得到：

$$\left(\frac{1}{28} + I_4\right)\frac{(1+I_1)^{28}-1}{I_1(1+I_1)^{28}} > \frac{1-\alpha}{2}(2+I_2) + \frac{\alpha(1-\beta)}{2}(2+I_3) + \alpha\beta(1+I_5)^2 \tag{33}$$

如果此时再给定 α 和 β 的取值，则式（33）能否成立，取决于 I_1、I_2、I_3、I_4、I_5 的值。在式（31）成立时，社会投资人应选择进行资产证券化；否则，应选择不进行资产证券化。

此时，给定 $\alpha = 0.2$，$\beta = 0.1$，再取定 $I_2 = 0.05$、$I_3 = 0.055$、$I_4 = 0.08$、$I_5 = 0.07$，变动 I_1 取值，相关计算结果如表3所示。

表3   资产证券化条件检验取值

I_1	式（15）是否成立	S_2
0.05	是	69.61
0.07	是	37.66
0.09	是	14.27
0.11	否	-3.25

由表3可知，推论2成立。同时，由表3可知：

推论6. 在以净现金流量作为 PPP 项目资产证券化的决策目标时，其条件比净现值作为决策目标时更为宽松，不再要求资产证券化的年化成本低于社会平均利润率（社会折现率）。

对于式（27），以 $I_2 = 0.05$，$I_3 = 0.055$ 的情况来进行分析。此时，式（29）成立，表明 PPP 项目社会投资人实施资产证券化的欲望与 α 负相关。对照表2，对应 α 的不同4个取值，可知该推论成立。

对于式（30），以 $I_3 = 0.055$，$I_5 = 0.07$ 的情况进行分析。此时，式（32）成立，表明社会投资人实施资产证券化的欲望与 β 负相关。对照表

2，对应 β 的不同 3 个取值，可知该推论成立。

五、结束语

PPP 是我国正在并将继续大力推广的基础设施和公共服务采购模式，从政府角度出发，应该为 PPP 项目的社会投资人创造便利条件、扫清障碍，推动 PPP 项目实施。国家发展改革委和证监会于 2016 年底联合印发发改投资〔2016〕2698 号文，即是基于此目的。

但是，对于不同的项目、不同的社会投资人，项目的资金来源、成本均不相同。一个具体的 PPP 项目，社会投资人是否应该实施资产证券化，应根据项目的具体情况而定。如果以决策时点的项目净现值为决策目标，则在资产证券化年化成本高于社会平均利润率的情况下，不应选择资产证券化。如果以决策时点的项目净现金流量为决策目标，则情况比较复杂，是否进行资产证券化需要统筹考虑相关参数。总体来看，以净现金流量为决策目标时的资产证券化条件比以净现值为决策目标时宽松。

参考文献

[1] Steven L. Schwarcz. The alchemy of asset securtization [J]. Stanford Journal of Law, Business, and Finance, 1994 (1): 133 – 154.

[2] Jure Skarabot. Asset securitization and optimal asset structure of the firm [A]. EFMA 2001 Lugano Meetings, 2001 (1).

[3] Christopher W. Frost. Asset securitization and corporate risk allocation [J]. Tulane Law Review, 1997 (72): 101 – 157.

[4] 梁志峰. 资产证券化的金融创新理论研究综述 [J]. 南华大学学报，2006, 7 (6): 21 – 24.

[5] 孙燕芳，王晓月，肖茗徽. PPP 项目应用资产证券化融资的问题与对策 [J]. 管理现代化，2017 (5): 12 – 14.

[6] 徐苏云，徐婷. PPP 项目引进资产证券化投融资模式探讨 [J]. 建筑经济，2017, 38 (12): 96 – 99.

[7] 王明吉，崔学贤. PPP 项目资产证券化之会计处理与税务影响 [J]. 财会月刊，2017 (1): 61 – 63.

[8] 褚晓凌,刘婷,陆征,王守清,伍迪. PPP 项目资产证券化产品利差定价实证研究 [J]. 地方财政研究,2016 (10): 13-18.

[9] 郭宁,安起光. PPP 模式资产证券化定价研究——基于期权调整利差模型的分析 [J]. 山东财经大学学报,2017,29 (1): 11-19.

[10] 翁燕珍,王利彬,何远志. 谈收费公路 PPP 项目资产证券化路径 [J]. 中国公路,2017 (2): 44-50.

[11] 全国注册咨询工程师(投资)资格考试参考教材编写委员会. 项目决策分析与评价 [M]. 北京: 中国计划出版社,2012: 263.

信托公司证券投资业务模式及策略研究

黄霄盈[①]

资本市场在我国经济特别是推进经济高质量发展中的战略地位日益凸显,将在我国金融体系中发挥越来越重要的作用。

过去,中国的融资结构以间接融资为主,主要依靠银行渠道。但是,当前中国经济正在迈入高质量发展阶段,经济中的新动能正在不断酝酿,信息技术、生物医药、高端制造等新兴行业正在不断崛起,而这些行业和企业的总体特征是研发投入比较大,以人力资本为核心,与传统的以间接融资为主的融资方式不相适应,因此必须要从间接融资转向直接融资,从靠担保的银行贷款转向无担保的企业债券和股权融资,从银行融资转向资本市场。可以说,资本市场战略地位的提升,是我国经济高质量发展的内在要求。

中国资本市场正在进入一个新的发展时期。信托行业应当深刻认识到新时期下资本市场发展的重要战略意义,积极参与资本市场,在其中发挥自己的作用。

一、证券投资信托业务量与证券市场波动关系分析

根据历史数据,证券投资类信托业务量主要受证券市场的波动情况影响,两者成正相关关系。

从时间上来看,证券投资类信托业务规模从 2014 年至今业务量比前几年大增,主要有以下原因:(1)信托资产规模从 2013 年底的 10.91 万亿

[①] 黄霄盈,中铁信托有限责任公司研究发展部研究员。该文发表于《当代金融家》,2020年1月。

元增长到 2017 年的 26 万亿元，增长速度快，其中证券投资业务同时增长；(2) 证券市场交易量逐年递增，资本市场日趋发展成熟。

二、从社会发展和国家战略看证券市场的信托业务机会

随着社会经济的发展，证券市场也会越来越发达，信托公司在其中可以充分发掘业务机会，扩大市场份额。

（一）从我国直接融资和间接融资比例看信托公司的业务机会

追溯历史，我国企业融资方式主要为银行信贷。1990 年，上海证券交易所和深圳证券交易所相继成立，国家鼓励企业通过证券市场进行直接融资。直接融资的方式主要包括股权融资和发行债券融资。我国股权融资占比十几年来尚未明显提升，直接融资占比的提升主要由债券融资推动。从年度社会融资规模增量中债券融资和股权融资占比的变动来看，2002 年至今债券融资规模已经显著提升（由 2002 年的 1.82% 提升至 2018 年的 22.12%），但股权融资占比却多年在 1%~7% 的范围内波动，2018 年的股权融资比例仍处于历史较低水平。

国家对于"扩大直接融资"非常重视，最早在 1999 年中央经济工作会议中提及；随后的政府工作报告及中央会议多次提及推动直接融资。

从国际上发达国家和地区的经验来看，美国直接融资占比平均为 89.93%，我国香港地区直接融资规模占比平均为 81.51%，其他西方发达国家直接融资比例普遍在 70% 左右。截至 2018 年末，我国直接融资比例为 24%，远低于发达国家成熟金融市场的水平，这意味着我国直接融资占比有很大的上升空间。

（二）从科创板看信托公司的业务机会

科创板旨在补齐资本市场服务科技创新的短板，是资本市场的增量改革，将在盈利状况、股权结构等方面作出更为妥善的差异化安排，增强对创新企业的包容性和适应性。

2019 年，《在上海证券交易所设立科创板并试点注册制总体实施方案》、《关于在上海证券交易所设立科创板并试点注册制的实施意见》（以

下简称《实施意见》)、《科创板上市公司持续监管办法(试行)》和《科创板首次公开发行股票注册管理办法(试行)》先后发布。同期,上海证券交易所(以下简称上交所)就设立科创板并试点注册制相关配套业务规则公开征求意见。

2019年3月2日,证监会及上交所发布此前向社会公开征求意见的各项科创板制度规则,并自该日起开始正式落地实施。

根据《上海证券交易所科创板股票发行与承销实施办法》,新股发行机制分为网上配售和网下配售。网上申购面向普通投资者;而网下申购则主要面向专业投资者,相对门槛较高。参与询价的网下投资者被确定为"证券公司、基金管理公司、信托公司、财务公司、保险公司、合格境外机构投资者和私募基金管理人等专业机构投资者"。信托公司可以参与科创板新股网下认购。

1. 用战略配售方式参与。战略配售是目前科创板对比A股变化比较大的制度之一,其实战略配售类似于香港市场的基石制度。港股的基石制度就是在正式公开发行之前,寻找比较重点的投资人先承诺认购一部分IPO发行的份额,这个比例一般是发行量的30%~40%。基石投资者不参与最终定价,但有一个价格区间,即如果发行价格超过了这个区间,那么基石投资者有权利不认购。另外,基石投资的锁定期一般是六个月。如果基石投资者承诺认购的话,那么可以百分之百获得配售。

信托公司对于自己看好的公司可以采用战略配售的方式来确保投资份额。科创板目前公布的制度,对战略配售门槛比目前A股的门槛低一些。目前规定为发行数量不足1亿股的股票,战略配售不超过发行量的20%。如果超过1亿股,战略配售不超过30%,如果超过30%需说明理由。

2. 通过FOF/MOM形式参与科创板。当然,信托公司也可以通过普通下线认购方式参与科创板新股认购,但对于信托公司而言,在自身的投研能力不够专业的情况下,可以通过FOF/MOM形式间接参与其中。证监会官网显示,截至2019年3月15日,已经有17家基金公司上报了29只相关主题基金。具体来看,博时基金、景顺长城、中信保诚、南方基金等17家基金公司上报的29只科创板主题的基金中,有2只股票型基金,其余均为混合型基金产品。其中有8只为3年封闭的产品,华夏、易方达、南方、招商、富国等头部基金公司不仅申报了开放式产品,也均申报了封闭3年的科创板产品。除此之外，此前为备战 CDR 成立的 6 只战略配售基金，也可以参与科创板打新。

信托公司通过 FOF/MOM 形式参与以上基金，投资项目更多样，基金公司专业能力更强，投资调整更灵活。

三、信托参与证券类业务现有模式分析

目前，信托公司参与证券类业务主要有以下几种业务模式。

（一）股票质押业务

信托公司主要以场外质押方式承做股票质押业务。场外质押的办理不通过交易所系统，而是在中国证券登记结算有限公司登记，质权自办理登记之日起设立。

1. 通道类股票质押业务。信托公司参与股票质押的通道业务主要与银行合作，因银行不能直接从事证券经营业务且受监管限制，因此，银行理财资金借助信托、券商等通道开展股票质押业务，其主要业务模式：一是银行理财资金委托给信托公司，设立单一或结构化信托（杠杆比≤2∶1，理财资金认购优先级，其他投资者认购劣后级），投资券商的资管计划；二是银行理财资金委托给信托公司，设立单一或结构化信托参与股票场外质押融资。目前，在《关于规范银信类业务的通知》规定下，银信合作业务受限，而且资管新规将嵌套层级限制为一层，导致信托公司参与股票质押的通道业务大幅减少。

2. 主动类股票质押业务。信托公司参与场外股票质押的主动类业务虽然没有券商的场内优势，但是考虑到场内质押对标的股票要求高，且质押率控制较低，而场外质押对股票选择更灵活，质押率也高，受到部分资金融入方的青睐。

此外，随着 2018 年股票质押新规的实施，对场内质押从集中度、质押率、融入方要求和资金用途等方面进行管控，场内质押明显受限，部分存续业务（特别是股票质押全市场集中度超过 50% 的企业）到期后难以为继，因此，通过信托公司的场外股票质押业务明显增多，同时，该类业务面临的风险也有所增加。

(二) 上市公司流贷业务

上市公司流贷业务指信托公司给上市公司或者上市公司控股股东（大股东）或者上市公司子公司以及关联公司的贷款，用途一般为满足企业经营流动资金需要。这里指的上市公司是在国内深市和沪市上市的 A 股主板、中小板、创业板公司。上市公司信用贷款是考虑上市公司生产经营状况发放的贷款，一般是流动资金贷款。

根据每个信托公司信贷政策的不同，对于不同的上市公司也有不同的考量，主要考量资产负债率、净资产、总市值、还款来源稳定性等。一般来说，信托公司放贷的企业分为以下两类：第一类是最优质的企业，包括但不限于优质央企及其一级子公司、金融机构、经济发达区域地方优质国企等。这些公司是各大金融机构的争夺对象，甚至可以以无抵押的方式获得银行的低成本信用融资。第二类是愿意承担高成本进行融资的企业。这里又有两种情况：一是已经向银行进行了质押与抵押融资，仍然存在资金缺口；二是尽管有资产与现金流尚未向银行质押融资，但需要更快的融资。

(三) 信托专户投资二级市场（FOF/MOM 方式）

MOM 投资模式即管理人的管理人基金（Manager of Mangers）模式，由 MOM 基金管理人（这里是信托公司）通过长期跟踪、研究基金经理投资过程，挑选长期贯彻自身投资理念、投资风格稳定并取得超额回报的基金经理，以投资子账户委托形式让他们负责投资管理的一种投资模式。

FOF（Fund of Fund）是一种专门投资于其他证券投资基金的基金（这里就是信托计划）。FOF 并不直接投资股票或债券，其投资范围仅限于其他基金，通过持有其他证券投资基金而间接持有股票、债券等证券资产，它是结合基金产品销售渠道创新的基金新品种。

信托公司由于自身对资本市场的投研能力不足，需要"外包"给具有专业能力的基金公司或私募公司，通过 MOM/FOF 的形式是最佳的。这种模式的优势在于：

1. "选票"变为"选基金"或"选管理人"。信托公司通过在市场上选对好的基金或管理人，就可以为客户赢得可观收益，发展二级市场业务。

2. 配置分散，风险可控。由于选择多个不同的投资经理或基金产品，信托专户的风险敞口分散，可以有效平抑投资运作中的净值波动，降低风险。

3. 策略、风格、基金多元化。信托公司通过 MOM/FOF，集个别基金经理的强项，构建更多元化的投资组合，从而获得更平稳持续的投资回报。

（四）定增业务

定向增发是上市公司再融资市场的主要产品，对急于转型、拓展资本市场的信托公司而言，定向增发这个一级半市场业务无疑是其关注的焦点。信托公司参与定增，可以一对一，也可以一对多以组合投资的形式投资，来分散风险。

信托公司参与定增业务，一般采用结构化设计的模式。多数情况下，定增产品的交易结构中一般会采用"优先级委托人+劣后委托人"或者"优先级+A类劣后级+B类劣后级+……"的结构化模式，由追求高收益的劣后级为优先级提供资金安全垫。

信托公司定增业务主要通过二级市场股票交易获利。一般情况下，定增锁定期结束后，可择时通过二级市场减持或大宗交易系统卖出标的股票实现资金退出。定增项目中一般会指定一个委托指令权人（通常情况下由投资顾问，也是劣后级委托人担任），出具投资指令（信托公司与委托指令权人签订操作协议），进行具体交易，实现定增业务的退出获利。

四、信托公司参与科创板的业务模式

根据《上海证券交易所科创板股票发行与承销实施办法》，新股发行机制分为网上配售和网下配售。网上配售面向普通投资者；而网下配售则主要面向专业投资者，相对门槛较高。参与询价的网下投资者被确定为"证券公司、基金管理公司、信托公司、财务公司、保险公司、合格境外机构投资者和私募基金管理人等专业机构投资者"。因此，信托公司可以参与科创板新股网下认购,其参与模式如下。

(一)以战略配售方式参与

战略配售是目前科创板对比 A 股变化比较大的制度之一,该方式类似于香港市场的基石制度。港股的基石制度就是在正式公开发行之前,找一些比较重点的投资人先承诺认购一部分 IPO 发行的份额,一般来讲这个比例是发行量的 30%~40%。基石投资者是不参与最终定价的,但可以约定一个价格区间,如果发行价格超过了这个区间,那么基石投资者有权利不认。另外,基石投资的锁定期一般是六个月左右。如果基石投资者承诺认购的话,那么可以百分之百获得配售。信托公司对于自己看好的公司可以采用战略配售的方式来确保投资份额。

(二)通过 FOF/MOM 形式参与科创板

当然,信托公司可以通过普通下线认购方式参与科创板新股认购,但对于信托公司而言,在自身的投研能力不够专业的情况下也可以通过 FOF/MOM 形式。证监会官网显示,截至 2019 年 3 月 15 日,已经有 17 家基金公司上报了 29 只相关主题基金。信托公司通过 FOF/MOM 形式参与,投资项目更多样,投资调整更灵活。

五、对信托公司发展证券投资信托业务的策略建议

(一)信托应采取差异化业务模式

信托公司要发展证券投资信托业务,需要扬长避短,采取差异化竞争策略,方能在有基金公司、证券公司、保险公司众多参与者的市场中站稳脚跟、谋求发展。具体应聚焦三大类业务:一是以投资者为导向,着重宏观资产类别配置的财富管理业务;二是以市场投资机会为导向,着重微观资产类别配置的体系特色的资产管理业务;三是证券化与证券融资业务。

(二)应充分利用信托制度优势和跨市场优势

信托公司发展证券投资业务,应充分利用信托制度优势和市场跨越优

势,利用市场已有的投资管理力量,站在金融投资管理产业链的上端,组合优选投资管理人,代表最终端的财富所有者进行资产配置并监督投资管理人。信托公司应和基金管理公司、证券公司错位竞争,MOM/FOF 是信托公司应当重点拓展的业务领域。

(三)应加强与金融科技的深度融合

对于证券投资信托业务,信息化建设是核心竞争能力之一。因此,信托公司应该不断强化科技投入与支持,强化研发力量,持续完善证券系统建设。

1. 提升运营管理自动化水平。信托公司应将证券投资信托的运营从手工操作过渡到系统操作,使各环节的运营管理工作效率得到大幅度的提升,同时也节省了人力成本。

2. 提高风险控制智能化程度。金融科技的运用,不但可以提升运用效率,而且能够进一步优化事前、事中、事后的风控管理措施,减少人工操作风险。事前能够快速实现压力测试,事中能够通过线上风险压力盯控、线上高危股票监测、自动筛选风险项目等措施进行风控,事后能够通过大数据分析,建立风险控制模型,提高风控管理水平。信托公司应加强运用金融科技手段,提供大数据、大类资产配置、金融资产数据化等方面的新型服务内容。

3. 加速优化客户体验。除运用金融科技优化证券业务的管理效能之外,在客户服务体验方面也需要进行不断优化,如服务范围、服务程度、电子化程度等。信托公司应实现运用金融科技通过 PC 端或者移动端为客户提供差异化、可视化服务,及时响应客户需求,快速改善客户服务体验。

(四)根据监管政策,适时启动公募信托

一直以来,信托都是以私募方式筹集资金,但是 2018 年 4 月资管新规的出台,将所有资管业务纳入统一监管,如果信托不能进行公募,则与其他资管子行业相比,天然处于劣势地位。

因此,可以有步骤、有选择地对信托公司或信托业务种类放开限制,比如对投资风险相对低的固定收益类、货币类、资产支持证券类信托计划可试点启动公募,扩大信托的市场影响,加强透明监督,提高投资管理能力。尤其是即将推出的创新类业务——资产支持证券,其推出的一个重要形式是通过发行信托凭证。如果政策方面不能启动公募信托,不仅对于证券投资类业务的发展会带来较大的障碍,也是对信托这一法定的金融资源的极大浪费。

(五)逐步解决信托计划的流动性

流动性是投资品的生命,它可以通过二级市场定价来指导信托产品的一级市场定价,二级市场有价格发现功能。一个没有二级市场的投资品种是注定不会有规模发展和规模经济效应的,从而也就没有了持久的生命力。流动性与公募发行是相辅相成、不可分割的整体问题。建议主管机构首先探索试行信托计划在交易所市场、银行间市场、银行柜台 OTC 市场流通的可行性,必要时借鉴产权交易所的经验,建立信托公司业内的流通交易系统,待时机成熟再构建完全的信托产品二级市场流动系统。

(六)支持条件成熟的信托公司获取衍生产品交易资格

衍生证券是金融工程的产物,是信托产品创新的有力武器。信托公司若不能在这一领域开展业务,无疑将丧失竞争优势。衍生产品还是规避风险的工具,如果信托公司无法运用这一工具,在未来纷繁复杂的资本市场上将面临巨大的风险。

综上所述,随着我国进入高质量发展阶段,以资本市场为代表的直接融资在将来的金融市场中扮演越来越重要的角色。信托公司应加大力度挖掘资本市场发展的重大机会,运用信托灵活的制度优势和跨市场优势,积极拓展包括科创板在内的资本市场业务,实现信托业务多元化发展支持国家高新科技实体企业发展,为我国迈入高质量发展出一份力。

基于信托文化的信托公司
风险管理整合框架

张 楠 钱思澈[①]

一、引言

信托文化是推动行业稳健发展、筑牢风险防范体系的坚实力量。2018年资管新规发布，要求资管产品实现净值化管理，打破产品刚性兑付。信托项目若出现风险，投资者需要自行承担收益甚至本金不能按时收回的后果。该情况一旦出现，不仅会损害信托公司的声誉，而且可能造成市场的恐慌，失去投资者对信托公司的信任，阻碍行业的发展。"卖者尽责、买者自负"的情况下，信托公司更需要弘扬忠实、谨慎、投资义务的信托文化，强化受托人责任意识，加强风险管理，践行受托人义务，实现行业的高质量发展。

2019年12月以"弘扬信托文化、强化合规建设"为主题的中国信托业年会认为，在信托业转型发展的关键时期，弘扬信托文化适逢其时、切中实际。良好的信托文化为行业发展注入新动能，忠诚守信、持续稳定、财产独立、灵活创新的文化力量会凝聚成为企业的核心价值体系，形成共同的目标、价值观念、认知系统、行为准则。

二、信托文化及风险管理的内涵

（一）信托文化

信托起源于英国中世纪的用益制，人们为规避沉重的封建赋税、防止

[①] 张楠，中铁信托有限责任公司博士后；钱思澈，中铁信托有限责任公司综合管理部文字秘书，原研究发展部研究员。该文发表于"信托百佬汇"公众号，2020年5月。

因战败而使土地被没收，13世纪广泛使用该制度，制度的设计是委托人将财物交给受托人管理，受托人不收取报酬，凭良心将财物及收益交由受益人。随着时代的发展，18世纪末美国引进民事信托，经过本土化改造，开创了商事信托；19世纪末，日本引进信托制度，根据本国国情使金融信托内容更加丰富。我国在20世纪初引入信托制度，信托在我国的发展充满曲折，中间一度呈萎缩无为之势，到1979年才开始恢复信托业务。

信托文化的具体表述不同，但内涵趋于一致。"受托人责任"是信托文化的核心。信托文化的精髓表现为受托人自觉履行忠实义务、谨慎义务和投资义务（陈赤，2014），社会有鼓励和监督受托人义务履行的氛围。忠实义务表现为受托人忠于所托，尽职尽责；诚实信用，信守承诺。谨慎义务表现为受托人恪尽职守，勤勉谨慎。投资义务是指受托人要通过扎实专业知识，对信托财产进行管理运用，实现价值增值。在此基础上，邓智毅（2018）认为由于信托在设计之初的破产隔离和财富传承功能，信托文化包含特有的传承文化。信托是唯一可同时涉足货币市场、资本市场和实业三大领域的金融机构，加上信托设立方式的多样性，使得创新文化也是信托文化的重要方面。因此，黄洪（2019）认为，良好的信托文化具备忠诚守信、持续稳定、财产独立、灵活创新的核心特征，同时具有服务实体经济、满足人民需要、推动社会进步、依法合规经营、坚持职业操守五方面的中国特质。根据监管的要求，信托业将从2020年开始连续用五年时间开展信托文化的教育、普及、确立、深化和提升，形成中国特色的信托文化。

（二）风险管理

企业风险管理是企业在创造、保持和实现价值的过程中，结合战略制定和执行，赖以管理风险的文化、能力和实践。美国反虚假财务报告委员会（COSO）将2017版全面风险管理框架（COSO-ERM框架）定义为"治理和文化""战略和目标""实施和运行""审阅与修订""信息、沟通与报告"五个方面，并细化为20项具体原则。COSO-ERM框架覆盖了企业风险管理的全流程，成为很多企业进行全面风险管理的标准。

以往学者多基于COSO-ERM框架对银行、保险、基金等各类金融机构的风险管理情况进行分析（曾子懿，2018；刘全山等，2019；张芳洁等,2017),本文在信托文化的内涵及 COSO – ERM 风险管理框架的基础上,分析信托文化对信托公司风险管理的影响机理,并在此基础上构建基于信托文化的信托公司风险管理整合框架。

三、信托文化对信托公司风险管理的影响机理

信托文化是信托行业发展的动力之源,是信托公司的立身之本、成事之基,是信托公司精神和价值观的体现,更是信托公司强合规、谋发展、促转型的坚实力量。信托文化对信托公司风险管理的影响机理如图1所示。风险管理有效运行的核心和关键是信托文化,信托文化贯穿于风险管理的所有环节,是其有效运行的前提和基础。风险管理是风险管理目标、风险管理诊断、风险管理报告三个具体流程以信托文化为核心相互联结形成的包括目标管理、过程管理、结果管理的管理闭环。信托文化对于公司风险管理全流程表现为导向功能、约束功能、激励功能,对于公司外部表现为辐射功能。

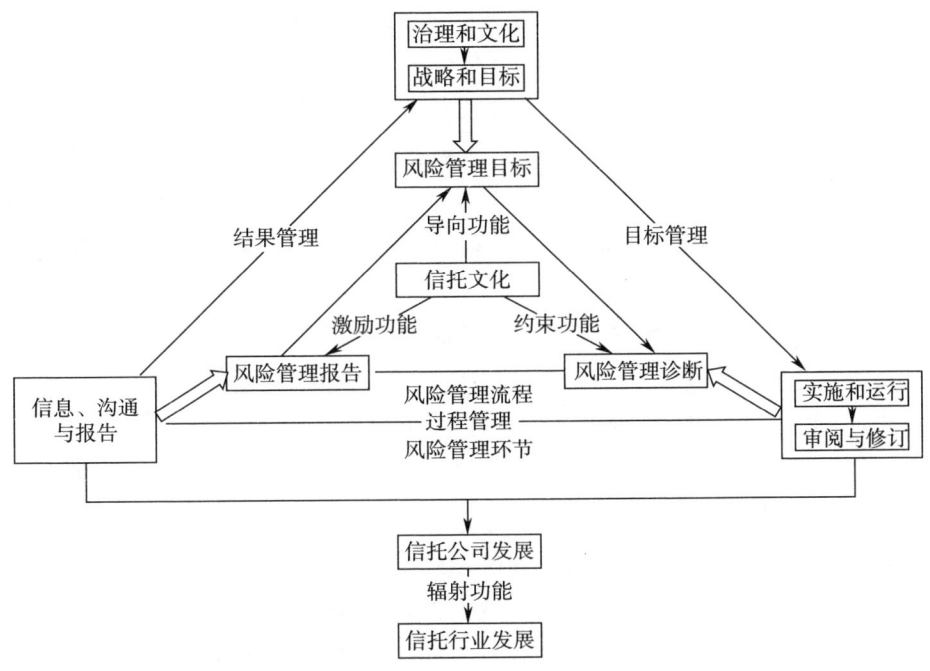

图1 信托文化对信托公司风险管理的影响机理

信托文化核心的"受托人责任"表现为忠实义务、谨慎义务和投资义务。忠实义务要求受托人不能利用信托财产谋取私利，同时严禁固有财产与信托财产进行交易及不同委托人的信托财产进行交易。谨慎义务要求受托人勤勉、谨慎、尽职尽责，在对信托财产投资时，要尽最大可能考虑各方面影响，要对所投项目高标准、严要求。投资义务要求受托人根据专业知识对信托财产进行管理和运用，实现财产保值增值，不能因规避风险而拒绝投资。

信托文化对于风险管理目标的导向功能表现为目标管理，信托文化的三方面义务都有所体现，这不仅是核心价值观的体现，更表现为公司治理机制的完善。因为信任，委托人才愿意将财产转移给受托人进行管理、运用和处分；因为坚守信用，信托行业才能持久健康发展。所以信托公司董事会管理层要对项目风险进行监督，并且建立相应的运营架构，信托公司要根据信托文化形成特有的企业文化，对企业和员工的价值取向起到引导作用，吸引并留住人才。根据公司治理和企业文化，谨慎地考虑信托业务开展的内外部环境，制定战略发展方向并设定业务目标。

信托文化对于风险管理诊断的约束功能表现为过程管理，是通过对企业和员工的价值取向和行为规范在意识形态上统一而形成的非制度性的软约束，主要表现为忠实义务和谨慎义务。忠于委托人所托，在为受益人利益谋划时尽心尽力；说话信实，在信托产品销售时不能存在错误引导客户等不当的行为；信守承诺，受托人利益是按照信托文件取得约定的报酬，不能做利用信托财产为自身谋利而损害受益人利益的事情，要选择风险可控的信托财产管理方式，并对风险和绩效进行审查。谨慎义务不仅要求受托人在筛选投资项目时设定准入门槛、有所取舍，更应具有扎实的专业知识，在项目实施和运行阶段能够不断关注风险变化，识别、评估和应对风险，在审查和修订阶段对风险和绩效进行审查，不断优化公司的风险管理。

信托文化对风险管理报告的激励功能表现为结果管理，主要体现在忠实义务和投资义务上。忠于所托不仅是董事会、管理层的主张，更应该是企业中每位员工的责任，这种隐性的驱动力会激发员工的主观能动性，促使其利用信息技术收集高质量的信息，通过多样化方式积极与管理层、利益相关者进行沟通交流。定期通过风险及绩效评估报告的形式，对照风险管理目标监督受托人投资义务履行情况，将信托文化的隐性价值显性化激励受托人风险管理目标的实现。

信托文化的辐射功能表现为信托文化作为社会文化的一部分,不仅会影响行业内部,而且会通过文化的重塑作用向社会传递整个信托行业的形象。同时信托文化通过风险及绩效的良好管理,影响信托公司的发展,进而影响整个信托行业的发展。

四、基于信托文化的信托公司风险管理整合框架

本文在分析信托文化对信托公司风险管理影响机理的基础上,基于信托文化对风险管理五要素的直接影响和间接影响构建基于信托文化的信托公司风险管理整合框架(见图2)。

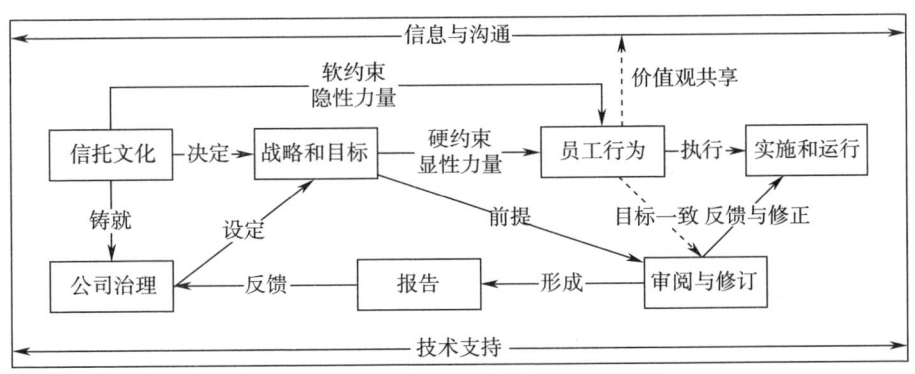

图2 基于信托文化的信托公司风险管理整合框架

信托文化对于公司治理和企业文化、战略和目标设定的影响是直接的体现,对于实施和运行、审阅与修订以及信息、沟通与报告是间接的影响。

信托文化对信托公司治理及企业文化的影响反映了"学与用"的统一。信托文化忠实义务、谨慎义务和投资义务的核心内涵是信托行业发展的灵魂,信托文化决定了信托公司的治理文化,进而影响信托公司治理模式。各信托公司在学习信托文化的基础上结合公司愿景、经营理念等形成企业文化,并形成统一全体员工的价值观和道德行为准则。信托文化决定了信托公司风险管理的目标,反映了"文化与管理"的统一。

将信托文化"言必行、诺必践"的目标融入公司的战略决策和经营目标,树立良好的风险管理是在提高效益,稳健经营和规范运作会创造更大

的价值的理念，这样才能更好地对外服务于客户、服务于股东，促进实体经济发展；对内让员工满意，吸引并留住更多的人才。战略和目标设定是对员工的一种硬约束，通过将融入信托文化的目标下达，以显性的力量将董事会及管理层的想法与员工的工作内容进行对接，将信托文化融入制度建设，转化为具体岗位职责，渗透到公司的运行中，体现在人才激励方面，丰富信托文化的管理实践，反映了"上与下"的统一。

实施和运行、审阅与修订以及信息、沟通与报告都是员工执行情况的体现，信托文化对这三方面的影响是通过对员工的作用而间接产生的。与目标、制度的显性约束不同，信托文化对员工的意识形态和行为方式是软约束。信托文化对员工的影响是隐性方式的自我约束，相比他律约束，能够降低信息不对称和管控的代理成本。风险来自信息的不对称性，降低信息不对称也就降低了风险。

实施和运行中，对内外部风险及项目风险的识别、评估、排序和应对的主体是员工，员工的行为方式是由思想决定的，信托文化是统一思想的源头。如果说公司制度、目标下达的硬约束是为防止员工的消极怠工，那信托文化的内涵渗透就是用信任和责任感来启发员工，引导员工认识到个人利益和需求与公司的长久发展的和谐统一，做到"员工利益和企业利益"的统一。

审阅与修订工作中对绩效进行审阅，对风险实施运行情况进行反馈与修正，并不断改进企业风险管理情况的主体同样是员工。信托文化清晰的忠义文化道德准绳、强烈的责任感、投资风险可控的需求使得各部门员工目标一致，减少代理问题，减少内部管理松弛、责任推诿的现象。战略和目标的设定是审阅与修订的前提，做到"制定与执行"的统一。

对风险和绩效进行报告既是对风险管理情况的总结，也是对公司治理情况的反馈，形成"首与尾"的统一。信息是有价值取向的，在一个公司中，对于员工来说只有与其相关的信息才是有价值的。信托文化通过让公司员工共享价值观，提高了员工间信息与沟通的效率，这种信息不对称的缓解提高了风险管理的效率。在数字经济时代，大数据、区块链、人工智能等金融科技一方面拓展信托业务的边界，体现了信托文化中的创新文化，另一方面通过便捷快速提供综合服务，精准定位交易主体分析交易数据，能够有效控制风险，实现"知与行"的统一。

五、总结

信托文化核心内涵的忠实义务、谨慎义务、投资义务是一种软约束,将文化的导向作用融入公司风险管理,使企业从价值观到行为准则全方位践行受托责任。受托责任要内化于心,固化于制,外化于行,落实到业务开展的全流程中。募集资金时,销售人员要说话信实,提醒投资者注意风险承受能力,进行充分的信息披露。贷前尽调和贷后管理要审慎履职,将合规落实到各个环节。

信托公司不仅要发挥资产管理功能,满足投资者对财富保值增值、家族财富传承等美好生活向往的需求,而且要积极切入实体产业链,切实服务实体经济的投融资需求,推动我国经济增长。弘扬信托文化,严格控制风险,提高风险管理水平,妥善并有效处理信托公司前期快速发展过程中集聚的风险隐患并防控新的风险,是信托业实现长远发展的基础。

参考文献

[1] 陈赤.《论语》:继受信托制度的中国文化土壤[J]. 原道,2014(1):194-209.

[2] 曾子懿. 基于新版 ERM 框架的我国证券公司全面风险管理评价体系研究[D]. 天津:天津大学,2018.

[3] 邓智毅. 塑造信托业文化"灵魂"[J]. 中国金融,2018(4):25-27.

[4] 刘全山,赵团结. 基于 ERM 框架的风险投资基金投后管理体系构建[J]. 财务与会计,2019(15):46-49.

[5] 余辉. 信托法律制度的肇始——英国1536年《用益法》[J]. 环球法律评论,2003(3):368-376.

[6] 张立火,胡本源,周小敬. 企业文化视角下内部控制的优化研究[J]. 会计之友,2014(28):54-57.

[7] 张芳洁,张桂霖,亓明. 寿险公司实施全面风险管理对企业价值的影响研究[J]. 保险研究,2017(10):54-64.

[8] 2019年中国信托业年会"弘扬信托文化 强化合规建设".

关于信托公司对信托项目开展全周期内部审计的实践探讨

王环环[①]

一、引言

我国信托业历经三十多年的风雨砥砺及近几年的转型发展，已成为仅次于银行业的第二大金融子行业，为促进经济结构的调整和各项实体产业的发展发挥了重要作用。但由于缺少具体经验，从业人员相对其他金融机构较少。尤其从内部审计的角度看，从早先的依靠国家审计力量推动国有信托投资公司建立完善内控制度（陈剑，1998），到银监会制定《信托公司治理指引》强制要求设立审计委员会完善公司治理（张志荣、刘永红，2005），再到以风险为导向深化信托公司审计（任慧莉，2005），以及到传统的财务型内部审计向增值型内部审计在信托公司的转变发展（何芬芳，2015），可见，内部审计在信托公司中的作用越来越重要，但相关研究仍屈指可数，尤其关于信托项目内部审计实务的研究更是凤毛麟角。

由2015年末国家审计推出"审计全覆盖"到2016年4月初国资委发布《关于进一步加强中央企业内部审计工作的通知》，内部审计全面向以风险为导向转型发展。不少中央企业控股的信托公司，应股东"推进审计工作改革"的文件精神，也进一步审视内部审计职能定位，改善审计工作方式，在信托项目运行的全周期嵌入内部审计，从内部控制、合规管理、风险预警的角度提高了信托公司的风险管理能力，形成以维护信托财产受益人及公司股东正当权益为目的、围绕公司核心业务的一体化工作机制。

[①] 王环环，中铁信托有限责任公司内控审计部总经理助理。该文发表于《四川银行业》2018年第6期，内容略有修改。

在国有控股的信托公司实践的信托项目内部审计对其他信托公司同样具有借鉴意义。

本文以信托项目运行的全周期为切入点，总结信托项目内部审计的特点及必要性，详细介绍信托公司内部审计实践，并就信托公司如何更好地开展信托项目全周期内部审计提出切实有用建议，以期对实践有指导意义。

二、信托项目开展内部审计的必要性

内部审计，居于信托公司内部，天然地具有对企业的经营目标认识深刻的优势。同时，内部审计相较于其他审计类型，更容易深入介入信托公司主营的信托业务，应用一系列专业、系统、规范的审计工具和技术审查并评估信托项目运行过程中的各类风险，改进信托公司的经营管理，防范或规避各种风险，实现价值增值。

信托公司利用内部审计的专业技术和职业判断对信托项目全周期进行管理具有必然性，这主要是由信托项目自身的特点所决定的：一是信托项目特殊的委托代理关系使信托财产的所有权和收益权分离，由此作为受托人的信托公司要特别关注诚信，确保委托人财产的安全和完整，而这与审计产生的本源——保护财产所有者的财产安全和完整不谋而合，即在信托公司内部通过审计的独立性和客观性来保护信托财产的安全和完整。二是信托项目广泛的业务范围及灵活的投资方式，给信托公司的内部控制和风险管理带来极大挑战，需要通过风险控制、合规管理及内部审计合力形成健全的内部监督评价机制。因此，对信托项目的内部审计是增强信托公司竞争能力的有效手段之一。三是信托灵活的交易结构设计及频繁的业务创新，使信托公司内部必须建立一整套定性与定量相结合的基于风险导向的审计评价指标体系及操作指引，定期根据业务发展进行内控制度检讨，保持制度时效性。可见，审计在内部控制上的专业性对信托项目具有重要意义。四是信托项目严格的风险合规外部监管，要求内部审计能够贯穿信托项目的尽调、立项、审批、运营、后期管理、结束清算等整个流程，评价每个信托项目的信用风险、市场风险和流动性风险，并最大限度地规避操作风险。事实证明，任何只重视业务发展，而忽视风险合规管理的短视行为，必将酿成苦果。

三、信托项目全周期内部审计实践

按照信托公司设立信托项目的整个流程，可以将信托项目分为发现业务阶段、尽职调查阶段、项目立项阶段、立项审查阶段、项目评审阶段、合同拟定阶段、成立准备阶段、后期管理阶段、到期前还款跟踪阶段、项目兑付阶段及清算总结阶段等。内部审计在管理实践中已实现了信托项目的全周期介入，充分前置鉴证监督、风险预警的职能，间接为信托公司创造价值。

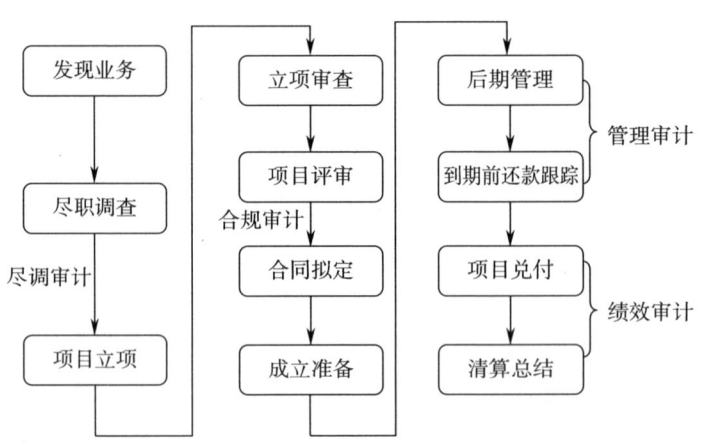

图1　信托项目全周期内部审计流程

（一）信托项目尽职调查审计

会计不仅仅是一个确认、计量、记录与报告的信息系统，还可还原企业的经营之道，借助信托项目的尽职调查审计，还原企业真实的经营情况，合理预判企业的还款能力。信托项目尽职调查审计不是简单的财务尽职调查，而是内部审计介入信托项目全周期的第一环，通常会出具核实性风险评估报告。信托公司利用审计人员的专业知识背景、独立客观性和内控敏感性，对拟成立的信托项目开展独立的新客户融资/投资风险评估。通常情况下，内部审计人员通过访谈、询问、文档查阅，必要时通过实地考察等审计技术实施客户风险评估、内控评价程序和实质性测试程序，分析交易对手的财务收支情况、经营情况、现金流量、偿债能力及企业信用，关注融资资料的真实性、还款来源的充足性及抵（质）押物的可靠性，侧重分析客户分布、核心资产、对外负债，测算客户复制商业模式的成本、资本需求量、盈利前景，关注与客户相关的法律诉讼等，最后根据信托公司内部风险分级标准进行风险分级，形成核实性风险评估报告供决策层参考。

例如，公司拟对异地某国有房地产集团新客户提供15亿元5年期综合授信融资服务，由于该集团客户的股权结构及控制管理较为复杂，仅根据业务部门搜集提供的尽职调查报告及相关基础资料无法作出决策。这时，内部审计会同外聘律师事务所前往该客户总部实地调研集团的股权管理及控制关系，掌握核心资产。常规程序包括现场访谈实际控制企业的总经济师、财务总监，沟通战略、资产情况、财务结构，与项目公司总经理等就项目整体情况及业务开展、风险控制等情况进行调研。同时，内部审计人员结合发放贷款的行业特点、金额重要性等方面，抽取应付账款、短期借款、长期借款等6~8笔查看合同进行实质性测试，并对其中2笔做整个业务流程的穿行测试。信托项目尽职调查审计中考虑到客户可能存在伪造资料等不良动机，现场明察秋毫，与普通工作人员接触聊天、向上下游企业询问及搜集任何其他第三方证据。内部审计综合业务、法律和财务等方面信息，填制"客户评级定量定性打分表"，对客户信用情况进行评级，从项目源头以风险为导向为决策层提供独立、真实、可靠的信息。

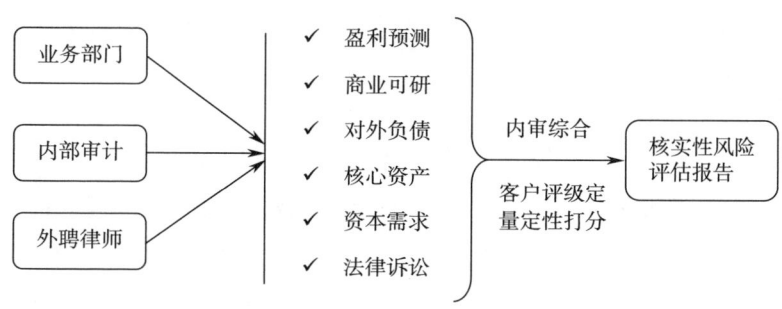

图2　尽职调查审计流程

(二) 信托项目成立准备阶段的放款审计

放款审计是一项合规性审计，要求内部审计人员审查信托项目在成立准备阶段遵守相关法规、政策、计划、程序、合同等遵循性标准的情况并作出相应评价。放款审计通过落实必要的担保措施，使用适合、正确的法律文本，保管重要的文件档案及防范内外部欺诈等方式防范操作风险、法律合规风险。内部审计人员在信托项目成立前通过观察、检查、文档查阅、流程查看等审计技术核查资料和手续的真实性、有效性，理解信托项目评审制度流程，确保信托项目在放款前按照相关制度要求、法律要件、审批手续等落实，评估操作风险。由于信托项目建立了审计派驻制、责任制，项目成立意味着对信托项目进行全周期内部审计的持续性跟踪的开始。为此，内部审计专门根据信托业"一法三规"制定《放款审计操作规程》，在项目成立的第一次放款审计中就初评信用风险、预判合规风险，根据相关内部风险分级标准建立风险分级台账。这样有利于在项目多次放款的过程中，持续跟踪未完成要件，有的放矢地进行过程监督，强化了保障措施和资金监控，前置了内部审计第三道防线的作用。

实践中，根据不同信托项目类型，放款审计着力点不同，例如，应收账款转让信托项目关注应收账款的有效期间及真实性，股票质押信托项目关注质押登记及警戒线设置，专项贷款信托项目关注信托资金用途尽调文件真实性，信政合作项目关注政府对债权认可情况，股权投资信托项目关注股权封闭运作公司治理及内部控制到位情况，单一信托项目关注委托人指令及到期信托资产移交等。

(三) 信托项目后期管理阶段的管理审计

后期管理指从资金信托业务发生直至信托资金收回全过程的信托财产管理行为，包括后期管理检查、风险监控、风险预警、风险处置、信托资金回收等。对信托项目存续期间的后期管理进行审计，是一项运用评分法的管理审计，从信托项目运行管理、业务人员管理能力两个维度形成分值库，标准化管理流程，确保履行受托人职责，并改善信托业务人员的管理素质、提高管理水平，使资源配置更加富有效率。首先，内部审计根据合同约定、行业的信托资金管理办法等法规及内部相关制度，建立一套包含基本管理标准、管理质量标准和档案管理标准三个方面多项指标的标准管理指引。其次,业务人员制作信托项目在运行期间的月度检查台账、季度检查报告、现场检查报告,并满足相关的外部信息披露要求。最后,内部审计根据管理指引,审计执行情况,并对信托项目逐个评分。最终评分结果进入分值库供风险责任考核管理。

例如,某某总部第二办公区建设项目以在建工程抵押、集团保证担保进行信托融资。从该信托项目来看,内部审计承接放款审计中未完善事宜,关注放款后与融资客户联系情况、融资客户经营变化、信托资金投向项目建设进度、抵(质)押物现状及价值变化、外部负债变化及公开信息查询情况,以风险为导向,结合成立阶段评级,对信托项目风险情况进行评级评分。从业务人员来看,内部审计按照标准管理指引,审计业务人员定期报告制作、披露的质量及时效性,进入该业务人员所管理的信托项目分值库,确定该业务人员与其他业务人员的管理水平差异,为后续分类管理考核作准备,从而形成资源利用帕累托效率。

表1 管理审计中的分值库

信托项目		业务人员	
信托项目阶段	分值及风险评级	标准	分值
尽职调查	……	基本管理标准	……
成立准备	……	管理质量标准	……
后期管理	……	档案管理标准	……
到期前跟踪	……	—	—
兑付及清算	……		

(四)信托项目到期前还款跟踪审计

由于当前国内投资者教育仍未形成,信托项目终止时信托公司要按照预期收益向投资者刚性兑付本息,使得信托项目到期前还款跟踪极为重要,由此开展的内部审计活动也压力颇大。为及时发现项目兑付风险,确保信托资金安全,不少信托公司的实践已将到期前六个月的信托项目逐月滚动纳入还款跟踪。内部审计参与信托项目到期前的还款跟踪,其实是一种风险与控制的自我评估过程。

首先,内部审计部门研究设计一套信托项目到期前还款跟踪的标准表格，包含交易对手基本情况、财务经营变动、信托项目运行、抵（质）押物变现及还款来源落实等格式要素；其次，业务人员按格式要求完善具体项目；再次，内部审计通过询问、检查、计算、分析性程序、资讯终端、小组内部沟通等一系列审计工具与技术，重点从还款来源的有效性、项目运行的不利因素、担保资产的贬值风险、融资人的负面消息、项目风险敞口的变化等方面进行风险再评级、再跟踪；最后，由管理层、内部审计、业务人员、风险管理及资产处置等相关方组成到期还款评估小组召开由内部审计推动的风险与控制评估专题讨论会，通过结构化的方法对信托项目到期还款面临的风险进行可能性和影响两个维度的评估，识别出关键控制并分配风险管理职责。由此，为处置风险或资产保全留出足够时间，更好地防范信托项目的流动性风险和信用风险。

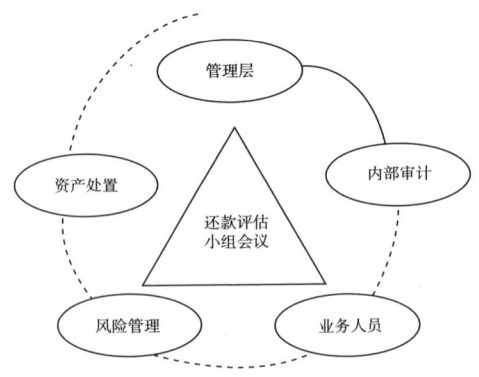

图3 信托项目还款风险评估过程

（五）信托项目结束清算审计

信托项目的结束清算审计综合了信托项目全周期最后的兑付阶段和总结阶段，是对一个信托项目完整管理情况的评价。根据银保监会相关规定，结束清算审计是信托项目的一项常规的绩效审计，在信托计划终止或结束的一个月内完成，审计涉及收益分配的合理合法性、财务核算准确性及项目档案的完整性等内容。实践中，结束清算审计主要分为项目概况、审批、实施、后期管理及清算分配五个部分，尤其关注清算分配的合规性及受托人报酬和费用计提的合理性。由此，形成了一个信托项目全周期内部审计的完整闭环。

四、相关建议

（一）积极构建符合信托公司实情的内部审计组织体系

近年来，在监管部门的督促下，各信托公司都开始重视内部审计的作用，加大了内部审计制度的改革力度，但信托公司内部还没有完全建立起符合我国实际情况的内部审计体系，内部审计的科学性和有效性还没有完全得到保证。从国际上看，一般采取董事会领导下的集权化的内部审计组织模式，建立了独立的内部审计体系，而这也是我国信托公司未来改革的方向。但就目前情况看，信托公司内部审计对内控体系还不能实现高效的监督、评价和治理，有效的审计力量不足。因而内部审计组织体系的改革必须进一步加强，应当结合信托公司的实际，分步稳健推进，在确保审计独立性的同时，充分实现审计的有效性，提高审计的权威性。

（二）明确内部审计的范围和方法，促进内部审计职能充分发挥

内部审计已嵌入信托业务系统，成为信托项目运行过程中不可或缺的重要一环。无论是集合信托计划还是单一信托计划，信托项目都是一个独立核算的组织，尤其在主动管理的股权投资类信托项目中，合法合规、内部控制、风险管理、效率效果等方面更是内部审计的专项职能领域。值得注意的是，这并没有影响内部审计的独立性（内部审计的报告路线仍是董事会及审计委员会），反而丰富了传统内部审计的职能。例如，在信托项目后期管理阶段的管理审计，就是一种新型的审计类别，它能够使业务资源配置更加富有效率；而信托项目到期前还款跟踪审计，更类似于国际内部审计协会中风险和控制自我评估的过程。信托公司应借鉴国际内部审计的最新发展，拓展内部审计的范围，在健全事后检查的基础上，与风控、财务、法律等部门配合，加强风险的事前分析和事中监控，通过审计关口由事后向事前、事中前置，审计重点向管理审计过程转变，审计职能与信托业务紧密结合，充分履行内部审计的咨询和服务职能，促进内部审计内控免疫、风险预警、价值管理职能的充分发挥。

（三）培训审计人员的专业素质和综合能力，推进内部审计质量控制与程序改进

由于信托业务本身具有非标准化的特点，针对信托项目开展的内部审计工作也具有特殊性，尤其是信托项目成立准备阶段的放款审计、后期管理阶段的管理审计都涉及不断更新完善的外部监管要求、内控管理制度，需要对内部审计进行质量控制与程序改进，建立统一规范的内部审计标准，对内部审计人员的工作进行持续监督和定期复核，必要时进行抽样检查，及时发现审计风险，确保信托项目的审计标准一致，以助于充分利用审计成果。

（四）加强内部审计的风险管理监控，应用内部审计综合信息

信托项目全周期运行中，内部审计人员与业务人员、风险控制人员不同，其所面临的不确定信息较少；相较于后两者，内部审计人员视角更广、信息更全，对信托项目理解更深。内部审计流程为尽职调查审计→放款完备性审计→后期管理审计→还款跟踪审计→结束清算审计，持续对信托项目风险、业务人员管理能力两个维度量化评级，能够促进信托公司及早发现信托项目风险变化，督促业务人员提前采取风控措施，制订风险预案，及时消除风险事件消极后果。信托项目虽千变万化，但合作客户却基本保持稳定，内部审计充分利用这一优势，持续全面深入地剖析重点大优或长期客户的财务经营、资信水平、资金链等情况，能够了解信托项目区域集中度、客户集中度、部门集中度。应用内部审计综合信息，能够有效提高审计效率及审计结论的客观性，发现信托项目管理的新思路，形成以维护信托财产受益人及公司股东正当权益为目的、围绕公司核心业务的一体化工作机制，实现价值增值。

基于风险平价策略的高净值客户资产配置研究

王玉国[①]

随着国内经济的快速发展,高净值客户群体不断扩大,财富规模不断积累,资产配置需求也更加差异化。根据兴业银行与 BCG 联合发布的 2016 年中国私人银行发展报告,预计 2020 年一般个人可投资资产总额将自 2015 年的 44 万亿元增加到 88 万亿元,而高净值家庭的数量将自 2015 年的 207 万户增长到 388 万户,年均增速保持在 13% 左右[1]。部分高净值客户的资产管理需求已由单纯的财产增值为主,向财产保值以及财富的安全传承等需求转变;资产配置周期也由原先的中短期为主向中长期甚至跨代的安排转变;投资配置的资产类型由原先的股票、债券为主,向非上市股权、艺术品等另类资产领域拓展;投资配置地域由国内金融产品和资产为主向全球化配置转变,这些都对资产管理机构提出了新的要求。同时,面对经济增速放缓,金融市场波动加剧,专业资产管理机构的配置能力也不断受到考验,资产配置策略的重要性日益凸显。

一、引言

诺贝尔经济学奖得主马科维茨(Markowitz)在其论文中给出了投资风险、收益的定义,将数量分析引入投资组合,奠定了现代金融学关于资产组合、配置的研究框架[2][3]。之后一系列研究者继续深入研究,创立了资本资产定价模型(CAMP)等[4][5][6],即投资者的效用函数(utility function)以收益和风险为变量,投资者持有市场组合(marketing portfolio),

---

[①] 王玉国,时为中铁信托有限责任公司博士后。该文发表于《北京社会科学》2018 年第 6 期,内容略有修改。

并根据自身风险偏好进行杠杆调节，也即将自有资金在无风险资产与市场组合中进行个性配置，形成一种有效利用风险的理性投资决策方法。

不过，由于上述研究需要使用大量历史数据计算均值、方差、协方差等因子，并涉及最优化运算，在计算机尚未普及的年代，这些繁重的工作为模型的应用带来巨大的障碍。同时，金融资产的相关性会随时间和环境发生改变，收益率的时间序列也并不具备稳定特征，而资本资产定价模型对均值、方差等依赖较大，在实际应用过程中出现与现实的较大偏离。为了克服资本资产定价模型的缺陷，后继的研究者们不断地发展和完善，相继提出了B-L模型[7]、风险平价模型[8]、美林时钟模型[9]等，资产配置模型不断丰富，实用性也得到了较大的提高。2008年国际金融危机发生后，各家金融机构的资产配置模型得到了进一步检验，桥水基金（Bridgewater）的全天候基金获得较好的表现，引起市场的广泛关注。

本文简要回顾了市场上已有的资产配置策略文献，通过横向比较发现，风险平价模型更加适用于国内资产配置市场，并通过2007—2017年数据的实证研究发现，风险平价模型可以在金融危机后的衰退、萧条、复苏阶段实现稳定的收益。

二、文献综述

20世纪30年代，学者们已经意识到资产配置的重要性，但仅局限于风险分散功能层面，采用简单的资产恒定策略，即在资产配置组合中保持各类资产价值权重不变，当一种资产价格下跌时，买入该资产，当该资产价格上升时，卖出该资产。该策略核心是通过多样性的配置资产降低风险，当资产收益的均值呈现反转时获取收益，60/40为其中典型的策略。在此策略指导下，美国市场投资者将股票和债券作为两种不同的资产，在投资组合中60%配置于标普500指数，40%配置于十年期美国国债。从时间维度看，60/40策略在22%的时间处于新高点，剩下78%都在不同程度地下跌。

20世纪50年代，马科维茨提出了均值—方差理论，以均值、方差刻画投资组合的收益和风险，以多目标最优化方法来实现资产的最优配置，奠定了现代资产配置理论的基础。此后又进一步提出了临界线算法，以二次规划为模型来求解最优资产配置[2][3]。均值—方差模型仅限于单期投资,且是静态模型,实际应用性并不强。后续许多研究者沿着马科维茨的基本理论方法和思路,不断优化和扩展模型,以使模型更加贴近现实世界,主要工作成果有:一是扩展配置的资产类型和优化方法,将两类资产的投资组合扩展到多类资产,以动态规划方法获得了最优的投资组合[10][11]。二是改进抽样方法,使用再抽样边界有效法(Resampled Efficient Frontier Optimization),以多次抽样方法使有效边界更加稳定[12]。三是针对资产收益可能出现的非对称形状,增加组合上下限约束,以提高协方差矩阵的效果[13]。四是开创新的模型,如威廉·夏普(William Sharpe)在均值—方差模型基础上提出了资本资产定价模型,以风险资产价值的权重进行资产配置[4]。

20世纪90年代后,资产配置的量化策略开始兴起,并且在越来越多的金融机构资产管理业务中得到运用和验证,在市场实践中不断加以完善。其中较有代表性的量化配置策略有:

一是以资本资产定价模型和夏普逆最优化理论构建的B－L模型[7],将均值—方差模型与贝叶斯(Bayesian)混合估计法综合运用,通过反向推导各项资产市场均衡超额收益率,引入投资者收益预期及信心水平构建观点矩阵和信心矩阵,以贝叶斯法形成新的期望收益率和方差,最后以新的期望收益率和协方差代入均值—方差模型,计算最优资产配置方案。

二是基于风险的大类资产配置策略,包括最小化风险组合(minimize variance portfolio)、最大化风险分散比率组合(the most diversified portfolio)、风险平价组合(risk parity)等不同细分策略类型。针对传统均值—方差模型中存在的组合资产收益率的期望值敏感度过高,但收益率的方差协方差矩阵则反应迟钝问题[14],学者们提出了基于风险的量化配置策略,在求解过程中无须"给定预期收益率"要求,从而降低估计预期收益率可能带来的巨大偏差。美国的阿卡迪亚资产管理公司(Arcadia Asset Management Corp.)、拉扎德资产管理公司(Lazard Asset Management LLC)、道富环球投资管理公司(State Street Global Advisors)等机构更多使用了最小化风险组合方法。而一些研究认为分散化投资带来的收益来源于资产之间收益的不相关性,可通过最大化分散程度来降低投资组合的整体风险。对于投资于多种资产的投资组合来讲,资产的多样化可适用于各种市场环境,最大回撤率更低，形成最大化风险分散比率组合策略[15]。20世纪90年代以后，桥水基金基于风险平价策略，以经济通胀、经济通缩、经济增长率过高、经济增长率过低形成四种状态和四种投资子组合，构建了全天候组合基金（All Weather Portfolio），以确保在任何情况下至少有一个投资组合表现优异。供职于桥水基金的钱恩平（Edward Qian）博士构建了数学化的风险平价模型，并使用1983—2004年美国股票市场和债券市场进行回测检验，发现该组合比60/40组合夏普比率高出0.2[8]。

三是纳入经济周期因素的量化策略。随着资产管理机构数量的增加，竞争日趋激烈，实践发现仅从历史提取数据进行数量化的分析并不能获得较好的效果。尤其是国内、国际宏观经济环境剧烈变动时，既有的数量化投资策略可能面临失效。一些经验丰富的投资机构和投资者在构建投资组合的过程中，开始纳入经济周期因素，比较著名的就是美林公司的美林时钟（Merrill Lynch Investment Clock）模型[9]。该模型选取美国20年的经济数据，将经济周期、投资组合的收益率以及行业轮动相结合，通过识别经济周期的拐点，在不同经济周期中配置不同的资产。模型将宏观经济运行与资产配置有效结合，但是仅对经济周期和货币政策进行判断，在2008年国际金融危机后，各国央行货币政策与经济周期出现偏离，美林时钟模型的有效性大大降低。

而与之相对的是，2008年国际金融危机后桥水基金的全天候组合基金表现优异。国内许多大型基金公司也采取复制桥水基金的"全天候"策略方式控制风险，该策略一度取得较好的表现。由于各国具有不同的经济环境，随着国内资产管理行业的发展，在引进国外先进资产配置模型过程中的本土化越来越重要，依据不同业务类型、期限、收益要求等选取适宜的策略将有助于提升投资组合收益水平。

三、风险平价策略概述

风险平价策略，即寻求投资组合中资产本身的风险权重平衡，通过控制投资组合中的风险贡献度，寻求各类资产风险暴露相同。通过运用风险平价策略，全天候基金的投资理念为，各类资产对经济环境具有不同的偏好，在特定环境下，某类资产表现较好，而另外一些资产则表现不佳。例如，在经济繁荣的时期，股票表现较好，而在经济衰退的时候，债券表现优异。

2006年，钱恩平博士指出，单个资产的风险贡献不仅可用于组合风险的分解，还可被视为各头寸损失贡献的估计参考[16]。即相比其他资产，资产i的风险权重贡献较大，如果降低资产i的权重，同时提升其他资产的权重将会降低投资组合的风险，直至各类资产风险贡献相同。

(一) 简单风险平价模型

定义 $x = (x_1, x_2, \cdots, x_n)$ 为资产组合中 n 个资产的权重，σ_i^2 为资产 i 的方差，σ_{ij} 为资产 i 与资产 j 的协方差。Σ 为组合资产的协方差矩阵，因而，组合资产的标准差为：

$$\sigma(x) = \sqrt{x^T \Sigma x} = \sqrt{\sum_i x_i^2 \sigma_i^2 + \sum_i \sum_{j \neq i} x_j \sigma_{ij}}$$

其中，x 表示资产组合权重的列向量，x_i 为 x 的第 i 个元素，即资产 i 的权重。

第 i 个资产的边际风险贡献 (Marginal Risk Contributions, MRC) 定义为 $\partial x_{xi} \sigma(x)$，即第 i 个元素权重变化对整体组合波动率的影响，为：

$$MRC = \partial x_{xi} \sigma(x) = \frac{\partial \sigma(x)}{\partial x_i} = \frac{x_i \sigma_i^2 + \sum_{j \neq i} x_j \sigma_{ij}}{\sigma(x)}$$

第 i 个资产总风险贡献 (Total Risk Contributions, TRC) 为该资产边际风险贡献与资产权重的乘积，即 $\sigma_i(x) = x_i \times MRC_i$，则组合波动率为各资产风险贡献总和：

$$\sigma(x) = \sum_{i=1}^{n} TRC_i = \sum_{i=1}^{n} x_i \frac{\partial \sigma(x)}{\partial x_i} = \sum_{i=1}^{n} \sigma_i(x)$$

其中，$\sum_{i=1}^{n} x_i = 1$, $x_i > 0$

$$\min_x = \sum_{i=1}^{n} \sum_{j=1}^{n} (TRC_i - TRC_j)^2$$

风险平价策略会赋予波动率大的资产相对较小的权重，赋予波动率小的资产相对较大的权重。利用经典的资本资产定价模型，对于 $\forall i = 1, 2, \cdots, N$

$$r_i = \alpha_i + \beta_i r_M + \varepsilon_i$$

$$E[\varepsilon_i \varepsilon_j] = E[\varepsilon_i]E[\varepsilon_j] = 0$$

有：

$$\sigma_i^2 = \beta_i^2 \sigma_M^2 + \sigma_{\varepsilon_i}^2$$

$$\sigma_{ij}^2 = \beta_i \beta_j \sigma_M^2$$

根据风险平价策略表达式模型，对于 $\forall ij \in 1,2,\cdots,N$：

$$x_i \frac{(\sum x)_i}{\sigma_p} = x_j \frac{(\sum x)_j}{\sigma_p}$$

则有：

$$x_i^2 \sigma_{\varepsilon_i}^2 + x_i \sigma_M^2 \beta_i \sum_{k=1}^n \beta_k x_k = x_j^2 \sigma_{\varepsilon_j}^2 + x_j \sigma_M^2 \beta_j \sum_{k=1}^N \beta_k x_k \Rightarrow$$

$$(\sigma_M^2 \sum_{k=1}^N \beta_k x_k)(x_i \beta_i - x_j \beta_j) = (x_j \sigma_{\varepsilon_j} - x_i \sigma_{\varepsilon_i})(x_j \sigma_{\varepsilon_j} + x_i \sigma_{\varepsilon_i}) \Rightarrow$$

$$\frac{x_i \beta_i - x_j \beta_j}{(x_j \sigma_{\varepsilon_j} + x_i \sigma_{\varepsilon_i})} = \frac{(x_j \sigma_{\varepsilon_j} - x_i \sigma_{\varepsilon_i})}{(\sigma_M^2 \sum_{k=1}^N \beta_k x_k)}$$

假定投资组合中各资产的 β 值大于 0，且资产不可被卖空：

（1）投资组合中，各资产的非系统性风险相同，即 $\sigma_{\varepsilon_i} = \sigma_{\varepsilon_j}$，则有 $\beta_i > \beta_j \Rightarrow x_i < x_j$；

（2）投资组合中，各资产的系统性风险相同，即 $\beta_i = \beta_j \geq 0$，则有 $\sigma_{\varepsilon_i} > \sigma_{\varepsilon_j} \Rightarrow x_i < x_j$。

（二）引入动量的风险平价模型

由于风险平价策略侧重于低配高风险资产，可能会引起预期收益水平难以达到投资者预期的情况，加入动量效应后，这一问题将会得到明显改善。根据 Jegadeesh 和 Titman 提出的动量效应概念，资产收益率会出现延续既有运动趋势，过去收益低的资产在未来收益仍将会低于高收益资产[17]。动量效应出现的原因，主要是对各种市场信息反映的不足。

动量效应策略主要分为绝对动量和相对动量两种。绝对动量主要是指依托资产的时间序列本身历史收益来建立动量信号，通过各个资产单独设立动量信号用于交易；相对动量则是对不同市场或同一市场相同的资产、不同的资产的投资组合，对相同的动量信号在同一时点进行比较、排序，买入动量较好的资产,相对动量策略可以实现市场中大类资产的轮动。

Andrew Clare、James Seaton 引入 MSCI 指数、MSCI 新兴市场指数、瑞银商品指数、全球 REITS 指数、花旗全球市场政府债券指数、FTSE/EPRA 等构建全球资产配置模型[18],结果表明,动量策略较买入持有策略在风险调整后收益方面大为改善,年化收益率由 7.72% 上升到 10.88%,年化波动率由 17.75% 下降到 9.82%,夏普比率由 0.26 提高到 0.79,风险平价模型有了较大的提升。

$$\min_x \sum_{i=1}^{m} \sum_{j=1}^{m} (TRC_i - TRC_j)^2$$

$$Sort(R_{t-20,t}^i, \text{'descend'}) \leqslant m$$

$$\sum_{i=1}^{n} X_i = 1, X_i > 0$$

其中,$R_{t-20,t}^i$ 表示月度动量因子(月度收益水平),$Sort(R_{t-20,t}^i, \text{'descend'})$ 表示按月度收益水平以降序方式排序,以此捕捉大类资产的轮动。

(三)基于最大回撤的风险平价模型

在投资实践中,以最大回撤、预期损失来估算投资组合风险的应用越来越广泛。最大回撤,即在给定的时间内,资产价格走向最低收益水平时,投资组合收益的最大回撤程度。

给定 n 个资产 $(x_1, x_2, \cdots, x_n)$,权重向量为 $(w_1, w_2, \cdots, w_n)$,定义 $ES_i = ES(X_i)$ 为资产 i 的预期最大回撤,则

$$ES(\sum_{i=1}^{n} w_i X_i) \leqslant w_1 ES(X_1) + w_2 ES(X_2) + \cdots + w_n ES(X_n)$$

$$\sum_{i=1}^{n} w_i = 1, w_i > 0$$

上式表明,各资产的最大回撤加权总和会大于等于投资组合的最大回撤,在极端情况下,等号成立。第 i 个资产的绝对风险贡献为:

$$C_i^A = w_i ES_i$$

第 i 个资产的相对风险贡献为:

$$C_i^R = \frac{w_i ES_i}{\sum_{i=1}^{n} w_i ES_i}$$

则基于最大回撤的风险平价模型为：

$$\min_w \sum_{i=1}^{n} \sum_{j=1}^{n} (w_i ES_i - w_j ES_j)^2$$

$$\sum_{i=1}^{n} w_i = 1, w_i > 0$$

对最大回撤测算可采取历史数据进行预测，但最大回撤的历史数据和未来的关联性不强，预测精度较低。以蒙特卡洛算法模拟预期最大回撤的分布可以提高预测的准确度。

（四）基于风险因子的风险平价模型

在经济运行过程中，投资组合收益率还会受到宏观经济环境等因素的影响。如果投资组合内各资产的关联程度过高，则在其他因素影响下，可能会改变原有投资组合风险的状态，使收益状况不能尽如人意。针对这一情况，Thierry Roncalli 提出了基于风险因子的风险平价模型[19]。

给定 n 个资产 $(A_1, A_2, \cdots, A_n)$ 投资组合，在 t 时刻的收益率向量为 R_t，协方差矩阵为 $\sum$。此外，存在 m 个风险因子 $(F_{t1}, F_{t2}, \cdots, F_{tm})$，$F_t$ 为 t 时刻的因子向量，协方差矩阵为 Ω，则

$$R_t = A + BF_t + \varepsilon_t = A + BF_t + De_t$$

其中，F_t 为 $m \times 1$ 的向量，因子间不相关，ε_t 为独立且不相关向量，均值为 0，协方差矩阵为对角矩阵 D，F_t 与 ε_t 不相关，则 R_t 的协方差矩阵为：

$$\sum = A\Omega A^T + D$$

给定的资产权重为 w，风险权重为 β，则投资组合多因子式为：

$$\prod_t = w^T R_t = w^T A + w^T BF_t + w^T De_t = \alpha + \beta^T F_t + \delta e_t$$

其中，$\beta = B^T w$，$\delta = w^T D$。令 $C = B^T$，C^+ 为 C 的穆尔—彭罗斯广义逆矩阵，则有 $w = C^+ \beta + e$，其中 $e = (I_n - C^+ C)w$ 是一个 C 的核空间向量，则：

$$\prod_t = w^T R_t = \alpha + \begin{pmatrix} \beta^T \\ \delta \end{pmatrix}' \begin{pmatrix} F_t \\ e_t \end{pmatrix} = \alpha + \gamma' \begin{pmatrix} F_t \\ e_t \end{pmatrix}$$

其中，F_t 与 e_t 相互独立，互不相关，其联合的协方差矩阵为：

$$\Theta = \begin{pmatrix} \Omega_{11} & \Omega_{12} & \cdots & \Omega_{1m} & 0 & 0 & \cdots & 0 \\ \Omega_{21} & \Omega_{22} & \cdots & \Omega_{2m} & 0 & 0 & \cdots & 0 \\ \vdots & \vdots & \vdots & \vdots & \vdots & \vdots & \vdots & \vdots \\ \Omega_{m1} & \Omega_{m2} & \cdots & \Omega_{mm} & 0 & 0 & \cdots & 0 \\ 0 & 0 & \cdots & 0 & 1 & 0 & \cdots & 0 \\ 0 & 0 & \cdots & 0 & 0 & 1 & \cdots & 0 \\ \vdots & \vdots & \vdots & \vdots & \vdots & \vdots & \vdots & \vdots \\ 0 & 0 & \cdots & 0 & 0 & 0 & \cdots & 1 \end{pmatrix}$$

投资组合总风险为：

$$\sigma(\gamma) = \sqrt{\gamma' \Theta \gamma}$$

风险因子 i 的风险贡献度为：

$$TRC_i = \frac{\gamma_i (\Theta \gamma)_i}{\gamma' \Theta \gamma}$$

$\sigma(\gamma)$ 为正齐性，$\sigma(k\gamma) = k\sigma(\gamma)$，所有因子的总贡献和为 1。

基于风险因子的风险平价模型为：

$$\min_{\gamma} \sum_{i=1}^{n} \sum_{j=1}^{n} (TRC_i - TRC_j)^2$$

$$\sum_{i=1}^{n} \gamma_i = 1, \gamma_i > 0$$

在求解过程中，如果样本数量多于因子数量，我们可以用因子的协方差矩阵代替预测值，并以最小二乘法求解；当样本数量少于因子数量时，我们可以采用 Ledoid – Wolff 收缩估计。

四、风险平价策略的模型求解

（一）存在解析解

假设投资组合各资产间存在相同的相关系数，即 $\forall i,j \subseteq (1,2,\cdots,N)$，$\rho_{ij} = \rho$，则资产 i 的风险贡献为：

$$\sigma_i(x) = \frac{x_i^2 \sigma_i^2 + \rho \sum_{j \neq i} x_i x_j \sigma_i \sigma_j}{\sigma(x)} = \frac{x_i \sigma_i ((1-\rho) x_i \sigma_i + \rho \sum_j x_j \sigma_j)}{\sigma(x)}$$

此时，$\forall i,j \subseteq (1,2,\cdots,N)$，有 $\sigma_i(x) = \sigma_j(x)$，则 $x_i \sigma_i = x_j \sigma_j$，同时，权重 $\sum_{i=1}^n x_i = 1$，则

$$x_i = \frac{\sigma_i^{-1}}{\sum_{j=1}^n \sigma_j^{-1}}$$

进而近似求得风险平价策略的配置权重。

同理，若各资产有相同的波动率，$\forall i,j \subseteq (1,2,\cdots,N)$，有 $\sigma_i = \sigma$，则：

$$x_i = \frac{\beta_i^{-1}}{\sum_{j=1}^n \beta_j^{-1}} = \frac{\beta_i^{-1}}{n}$$

(二) 非线性规划求解

一般情况下，风险平价策略存在解析解比较困难，只能以非线性规划求得数值解，Maillard、Roncalli 和 Teiletche 指出可以根据 R. B. Wilson 在 1963 年提出的序列二次规划（Sequential Quadratic Programming）算法，结合不能卖空的权重限制，求解优化问题。其核心思想，就是应用一系列二次规划的子问题不断逼近原问题，进而获得原问题的最优解：

$$\min f(x)$$
$$s.t. \begin{cases} c_i(x) = 0, i \in E = \{1,2,\cdots,m\} \\ c_i(x) \geq 0, i \in I = \{m_e+1, m_e+2, \cdots, m\} \end{cases}$$

$f(x)$ 为目标函数，$c_i(x)$ 为约束条件，通过泰勒公式，将非线性约束条件进行近似线性化，以拉格朗日法获得二次规划的子问题：

$$\min \nabla f(x)^T d + \frac{1}{2} d^T H_k d$$
$$s.t. \begin{cases} c_i(x_k) + \nabla c_i(x_k)^T d = 0, i \in E \\ c_i(x_k) + \nabla c_i(x_k)^T d \geq 0, i \in I \end{cases}$$

若 x_k 为当前的迭代点，依据二次规划问题的解搜索 d_k，计算步长 a_k，进而获得接下来的一个迭代点 $x_{k+1} = x_k + a_k k_k$，重复上述步骤，直至最终

满足约束条件,获得最优解。

(三) 波动率的估计

受马科维茨均值—方差模型的影响,我们以波动率计算资产的风险水平,计算波动率主要有简单移动平均、指数加权平均和 GARCH 模型估计几种方法。

1. 简单移动平均。简单移动平均即样本方差法,首先计算一定历史时期内样本的均值,然后计算各样本与均值的偏差的平方和,组合开方得到标准差,即为波动率。由于计算复杂程度较低,该方法应用较为广泛。不过,简单移动平均是以资产收益率服从独立同分布的随机过程,不管极端事件发生在 $t-1$ 时期,还是 $t-\eta$ 时期,其对 t 期所产生的影响相同,这与实际金融活动不符。

2. 指数加权平均。为了克服简单移动平均的缺陷,指数加权平均对不同时期赋予不同的权重,越靠近当前时期影响越大,权重也就越大,即当 $i > j$ 时,$a_i < a_j$,a_i 为第 i 天观测到的历史数据权重:

$$\sigma_n^2 = \sum_{i=1}^{n} a_i (\mu_{n-i})^2$$

$a_i = \lambda a_{i-1}$,即 a_i 随着时间的推移不断递减,其中,λ 代表权重的分配,$0 < \lambda < 1$。则以指数加权平均法计算的波动率为:

$$\sigma_n^2 = \sum_{i=1}^{n} a_i (\mu_{n-i})^2 = a_1 \mu_{n-1}^2 + a_2 \mu_{n-2}^2 + \cdots + a_m \mu_{n-m}^2$$
$$= a_1 \mu_{n-1}^2 + \lambda (\sigma_{n-1}^2 - a_m \mu_{n-m}^2)$$
$$= (1 - \lambda) \mu_{n-1}^2 + \lambda \sigma_{n-1}^2$$

3. GARCH 模型。Engle 在 1982 年提出了自回归条件异方差模型 (Autoregressive Conditional Heteroscedasticity Model, ARCH),为波动率计算提供了一个新的方向。假设 r_t 为一个金融时间序列数据,首先以 ARMA 模型进行拟合,去均值化后得到 t 时刻资产收益的残差序列 α_t,令 σ_t^2 为 $t-1$ 时刻信息集 Γ 的条件方差,即 $\sigma_t^2 = Var(r_t | \Gamma_{t-1}) = Var(\alpha_t | \Gamma_{t-1})$

假设 α_t 序列不相关,但非独立;同时,α_t 序列非独立性可以其延迟值的二次函数刻画:

$$\alpha_t = \sigma_t \varepsilon_t, \sigma_t^2 = \alpha_0 + \alpha_1 \alpha_{t-1}^2 + \cdots + \alpha_m \alpha_{t-m}^2$$

ε_t 为服从正态分布的标准随机变量，$\forall i, \alpha_i \geq 0$。虽然 ARCH 模型能够有效地预测波动率，但不能说明其有效的来源。同时，对正抖动和负抖动一视同仁与现实不符。此外，模型只有自回归项，若要更好地描述波动率需进行很多参数估计，计算较为复杂。Bollerslev 提出广义自回归条件异方差模型（GARCH）：

$$\alpha_t = \sigma_t \varepsilon_t, \sigma_t^2 = \alpha_0 + \sum_{i=1}^{m} \alpha_i \alpha_{t-i}^2 + \sum_{j=1}^{n} \beta_j \sigma_{t-1}^2$$

其中，ε_t 为服从正态分布的标准随机变量，对于任意 i, j 均满足 $\alpha_i \geq 0, \beta_j \geq 0$，$\sum_{i=1}^{\max(m,n)} (\alpha_i + \beta_i) < 1$。GARCH 模型增加了描述自相关的部分，克服了 ARCH 模型缺点，可以有效降低参数的阶数。不过，GARCH 模型也不能区分正负扰动对波动率的影响。

五、风险平价策略在高净值客户资产配置中的应用

本文所探讨的风险平价策略能够通过构建多类资产的有效组合，平衡配置资产的风险，实现稳定收益，能够很好地适应高净值客户资产配置的需求变化。

（一）方法的选择、数据的选取

1. 方法的选择。虽然以历史数据估算最大回撤精确率较低，但最大回撤方法过去和未来的关联性较低。本文以蒙特卡洛方法模拟预期最大回撤，构建基于最大回撤的风险平价模型。

第一，使用 ARMA – GARCH 模型对各资产收益率进行模拟，得到残差矩阵。第 i 列代表资产 i 的残差序列，t 为历史数据的长度。

$$E = \begin{pmatrix} \varepsilon_{11} & \varepsilon_{12} & \cdots & \varepsilon_{1n} \\ \varepsilon_{21} & \varepsilon_{22} & \cdots & \varepsilon_{2n} \\ \cdots & \cdots & \cdots & \cdots \\ \varepsilon_{t1} & \varepsilon_{t2} & \cdots & \varepsilon_{tn} \end{pmatrix}$$

第二，使用蒙特卡洛方法，随机抽取 μ_i 行数据，并将数据放入新的矩阵。

第三，重复上述两步，不断将新抽取的数据放入新的矩阵，直至矩阵

的列达到预期的长度。

第四，将新的残差矩阵代入 ARMA – GARCH 模型，得到 n 个资产的预期收益率，计算各资产的最大回撤。

第五，重复上述步骤 N 次，得到每个组合资产的最大回撤分布，计算其均值即为预期的最大回撤。

2. 数据的选取。根据市场可选取的资产类别，以及高净值客户资产配置的稳健性、全球化、多元化的特点，我们选取股票、债券和商品三大类别，以沪深 300 指数、标准普尔 500 指数作为股票类资产配置标的，以中债企业债指数作为债券标的，以伦敦现货黄金商品作为大宗商品配置标的。

构建全球化的资产配置组合可以很大程度上分散国别风险，更好地满足高净值客户对财产安全性的要求。目前我国已经陆续推出合格境内机构投资者（Qualified Domestic Institutional Investor，QDII）、合格境内投资企业（Qualified Domestic Investment Enterprise，QDIE）、合格境内有限合伙人（Qualified Domestic Limited Partner，QDLP）等多项跨境投资便利措施，并开通了沪港通、深港通等直接投资渠道。以基金公司提供的境外投资产品为例，主流公司基本都已推出与上述标的挂钩的投资品种，能够为高净值客户提供多渠道、多元化、多地域的资产配置。例如，嘉实基金的嘉实沪深 300 交易型开放式指数证券投资基金联接基金（LOF），投资对象为标的指数成分股及备选成分股；博时基金的博时标普 500 交易型开放式指数证券投资基金主要投资于标的指数成分股、备选成分股，且该基金投资于标的指数成分股及备选成分股的比例不低于基金资产净值的 90%；嘉实基金的嘉实黄金证券投资基金（LOF）则主要投资于境外市场以实物黄金为支持的交易所交易基金等金融工具。此外，股指期货、国债期货、商品期货等也为投资者在一定程度上对冲投资风险提供了可能。因而，国内高净值客户的财产基本可以通过上述手段实现多元化、全球化配置。

鉴于部分数据的可获得性，数据选取时间为 2007 年 1 月 2 日至 2017 年 6 月 30 日，数据频率为日，所有数据来源于 Wind。

（二）相关性检验

从检验结果看，由于所处经济环境的差异，沪深 300 指数与中证企业债指数、标准普尔 500 指数以及黄金价格走势相关性较低。中证企业债指

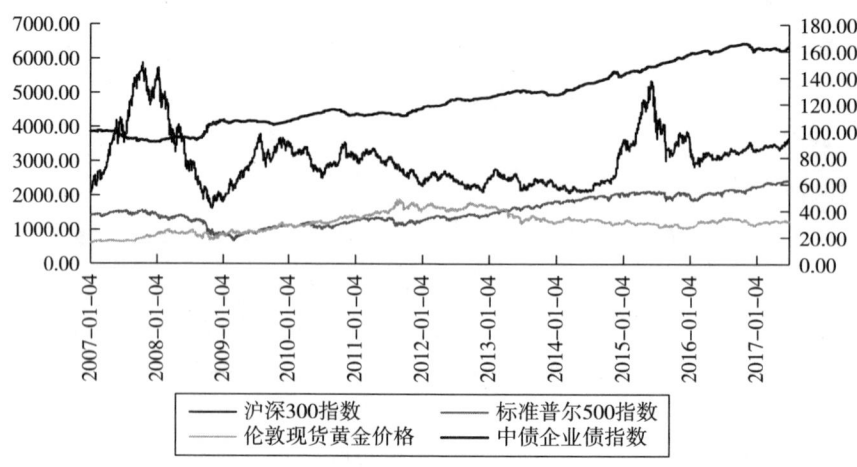

图 1　不同大类资产的基础数据

数与标准普尔 500 指数相关性较强，这可能是由于美国经历 2008 年金融危机后，企业经营状况逐步改善，经济企稳，但二者并不具备必然联系，短期内虽有趋同趋势，但长期内未必趋同。

表 1　　　　　　　　　不同类资产相关性检验

	沪深 300 指数	中债企业债总指数	标准普尔 500 指数	伦敦现货黄金
沪深 300 指数	1.00	-0.04	0.22	-0.38
中债企业债总指数		1.00	0.85	0.35
标准普尔 500 指数			1.00	0.12
伦敦现货黄金				1.00

（三）实证结果

利用纳入考量的各类资产历史数据，对其年化收益率、波动率及夏普比率进行计算。

表 2　　　　　　　　　不同资产的历史数据表现

	等权重法	中债企业债总指数	标准普尔 500 指数
年化收益率	7.8	3.12	20.1
波动率	29.8	2.5	18
夏普比率	0.27	0.82	1.07

1. 以股+债模式构建投资组合。在权重分配上，首先以等权重分配，观测各个资产收益情况。同时，按照风险大小排序，每半年调整一次仓位，形成资产配置组合。从结果来看，进行风险调整后的投资组合较等权重投资组合收益有了较大的改善，夏普比率也有了较大的提升。

表3　　　　　　　　　　股+债组合的业绩表现

	等权重组合	调整后投资组合
年化收益率	3.95	5.67
波动率	14.37	4.63
夏普比率	0.18	0.78

2. 以股+债+大宗商品模式构建投资组合。2007年以来，大宗商品价格波动较大，我们在构建投资组合过程中，采取等权重组合、非卖空投资组合与卖空投资组合三种模式构建投资模型，并进行对比。结果表明，由于大宗商品表现波动较大，除了夏普比率有所改善外，其他方面变化不大。在引入卖空机制后，投资组合收益率有所改善，但波动率也随之加大。

表4　　　　　　　股+债+大宗商品资产组合的业绩表现

	等权重组合	调整后投资组合（非卖空）	调整后投资组合（卖空）
年化收益率	3.21	4.45	5.97
波动率	13.47	3.67	4.69
夏普比率	0.07	0.52	0.82

六、结论

目前我国高净值人群的资产配置多元化需求不断增强。但相比国际市场上较成熟的资产配置运用，国内资产配置品种和策略都较单一，投资者主要依靠对宏观经济走势的判断，缺乏量化模型支撑，很大程度上限制了投资收益水平。但是，金融市场全球化的不断深化，为高净值客户进行全球化、多元化配置创造了可能。本文系统论述了基于风险评价策略的资产配置理论方法，并结合实证数据检验，得出通过合理地选取大类资产种类，动态调整资产配置权重，有助于提升投资组合收益，降低组合风险。

参考文献

[1] 兴业银行, 波士顿咨询公司. 中国私人银行2016: 逆势增长、全球配置 [EB/OL]. https://www.bcg.com/, 2016-06-22.

[2] Markowitz, H. Portfolio selection [J]. The Journal of Finance, 1952, 7 (1).

[3] Markowitz, H. Theoptimization of a quadratic function subject to linear constraints [J]. Naval Research Logistics Quarterly, 1956, 3 (1-2).

[4] Sharpe, William F. A Simplified Model for Portfolio Analysis [J]. Management Science, 1963, 9 (2).

[5] Sharpe, William F. Capital Asset Prices - A Theory of Market Equilibrium under Conditions of Risk [J]. Journal of Finance, 1964, XIX (3).

[6] Treynor, Jack L., Fischer Black. How to Use Security Analysis to Improve Portfolio Selection [J]. Journal of Business, 1973, 46 (1).

[7] Black, F., R. Litterman. Global portfolio optimization [J]. Financial Analysts Journal, 1992, 48 (5).

[8] Qian, E. Risk parity portfolios [J]. Pan Agora Asset Management Research Paper Sept., 2005.

[9] Trevor Greetham, Michael Hartnett. The Investment Clock [EB/OL]. www.ml.com, 2004-11-10.

[10] Merton, R. C. Lifetime portfolio selection under uncertainty: The continuous-time case [J]. The Review of Economics and Statistics, 1969, 51 (3).

[11] Merton, R. C. Optimum consumption and portfolio rules in a continuous-time mode [J]. Journal of Economics Theory, 1971, 3 (4).

[12] Michaud, R. O. Efficient Asset Management: A Practical Guide to Stock Portfolio Optimization and Asset Allocation [M]. Harvard Business School Press, 1998.

[13] Jagannathan, R., T. ma. Risk reduction in large portfolios: why imposing the wrong constrains helps [J]. Journal Finance, 2003, 58 (4).

[14] Best, M. J., R. R. Grauer. The analytics of sensitivity analysis for mean-variance portfolio problems [J]. International Review of Financial Analysis,

1992, 1 (1).

[15] Choueifaty, Y., Y. Coignard. Toward maximum diversification [J]. Journal of Portfolio Management, 2008, 35 (1).

[16] Qian, E. On the financial interpretation of risk contribution: Risk budgets do add up [J]. Journal of Investment Management, 2006, 4 (4).

[17] Jegadeesh, N., Titman, S. Returns to Buying Winners and Selling Losers: Implications for Stock Market Efficiency [J]. The Journal of Finance, 1993 (48).

[18] Andrew Clare, James Seaton. The Trend is Our Friend – Risk Parity, Momentum and Trend Following in Global Asset Allocation [EB/OL]. www.mendeley.com, 2012.

[19][法] 蒂里·龙嘉利. 基于风险的资产配置策略 [M]. 王海燕, 等译. 北京: 中国金融出版社, 2016: 142 – 150.

老龄化背景下养老信托的
功能与模式创新

王玉国[①]

人口问题对经济社会发展具有决定性影响,任何一个社会都无法回避人口老龄化引致的冲击。我国自 2000 年进入老龄社会以来,由于巨大的人口基数和较快的老龄化速度,以及长期以来实施的独生子女政策影响下的家庭规模小型化和"未富先老"等挑战,养老形势严峻。信托作为一项独特的金融制度安排,能够在养老领域发挥重要作用。

一、老龄化背景下我国养老市场面临的挑战

(一) 老龄人口基数大、增长速度快的特征突出

根据国际上对老龄社会的阶段性划分,我国 2000 年 65 岁及以上老龄人口占总人口比例已经达到 7%,正式进入老龄社会。截至 2015 年末,我国总人口 13.74 亿人,65 周岁及以上人口占比为 10.5%。据联合国预测,2030 年我国总人口为 14.15 亿人,其中 65 岁以上人口为 2.43 亿人,占总人口的 17.18%;2040 年我国总人口为 13.94 亿人,其中 65 岁以上人口为 3.43 亿人,占总人口的 24.59%。从老龄化的速度看,1990—2020 年世界老龄化的平均速度为 2.5%,而中国为 3.3%。而且受计划生育政策影响,1995 年以后我国已为世界上少数低生育率国家。老龄化带来老年赡养负担加重,原先的"人口红利"已经转为庞大的"人口负债"。

---

① 王玉国,时为中铁信托有限责任公司博士后。该文发表于《山西财经大学学报》2018 年第 4 期,内容略有修改。

表1　　　　　　　　我国部分年份人口年龄结构

年份		1975年	2000年	2015年	2030年（预测）
总人口（千人）		905580	1269975	1376049	1415545
14岁及以下	人口（千人）	363573	318321	237115	209746
	占比（%）	40.15	25.07	17.23	14.82
15~64岁	人口（千人）	505898	867191	1007504	962628
	占比（%）	55.86	68.28	73.22	68.00
65岁及以上	人口（千人）	36109	84463	131429	243171
	占比（%）	3.99	6.65	9.55	17.18

数据来源：联合国，*World Population Prospects*, the Revision 2015。

（二）家庭规模小型化进一步加大了社会养老的负担

家庭规模小型化是世界家庭变化的主要趋势，在我国，受独生子女政策影响，变化更加剧烈。2005年，据全国1%的人口抽样调查数据统计，我国家庭户中三人及以下户数占比为65.05%；2014年抽样调查数据统计时，该值上升至69.26%，上升了4个百分点。家庭人口规模的下降意味着传统的家庭养老观念已经完全转变，社会化养老负担明显加大。而且，老龄化与少子化、空巢化、残疾化和无偶化等因素重叠，一些老年人老无所依、老难所养的问题更加突出。

表2　　　　　　　　全国家庭户人数分布　　　　　　　　单位：%

年份	1人	2人	3人	4人	≥5人	≤3人合计
2005	10.73	24.49	29.83	19.18	15.76	65.05
2009	10.03	25.01	29.39	19.56	16.02	64.43
2014	14.92	27.65	26.68	15.90	14.84	69.26

数据来源：国家统计局。

（三）"未富先老"对经济社会带来更大压力

人口老龄化意味着政府在养老金、医疗保障以及养老服务等方面刚性支出的快速上升。与发达国家相比，我国仍是一个发展中国家，进入老龄化时人均GDP还不到5000美元，远低于发达国家人均GDP普遍在1万美元以上的水平，快速老龄化和经济社会的发展水平使得政府和社会缺乏足够的资源储备,"未富先老"挑战十分严峻。从基础的社会保障体系看,自 1997 年基本养老保险制度建立以来,我国的养老金缺口始终是被关注的焦点。如世界银行(1997)研究指出,我国养老金的隐性负债占 1994 年 GDP 的 46%~49%。李扬(2015)研究指出,城镇职工养老保险将在 2023 年出现收支缺口,2028 年累计结余将消耗殆尽。

(四)养老服务市场总体供给不足和不平衡问题显著

2013 年 12 月《国务院关于加快发展养老服务业的若干意见》(国发〔2013〕35 号)指出,我国养老服务业的发展目标是"到 2020 年,全面建成以居家为基础、社区为依托、机构为支撑的,功能完善、规模适度、覆盖城乡的养老服务体系"。从供给总量水平看,养老床位及护理服务供给不足,每千个老人拥有养老床位数远低于发达国家,甚至低于部分发展中国家水平。而且社会保障与就业财政支出占财政支出的比重远低于欧美、日本等国的水平。除了沿海经济发达地区外,大部分地区养老经费来源渠道尚不固定,服务补贴标准明显偏低。再者,我国养老产业还处于刚刚起步阶段,产业链存在较严重的断层现象。目前仅有养老住宅市场发展较为活跃,长期护理服务业发展严重滞后,服务人才培训、老年用品等上下游供给缺乏。农村养老服务设施短缺更为严重,管理和服务问题屡有发生。

(五)居民养老金融服务仍然十分匮乏

现代社会养老保障主要由养老保险、企业年金、个人或家庭养老金融规划三大支柱组成,其中后两者主要由市场金融机构提供服务,目前仍面临服务和产品类型较少等问题。企业年金制度起步较晚,目前累计规模仅 1 万亿元左右,参加企业年金职工人数占基本养老保险人数比例不到 3%,作用还十分有限。商业养老保险刚刚起步,参与率极低。信托、基金等推出了少数与养老资产管理和服务相关的金融产品,但市场规模还十分有限。银行、保险等机构针对居民家庭财产中占比最大的房地产尝试推出"以房养老"业务创新试点,但市场响应较为平淡。

二、信托在养老市场中的运用及模式创新

信托是一种特殊的财产转移和财产管理制度。其产生和发展与英国中世纪的封建土地制度密切相关,主要为了规避土地财产转移的限制。随着资本主义市场经济的发展,信托的财产转移功能与财产管理功能紧密结合,受托人的角色也从原来消极"人头"转变为积极的管理者,并日益突出财产管理功能,由此衍生出投融资等金融服务,进入了金融化和营业化发展新阶段,成为各国现代金融业的重要组成部分。在养老市场领域,信托以其特有的财产独立性、管理运用灵活性、专业性、长期性等优势,有着广阔而独特的运用空间。

近年来,信托机制在我国养老市场中的作用日益受到重视。2004年颁布的《企业年金试行办法》和2011年修订的《企业年金基金管理办法》明确规定采用信托型企业年金制度。2016年3月,人民银行、民政部等部门联合印发《关于金融支持养老服务业加快发展的指导意见》,提出"鼓励信托公司利用信托制度优势,积极开发各类附带养老保障的信托产品,满足居民养老领域金融服务需求,支持养老服务业发展","加快老年医疗、健身、娱乐、旅游等领域消费信贷、信托产品创新"。信托公司作为我国最主要的营业信托经营机构,近些年已经逐步涉足养老市场相关的投资、融资等金融服务。

(一)养老产业发展的金融信托业务

养老产业涵盖居住、医疗(护理、康复、健康管理)等不同细分产业,产业链长、关联度高、涉及领域广,具有巨大潜力空间。养老地产由于具有很强的关联性和带动性,有望成为机构养老产业的突破口。过去几年,民营养老服务机构、地产商、保险公司、境外投资者等已经进入养老地产领域,但盈利模式不清晰,始终受到投资周期过长等问题的困扰。信托可根据土地的性质、养老地产的开发、运营模式等进行灵活设计,提供针对特定养老地产等的投融资信托产品,为产业发展提供投融资服务支持。通过发起设立专门的信托型养老产业投资基金,重点向养老市场领域的服务机构或供应商提供股权、债权或组合融合,资金来源上可以采取结

构化安排：普通投资者认购优先信托受益权，承担相对较低风险，享有相对稳定的收益；而机构投资者或基金的投资顾问认购次级信托受益权，承担较高风险，享有超额收益。

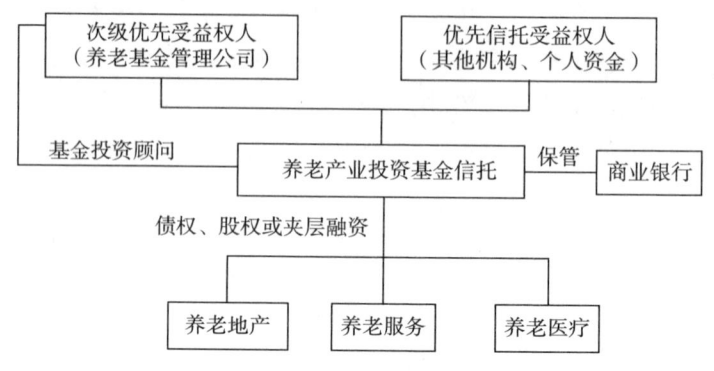

图1 养老产业投资基金运作示意

（二）养老特定资产的证券化信托业务

在养老市场，针对养老服务机构运营中形成的具有可预测、稳定现金流的特定财产或财产权，如老年人入住养老项目时交纳的入门费或者抵押金，定期交纳的养老服务费、房费、餐饮费等，可以利用证券化技术，设计推出相应的信托产品发售给社会投资者，同时实现养老服务机构的资金回收。以美国为例，养老产业市场化程度较高，专业分工体系完善，涉及养老房地产开发商、房地产信托投资基金（REITs）、养老住宅运营商等。其中房地产开发商主要从事传统的物业开发，针对老年护理要求进行开发，例如增加残障人士专用设施，配置食堂、健身等社区会所等，通过向购房者或房地产信托投资基金出售、出租物业获取收益。而REITs通过向投资者募集资金，以租赁、托管、购买、合资等多种方式从房地产开发商处取得养老物业资产，引入养老住宅运营商进行专业化运营，提供健康护理等养老服务，获取收益并进行分配。虽然目前我国REITs制度尚未成熟，但对于运营相对成熟、现金流稳定的养老项目，可进行资产证券化，提高资产活性，促进市场快速发展。

（三）养老理财服务的信托业务

老龄人群的财产管理需求具有一定的特殊性，并不以投资回报率的高

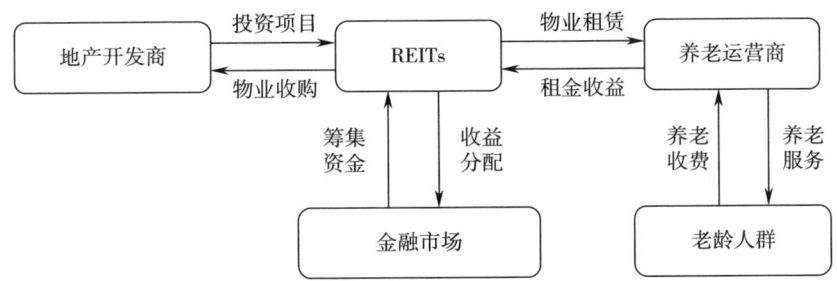

图 2　美国养老产业链示意

低为主要目标,而更强调剩余寿命阶段的财产规划和长期管理;对管理费用的敏感度要低于对理财机构的信任。目前市场上非常缺乏适合老龄人群投资的金融产品。

　　养老规划周期往往长达数十年,包括养老资产的匹配、养老周期的匹配等,需要从一个跨周期的角度进行全局把握。信托机构能够根据老龄人群的特点和需求,发挥信托财产多元化和运作灵活的优势,设计专门的养老理财信托产品:(1) 生命周期型理财养老信托。老年人将资金交付给信托机构,由受托人在指定的范围内投资运作,实现信托财产增值,按信托合同支付信托收益,用于未来支付和购买养老服务。在具体产品模式上,美国市场上出现的生命周期基金(life cycle fund)即是其中的成功范例,其投资组合风险资产的配置比例和风险敞口跟随目标客户退休到期日期的临近而自动递减,极大地方便与满足了这部分个人投资者的需要。(2) "以房养老"的信托产品。针对大部分家庭财产中房地产占比最高的情况,可以借鉴国外"反向住房抵押贷款"模式,老年人可将其拥有的房屋作为信托财产或提供抵押,信托机构提供资金作为养老金的来源和生活保障。(3) 财产保护型养老信托。老年人除了在生活上面临缺乏照顾的困境,在管理财产方面也存在诸多困难,包括难以对财产作妥善的规划、无力管理或处分财产,以及财产遭亲友侵害等。因此,可设立专门的信托产品,老年人将其资金、动产、不动产或财产权交付给受托人,由受托人依照委托人的指示,将信托财产以出租、出售或保管等方式加以管理,并将信托收益用于委托人指定的养老用途。如 20 世纪 90 年代以后,我国台湾地区推出安养信托业务,以保障老年人的养老生活。

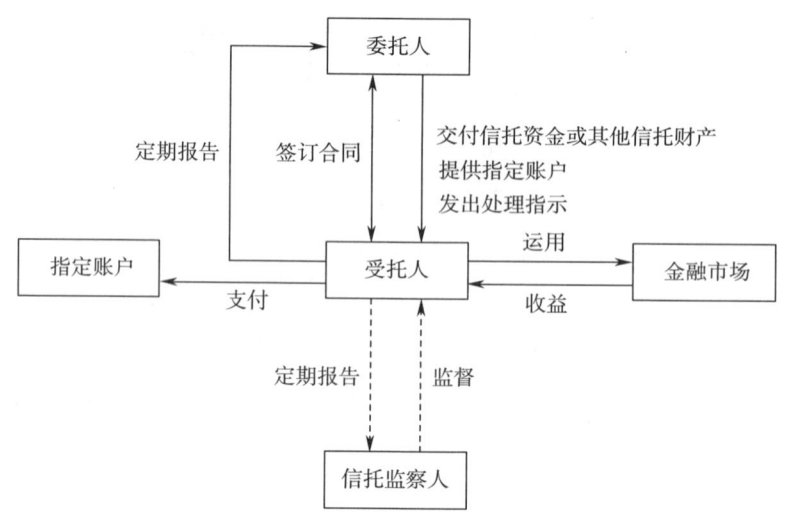

图 3　我国台湾地区安养信托产品示意

(四) 养老保障的慈善信托业务

养老本身就具备公益性质。一方面，目前我国养老市场存在着区域、城乡等发展不均衡的突出矛盾，仅仅依靠政府或企业提供养老服务面临较大的资金和资源压力。另一方面，针对生活自理能力弱、无经济来源或无人赡养的老人，通过动员社会资金和各方力量，开展各种志愿性公益或者互益性活动，提供基本的养老福利保障。2001 年《信托法》已经引入公益信托安排，但实践中由于公益事业管理机构不明确、公益税收政策不配套等因素，实际落地数量寥寥无几。直到 2016 年新颁布《慈善法》以后，明确了慈善信托属于公益信托，慈善组织、信托公司可以作为慈善信托受托人，慈善信托运作更加专业、透明规范。2016 年 8 月，民政部、中国银监会联合发布《关于做好慈善信托备案有关工作的通知》，进一步为慈善信托的具体备案和操作运行提供了政策依据。从 2016 年度开展的慈善信托试点运作模式看，已经涉及扶老领域，能够更好地动员社会力量，积极参与基础养老保障服务的供给，促进社会公平和稳定。

三、当前养老信托业务创新面临的困难及建议

虽然信托在养老市场有着广阔的运作空间,但当前国内养老领域的信托实践进展依然较为缓慢,信托功能优势并未得到有效发挥。主要体现在:一是信托产品仍以项目投融资业务为主,积累的客群以固定收益偏好为主,现有合格投资者的标准和数量门槛相对较高,养老信托金融产品的市场认可度和发展空间受到限制;二是信托产品以中短期为主,投资者对当期的现金收益回报要求较高,缺乏信托产品流通机制安排,导致信托资金的短期化与养老产业的长周期矛盾难以解决;三是信托财产以资金为主,受制于信托财产登记和税收制度的缺乏,在接受动产、不动产及其他财产权的受托管理时存在操作难度,税收成本过高;四是信托公司缺乏在养老领域专业化的运作、管理事务处理等经验和人才积累,还难以为老龄人群提供高质量的专业养老服务;五是我国慈善信托业务刚刚起步,配套的税收政策尚不到位,参与养老社会福利服务方面也缺乏必要的经验积累,发挥的作用还非常有限。

在我国老龄化不断深化的过程中,既需要继续巩固政府主导的社保金基本养老金制度,更需要充分发挥市场力量,高度重视信托机制在解决我国养老市场发展所面临问题中的独特作用,以信托公司、信托产品为纽带,积极构建和完善有利于信托在养老市场中的运用的配套制度和政策环境。

(一)完善养老信托业务监管政策

信托公司作为我国专门从事营业信托业务的金融机构,应该深度参与养老市场的发展,积极开发设计专门用于老龄人群的养老信托类产品,在投资者准入标准和数量方面给予差异化安排,使具有养老需求的老龄人群能够认购相关产品;研究建立养老信托相关管理政策,规范业务发展。

(二)建立信托财产登记等制度

信托财产登记制度是保证信托财产独立的重要前提之一,也是促进多样化财产通过信托方式转化成为养老资源的制度基础。建议加紧修订《信托法》,完善信托财产登记制度,使动产、不动产、专利权、商标权、著作权

等财产权都能够成为信托财产，更好地发挥信托独特价值，服务老龄人群。

（三）健全相关信托税费优惠政策

养老事业具有公益性的特征，目前市场化发展仍处于摸索阶段，尤其是在养老慈善信托领域，如果能够参照公益捐赠的税收优惠，同时完善信托运作相关的税收政策，对于促进养老保障体系的健全意义重大。一是针对信托设立中发生的财产转移，如房地产、股权等非交易性质的过户给予税费减免；二是明确慈善信托运作中捐赠收据的开立问题，减免以股权、房产等设立慈善信托时发生的增值税、交易税费等负担。

参考文献

［1］United Nations Department of Economic and Social Affairs. Population Division（2015）. World Population Prospects：The 2015 Revision, DVD Edition.

［2］李扬，等．中国国家资产负债表2015——杠杆调整与风险管理［M］．北京：中国社会科学出版社，2015.

［3］陈彦斌，等．人口老龄化对中国宏观经济的影响［M］．北京：科学出版社，2014.

［4］吴敏．基于需求与供给视角的机构养老服务发展现状研究［D］．济南：山东大学，2011.

［5］伊志宏，张慧莲，等．养老金投资与资本市场——国际经验及中国的选择［M］．北京：中国人民大学出版社，2009.

［6］游基政．我国银行发展老年安养信托之研究［D］．台北：台湾大学，2011.

［7］尹隆．养老地产开发和经营中的信托融资问题研究［J］．老龄科学研究，2013（4）．

［8］杨燕绥，胡乃军，刘懿．养老资产与养老金融［J］．金融市场研究，2012（12）．

［9］郑则鹏，邓慧博．养老信托业务的国际比较研究［J］．湖北社会科学，2012（10）．

［10］张媛．国外养老保险信托运营及对中国的启示［J］．调研世界，2011（10）．